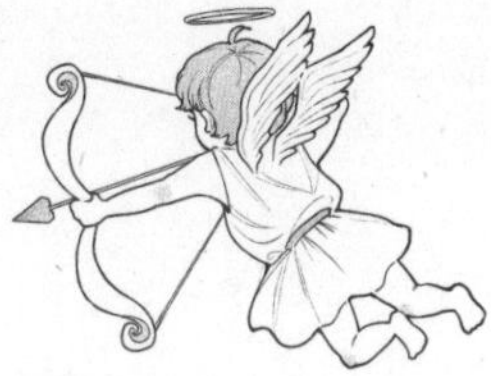

Falsche Engel, wahre Liebe?

Coco Uzuki

2

INHALT

Charaktere

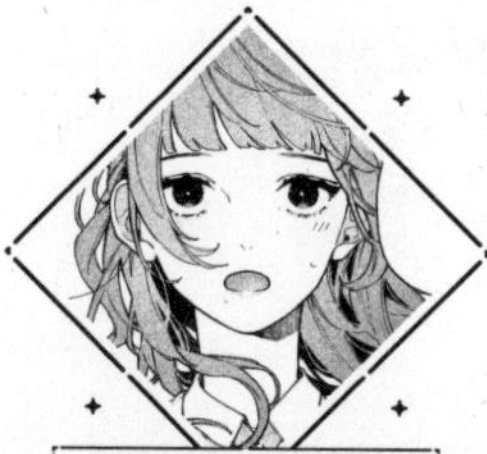

Otogi Katsura

Traumfrau der Schule, »Amors Engel« zählt zu ihren Spitznamen. Sie ist Jahrgangssprecherin der Schule. Ist eine Narzisstin, zeigt aber allen ein anderes Gesicht. Hat sich in Toki Ninomae verguckt.

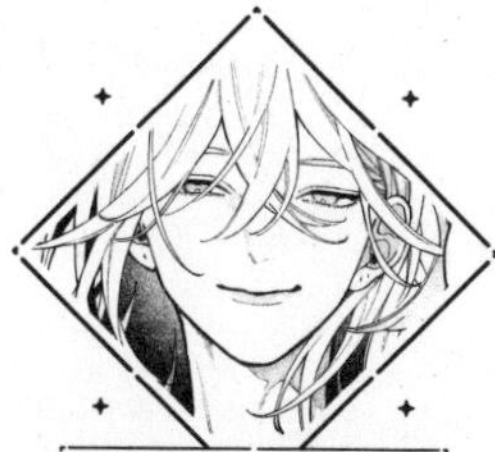

Toki Ninomae

Vizejahrgangssprecher, geht mit Otogi in eine Klasse. Sein Aussehen, Charakter und seine Schulleistungen scheinen perfekt, doch er besitzt eine dunkle Seite. Otogi, die das gleiche Geheimnis mit sich herumträgt, hat sein Interesse geweckt.

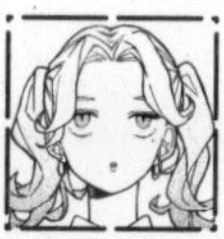

Beni Momoi

Otogis Sandkastenfreundin und in der Schule ihre einzige enge Vertraute, mit der sie ganz ungezwungen reden kann.

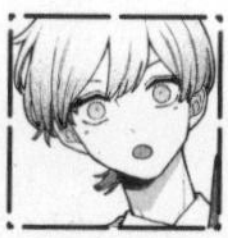

Nene Ootori

Geht mit Otogi in eine Klasse und hat ein seltsames Faible für Toki. Sein Zwillingsbruder geht in die Parallelklasse.

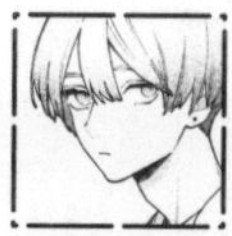

Nono Ootori

Nenes jüngerer Zwillingsbruder. Eher schweigsam, doch der erste Eindruck täuscht …

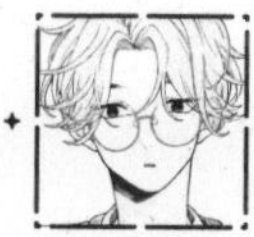

Gen Shirahane

Tokis Kindheitsfreund und engster Vertrauter. Arbeitet im Café seiner Eltern.

Story

Otogi Katsura gibt das perfekte Mädchen, um dem idealen Bild, das andere von ihr haben, gerecht zu werden. Das beschert ihr an der Schule den Spitznamen »Amors Engel«. Als der scheinbar perfekte Toki Ninomae ungeplant Otogis wahres Gesicht sieht und sie herausfindet, dass er ebenfalls eine verborgene Seite besitzt, bekommt sie Toki nicht mehr aus dem Kopf. Und als ihm dann auch noch der Spitzname »Ikkoku«, den sie ihm heimlich gegeben hat, gefällt, muss sie sich eingestehen, dass sie sich in ihn verliebt hat!

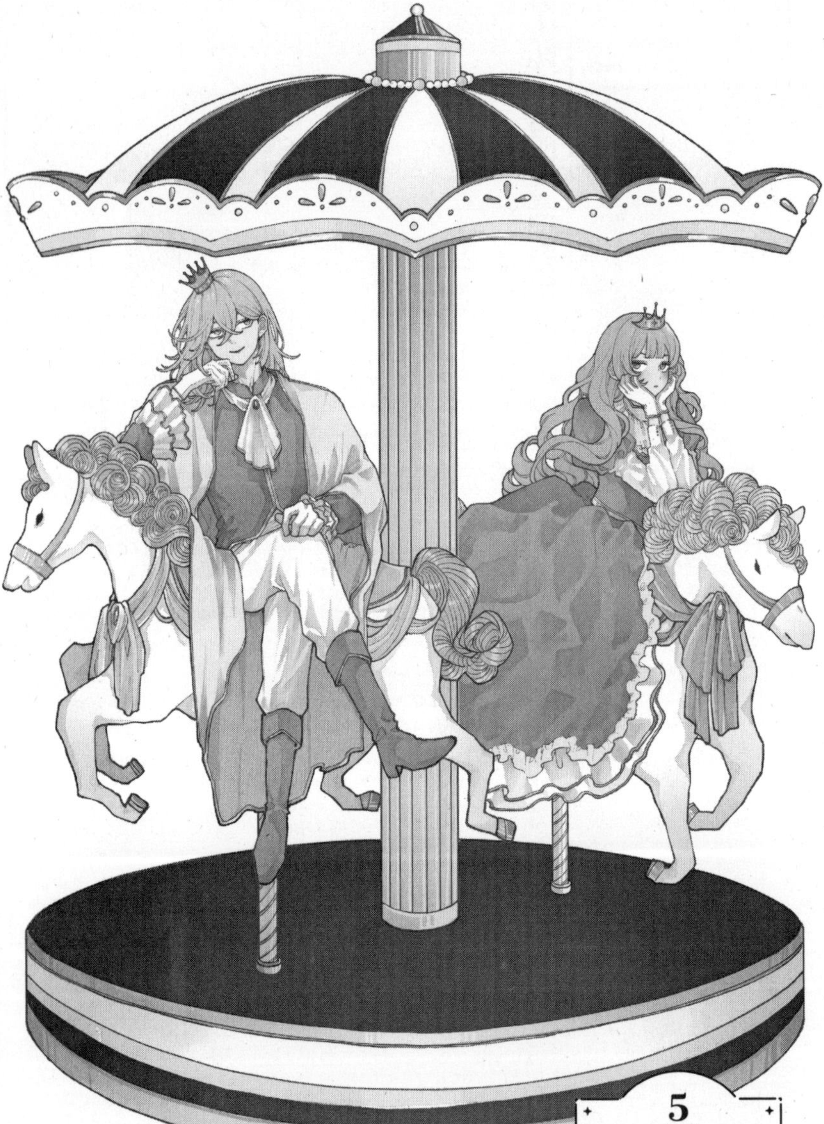

5

Schwindel-gefühle

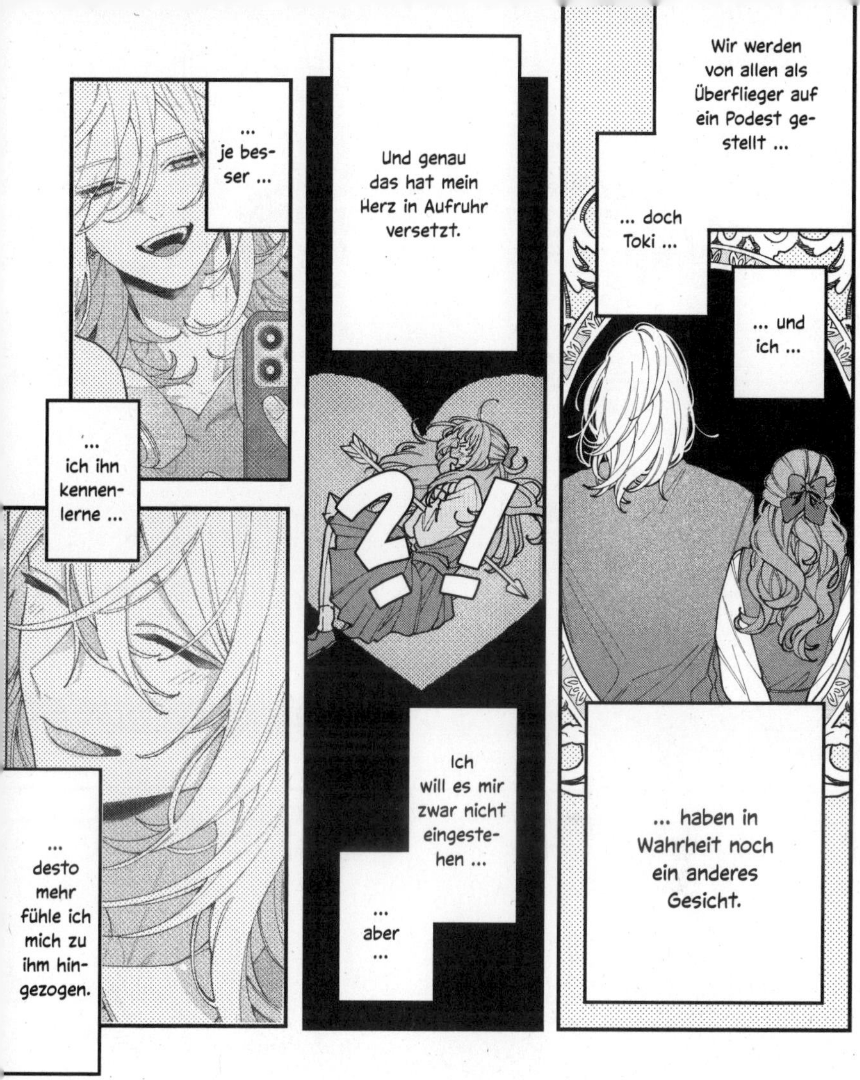

Falsche Engel, wahre Liebe?

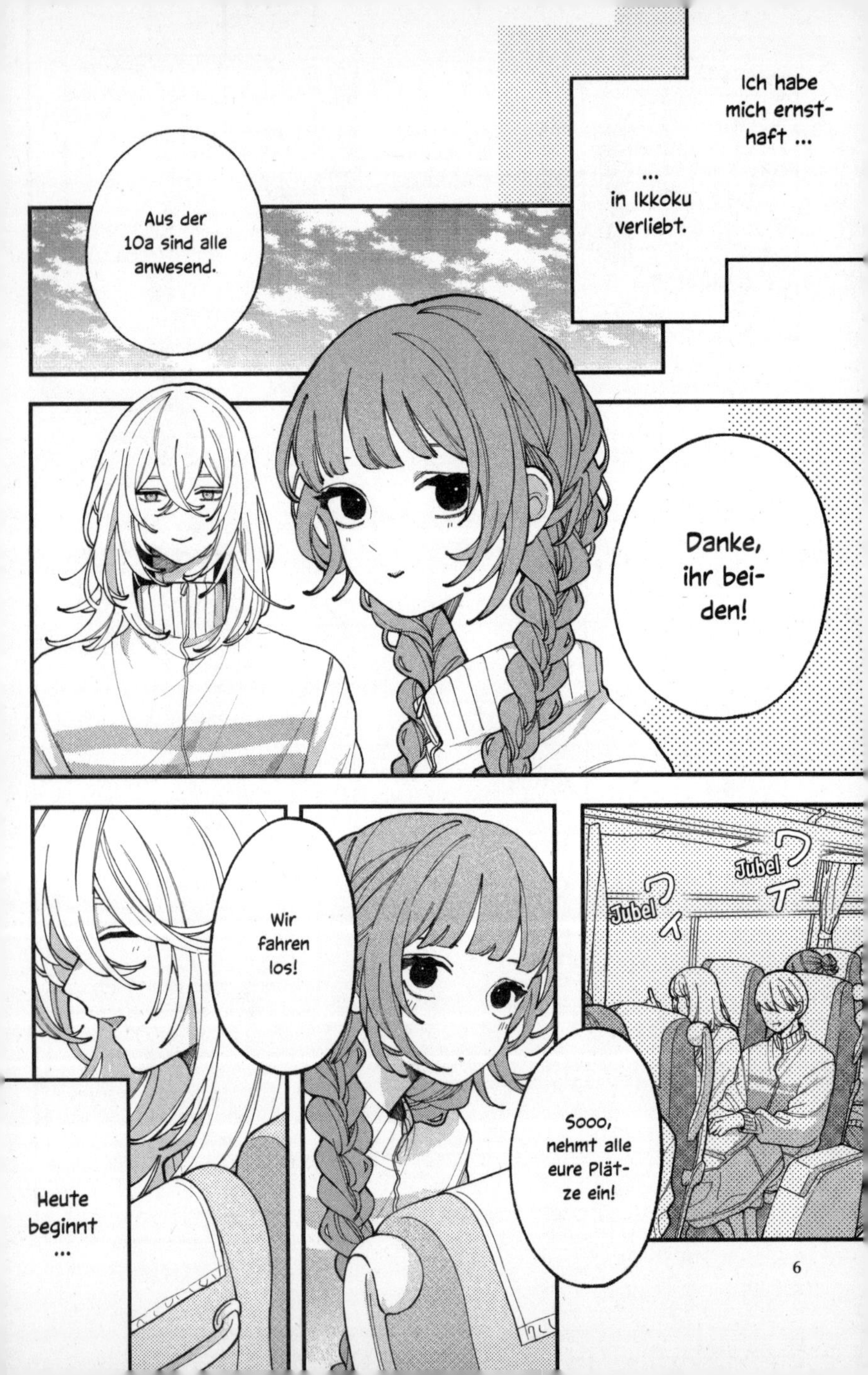
Ich habe mich ernsthaft ...
... in Ikkoku verliebt.
Aus der 10a sind alle anwesend.
Danke, ihr beiden!
Jubel
Jubel
Sooo, nehmt alle eure Plätze ein!
Wir fahren los!
Heute beginnt ...

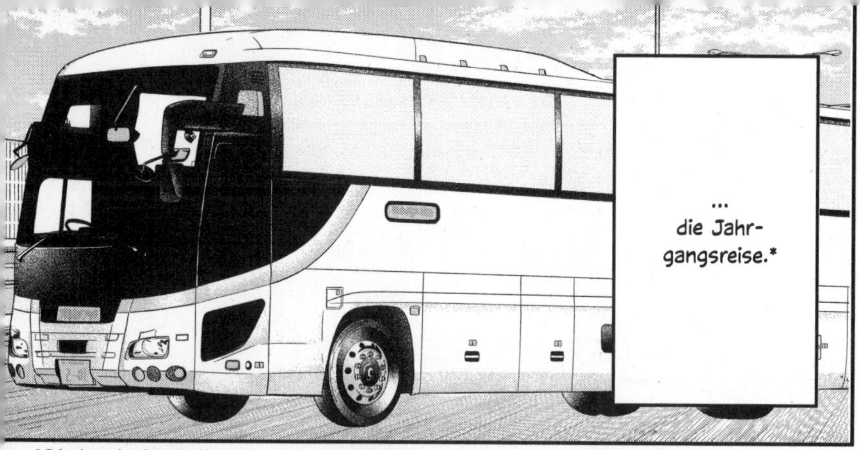

* Reise im ersten Jahr der Oberschule, auf der sich die Schüler besser kennenlernen sollen und über die Schulordnung aufgeklärt werden.

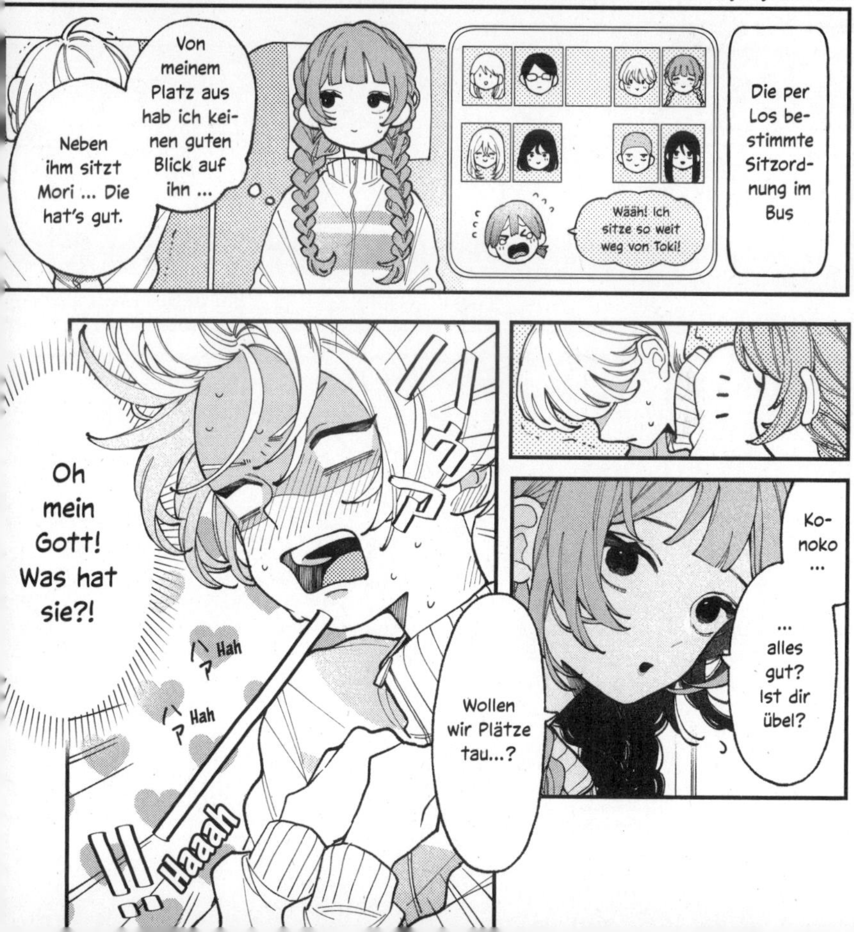

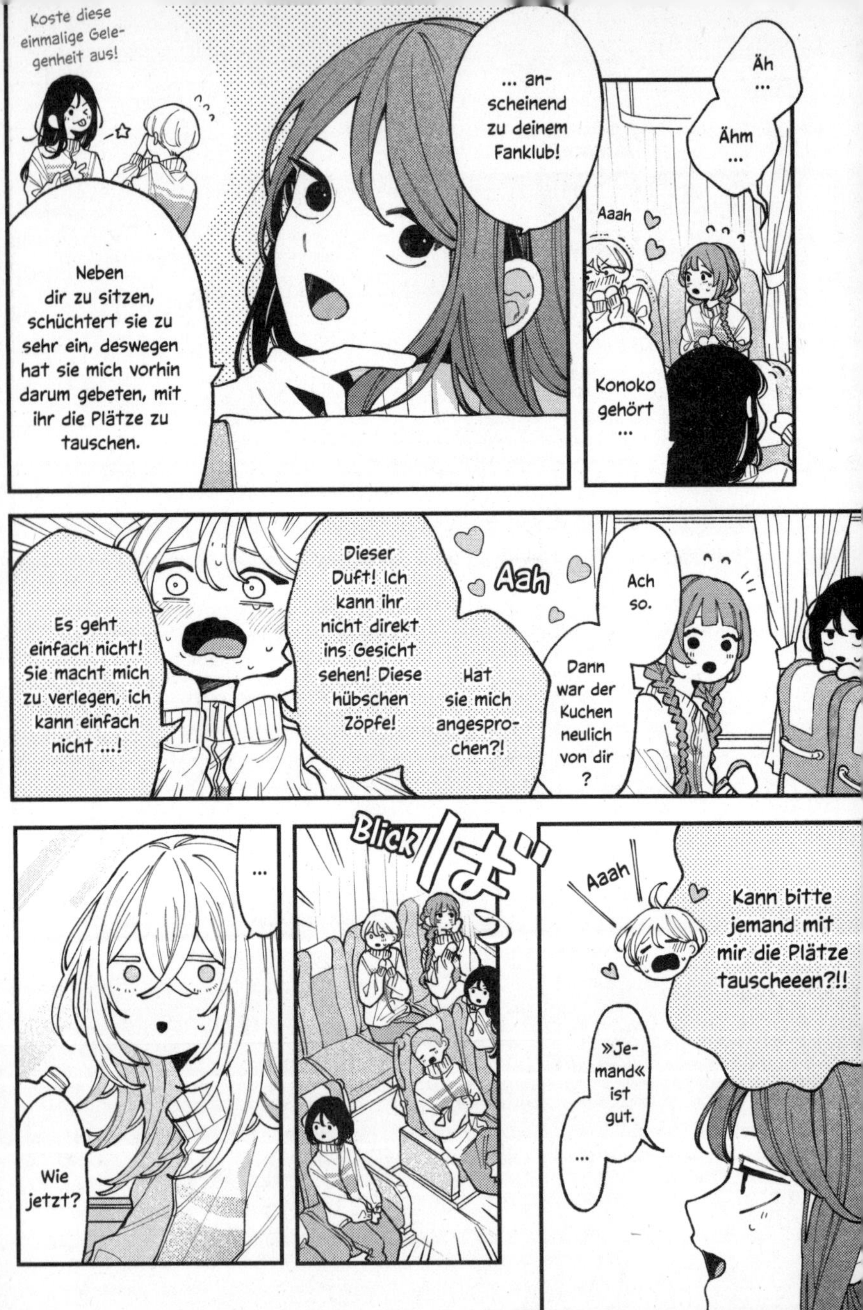
Äh ...
Ähm ...
Aaah
Konoko gehört ...
... anscheinend zu deinem Fanklub!
Koste diese einmalige Gelegenheit aus!
Neben dir zu sitzen, schüchtert sie zu sehr ein, deswegen hat sie mich vorhin darum gebeten, mit ihr die Plätze zu tauschen.
Ach so.
Dann war der Kuchen neulich von dir?
Aah
Hat sie mich angesprochen?!
Dieser Duft! Ich kann ihr nicht direkt ins Gesicht sehen! Diese hübschen Zöpfe!
Es geht einfach nicht! Sie macht mich zu verlegen, ich kann einfach nicht ...!
Aaah
Kann bitte jemand mit mir die Plätze tauscheeen?!!
»Jemand« ist gut.
...
Blick
...
Wie jetzt?

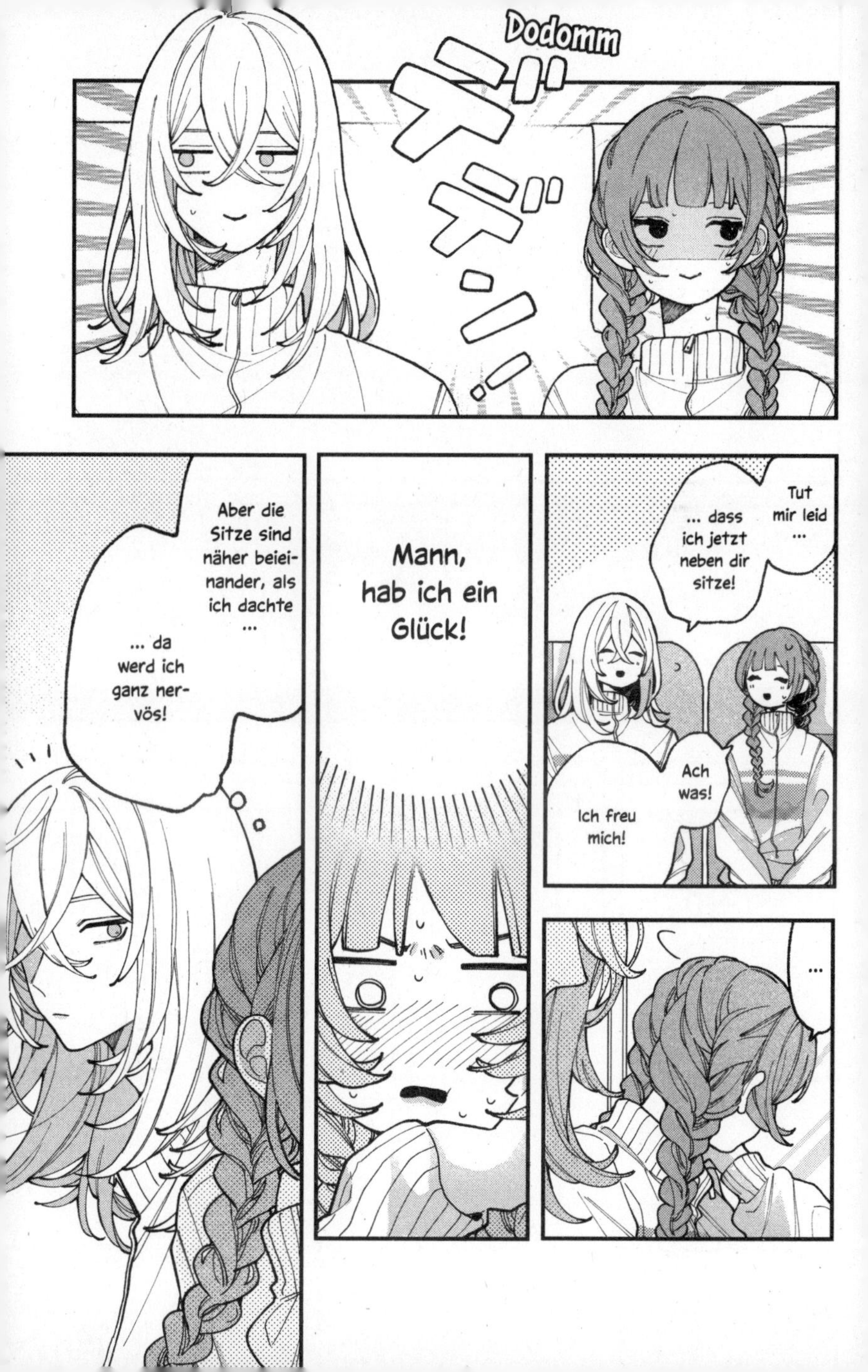
Dodomm
Tut mir leid …
… dass ich jetzt neben dir sitze!
Ach was!
Ich freu mich!
Mann, hab ich ein Glück!
Aber die Sitze sind näher beieinander, als ich dachte …
… da werd ich ganz nervös!
…

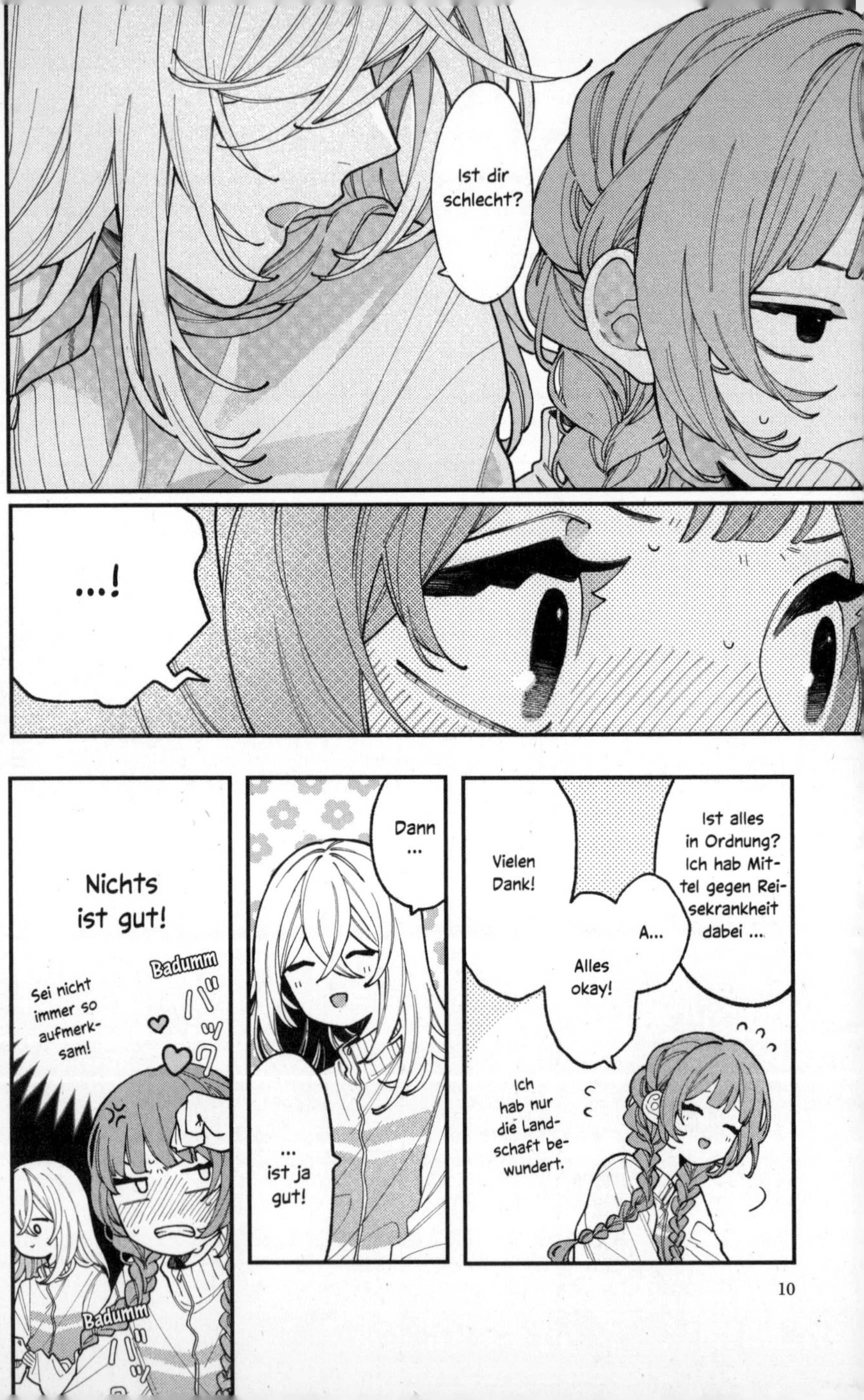

Ist dir schlecht?
...!
Ist alles in Ordnung? Ich hab Mittel gegen Reisekrankheit dabei ...
A...
Alles okay!
Vielen Dank!
Ich hab nur die Landschaft bewundert.
Dann ...
... ist ja gut!
Nichts ist gut!
Badumm
Sei nicht immer so aufmerksam!
Badumm

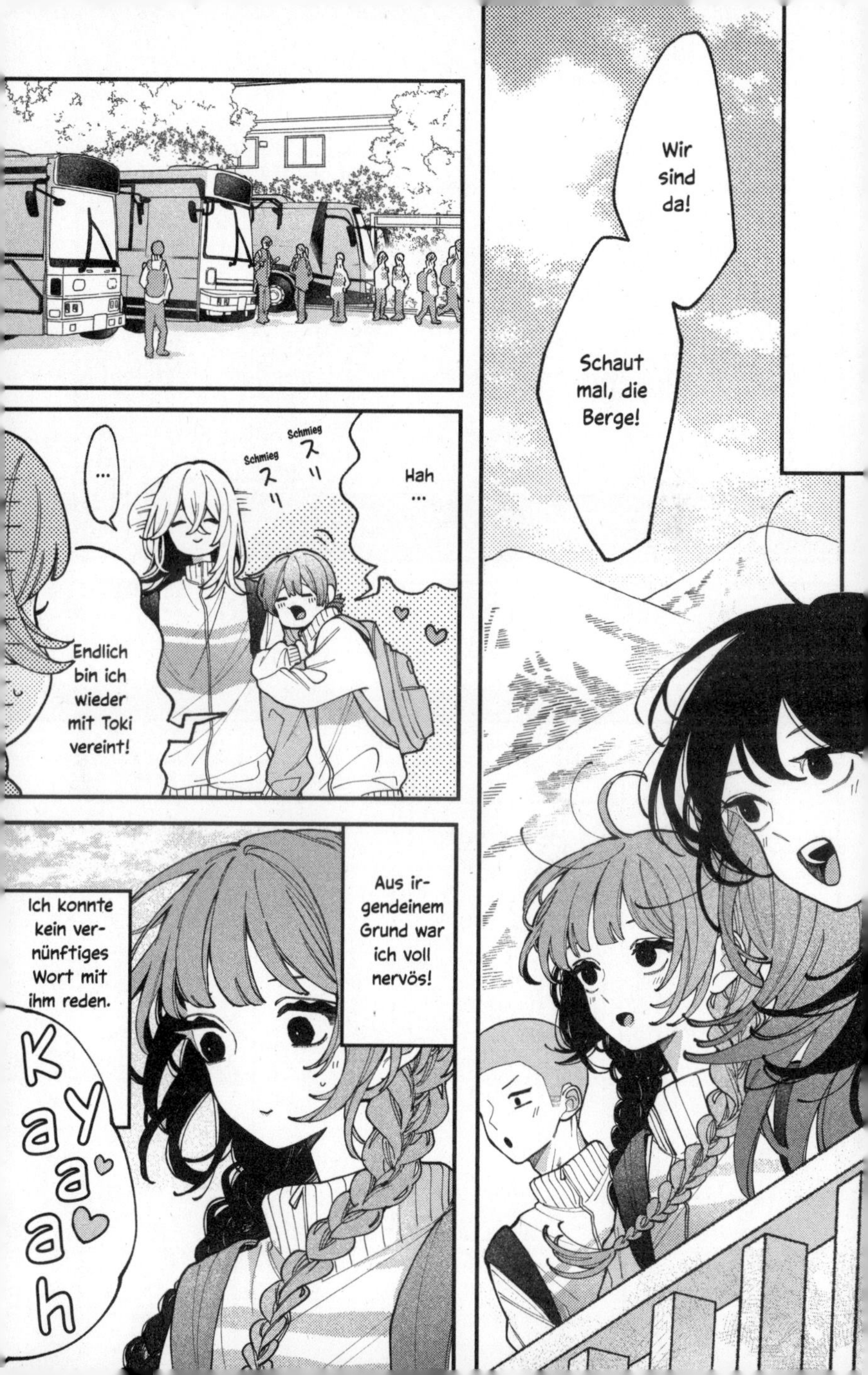

Wir sind da!
Schaut mal, die Berge!
Hah ...
Schmieg スリ
Schmieg スリ
...
Endlich bin ich wieder mit Toki vereint!
Aus irgendeinem Grund war ich voll nervös!
Ich konnte kein vernünftiges Wort mit ihm reden.
Kyaaah

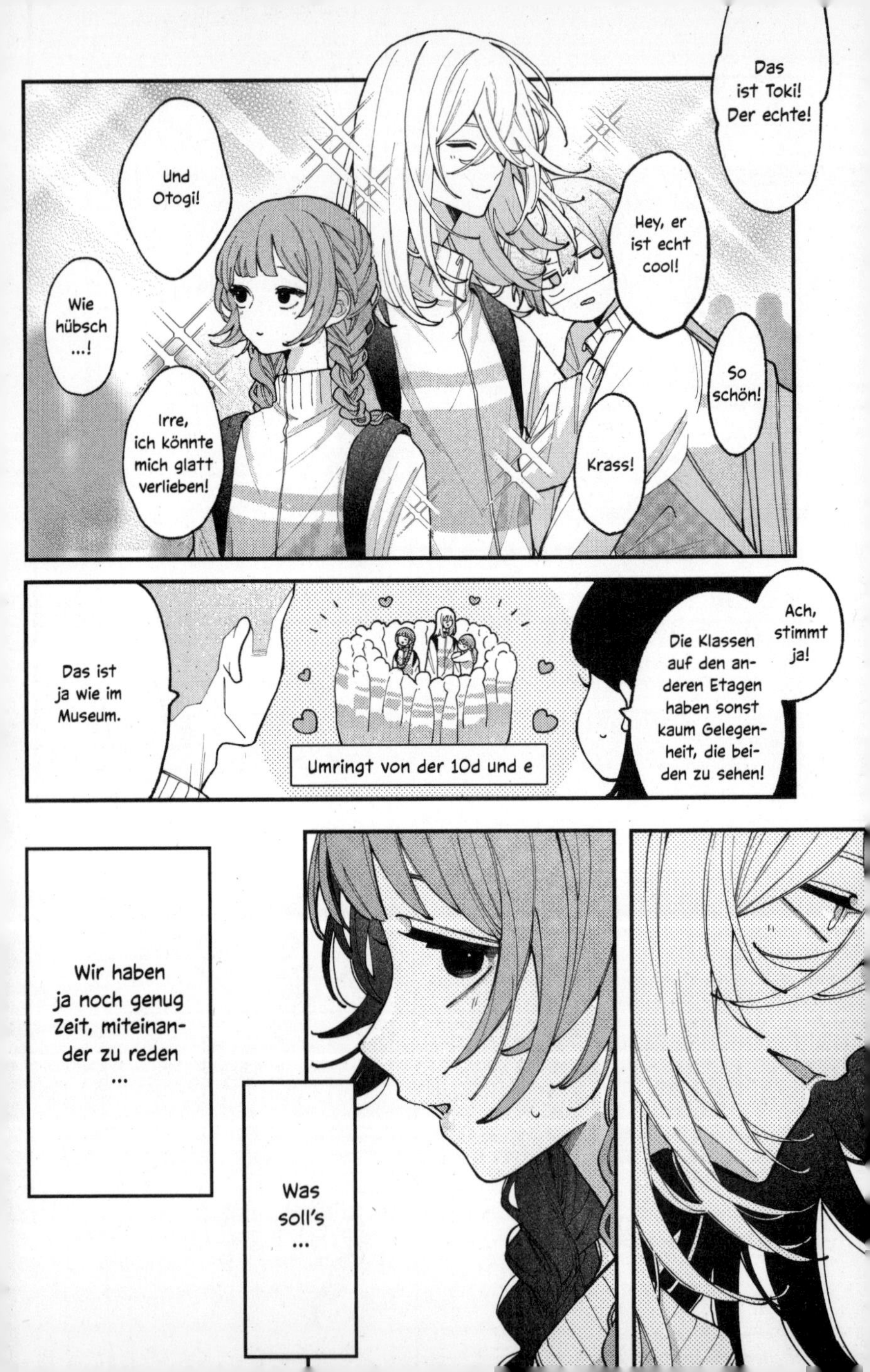
Das ist Toki! Der echte!
Hey, er ist echt cool!
So schön!
Krass!
Und Otogi!
Wie hübsch ...!
Irre, ich könnte mich glatt verlieben!
Ach, stimmt ja!
Die Klassen auf den anderen Etagen haben sonst kaum Gelegenheit, die beiden zu sehen!
Umringt von der 10d und e
Das ist ja wie im Museum.
Wir haben ja noch genug Zeit, miteinander zu reden ...
Was soll's ...

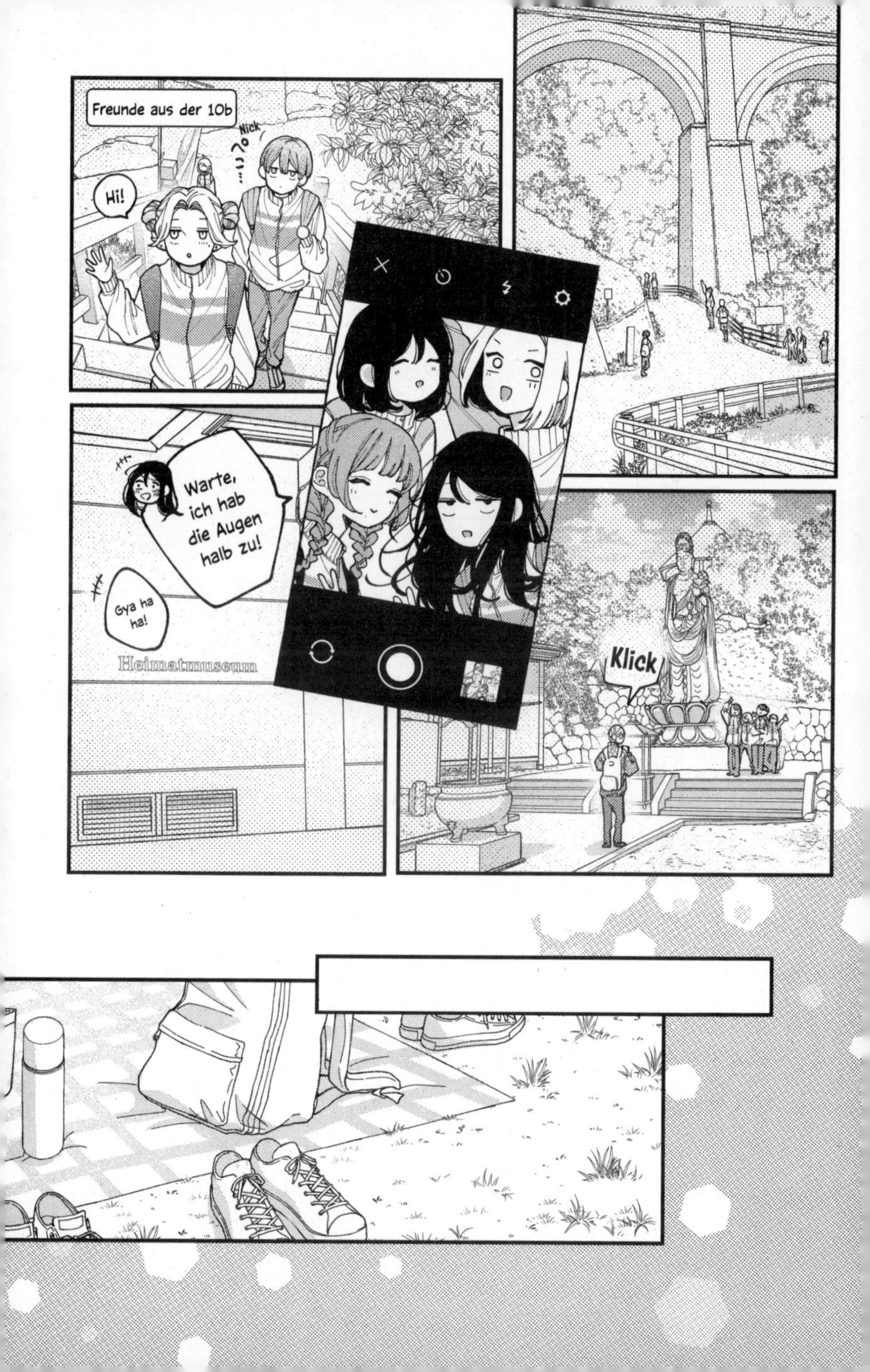

Freunde aus der 10b
Nick
Hi!
Warte, ich hab die Augen halb zu!
Gya ha ha!
Heimatmuseum
Klick

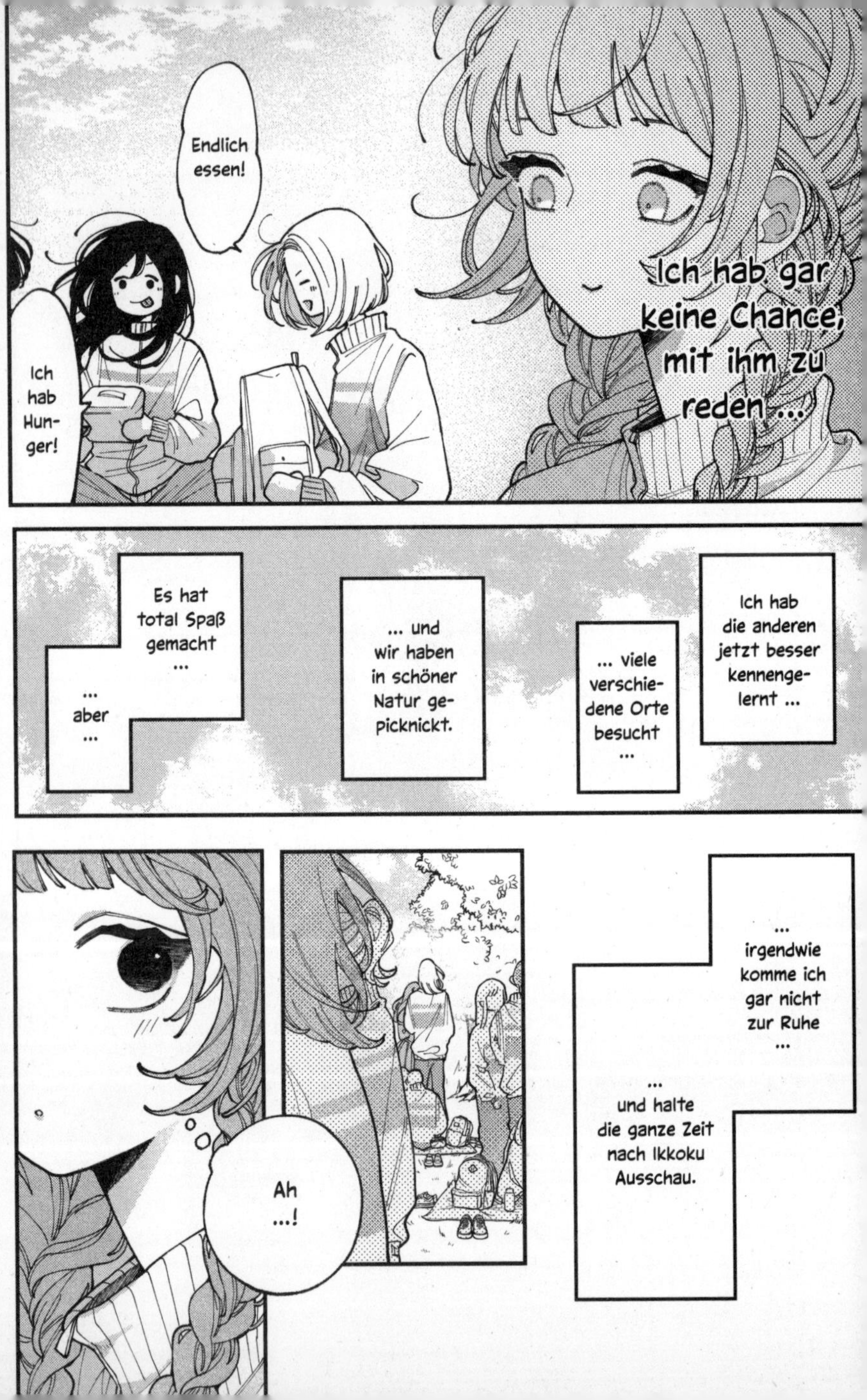
Ich hab gar keine Chance, mit ihm zu reden ...
Endlich essen!
Ich hab Hunger!
Ich hab die anderen jetzt besser kennengelernt ...
... viele verschiedene Orte besucht ...
... und wir haben in schöner Natur gepicknickt.
Es hat total Spaß gemacht ... ... aber ...
... irgendwie komme ich gar nicht zur Ruhe ... ... und halte die ganze Zeit nach Ikkoku Ausschau.
Ah ...!

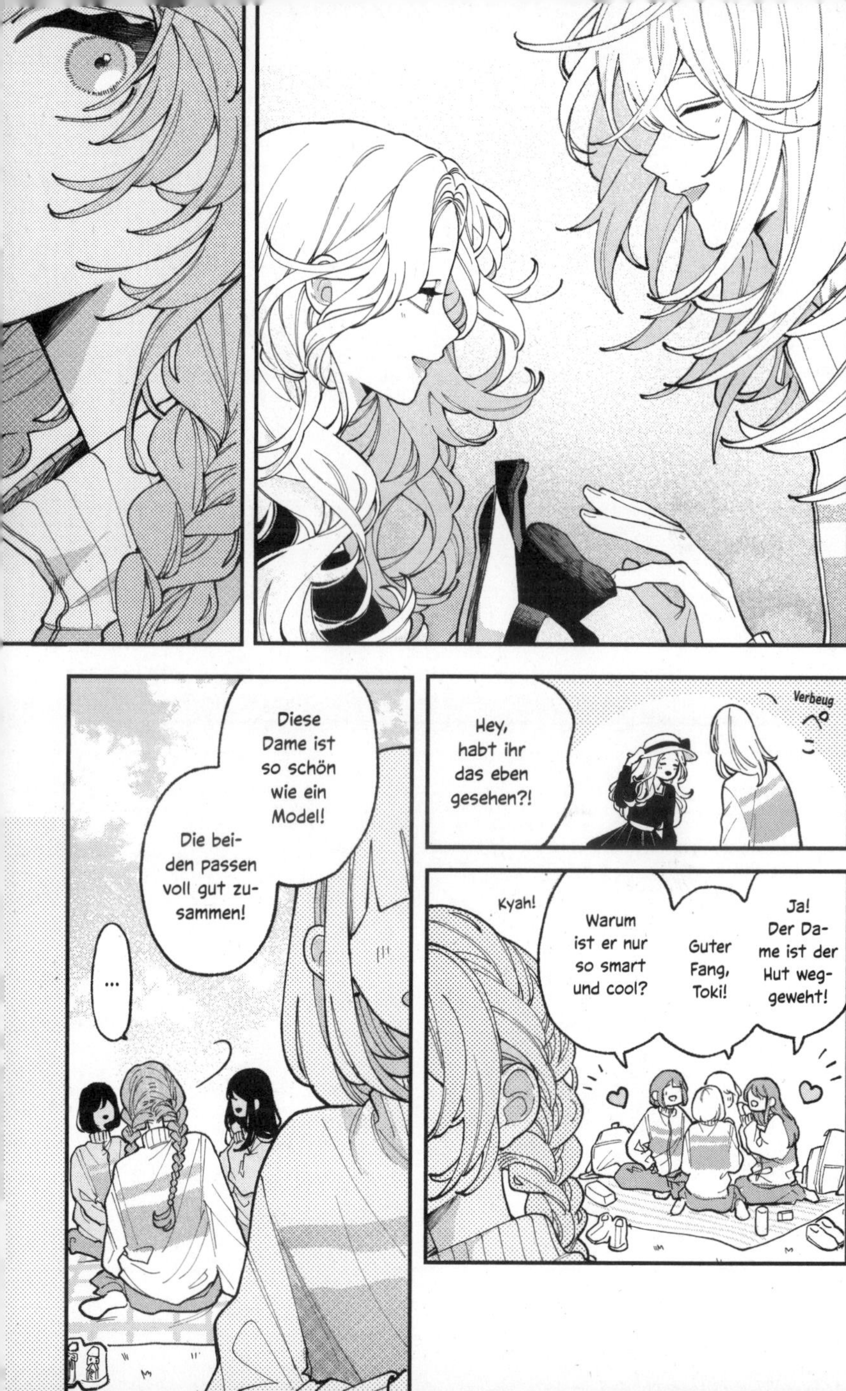
Verbeug
Hey, habt ihr das eben gesehen?!
Ja! Der Dame ist der Hut weggeweht!
Guter Fang, Toki!
Warum ist er nur so smart und cool?
Kyah!
Diese Dame ist so schön wie ein Model!
Die beiden passen voll gut zusammen!
...

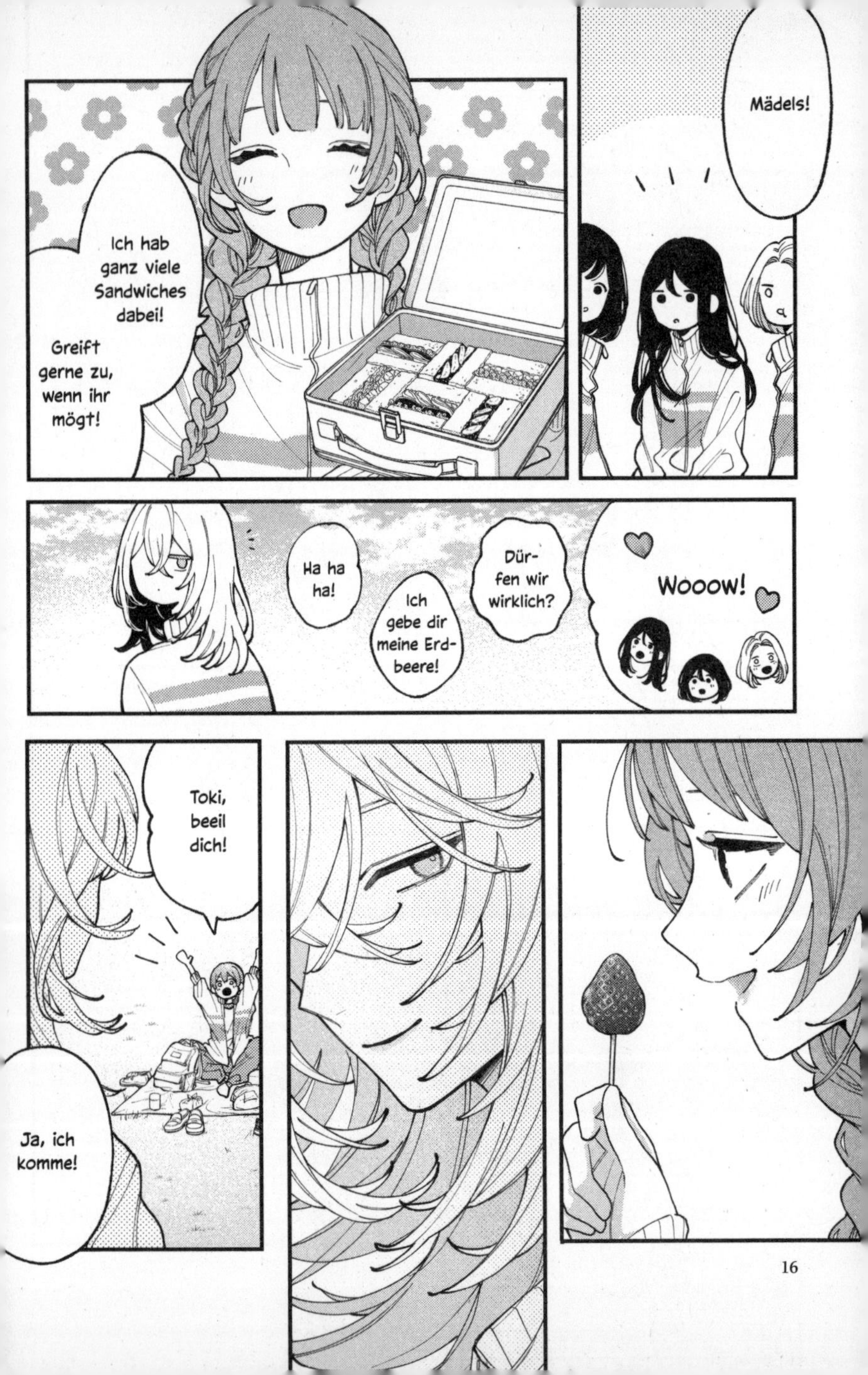
Mädels!
Ich hab ganz viele Sandwiches dabei!
Greift gerne zu, wenn ihr mögt!
Wooow!
Dür-fen wir wirklich?
Ich gebe dir meine Erd-beere!
Ha ha ha!
Toki, beeil dich!
Ja, ich komme!

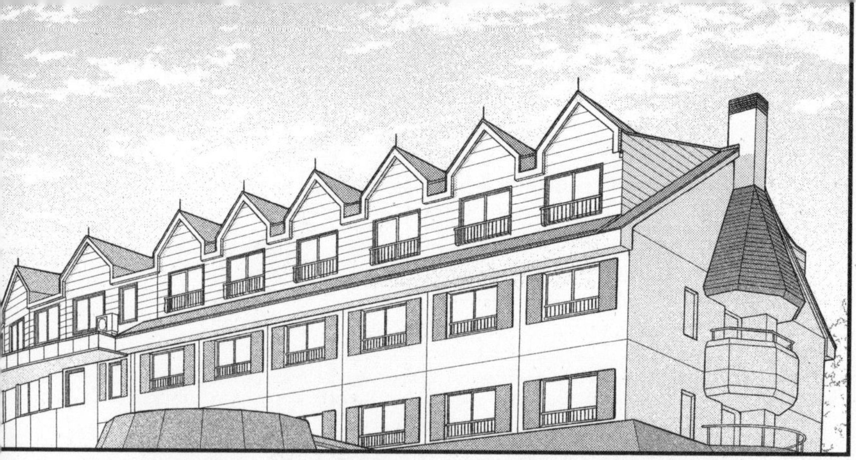

* Hintergrundrecherche: Danke an das Resort Inn Sugadaira Swiss Hotel.

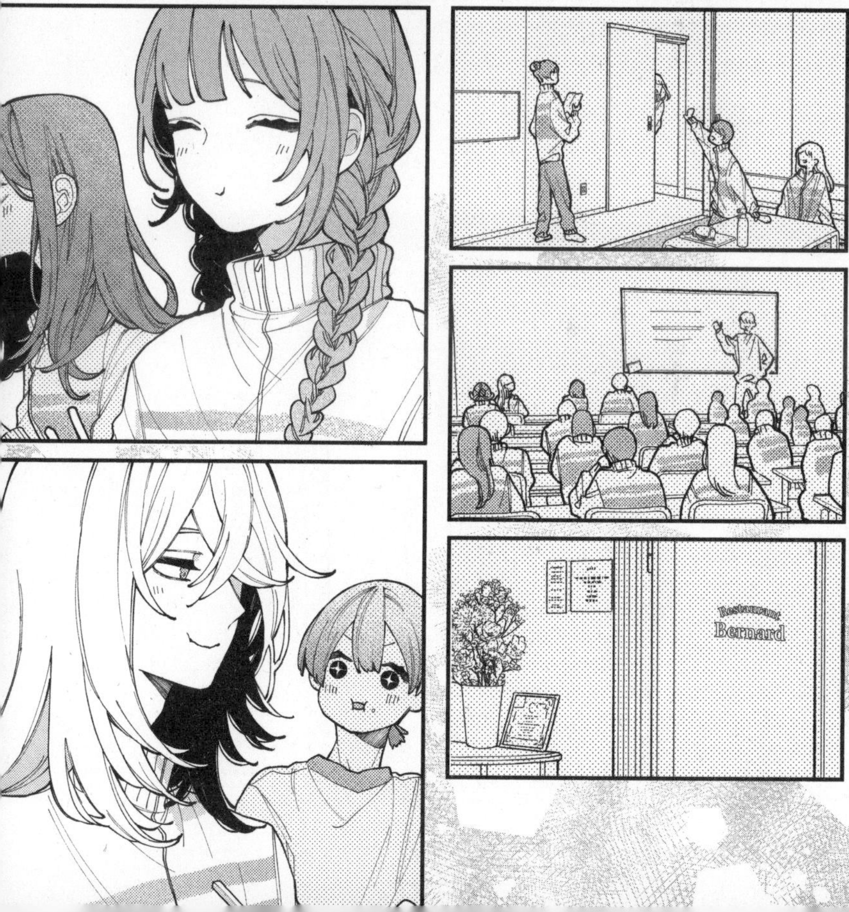

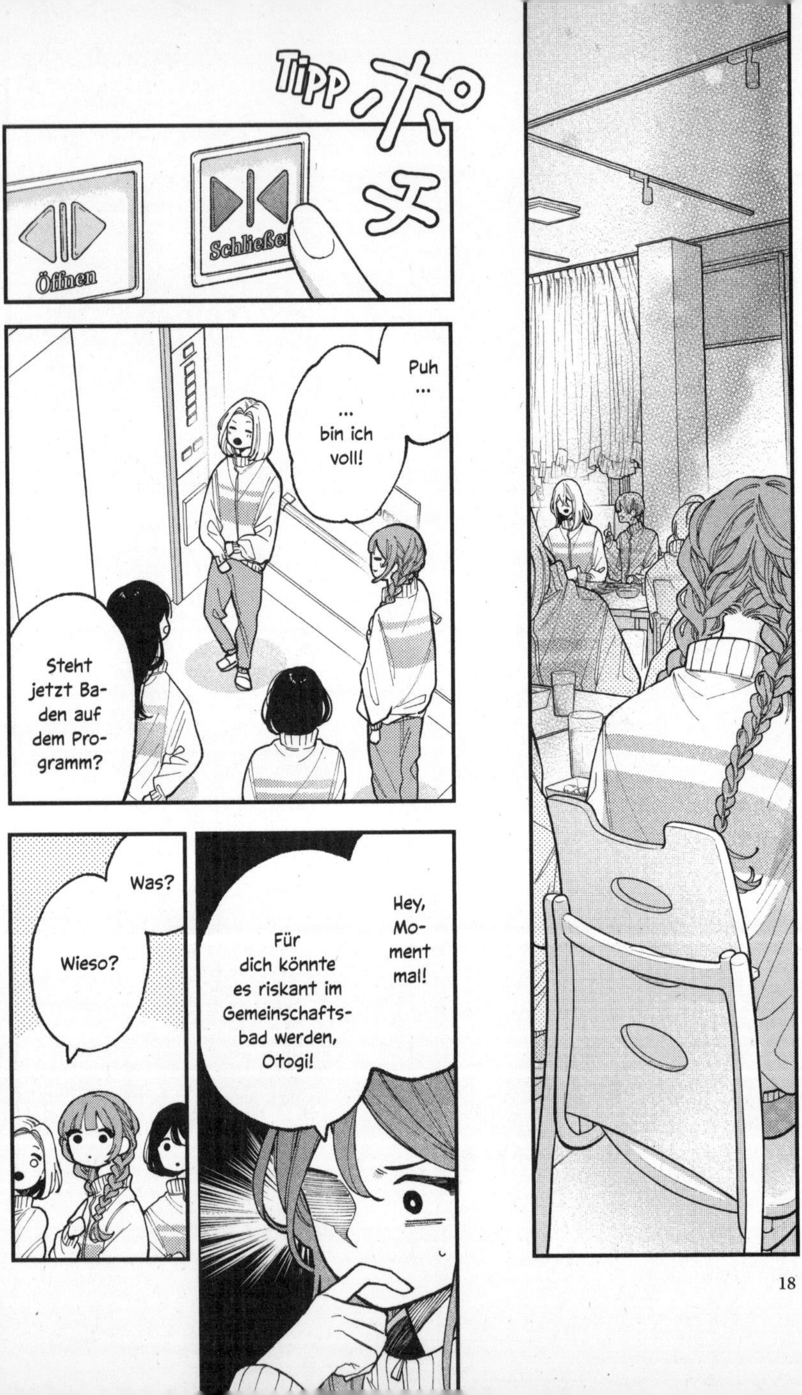
Tipp
Schließen
Öffnen
Puh ...
... bin ich voll!
Steht jetzt Baden auf dem Programm?
Hey, Moment mal!
Für dich könnte es riskant im Gemeinschaftsbad werden, Otogi!
Was?
Wieso?

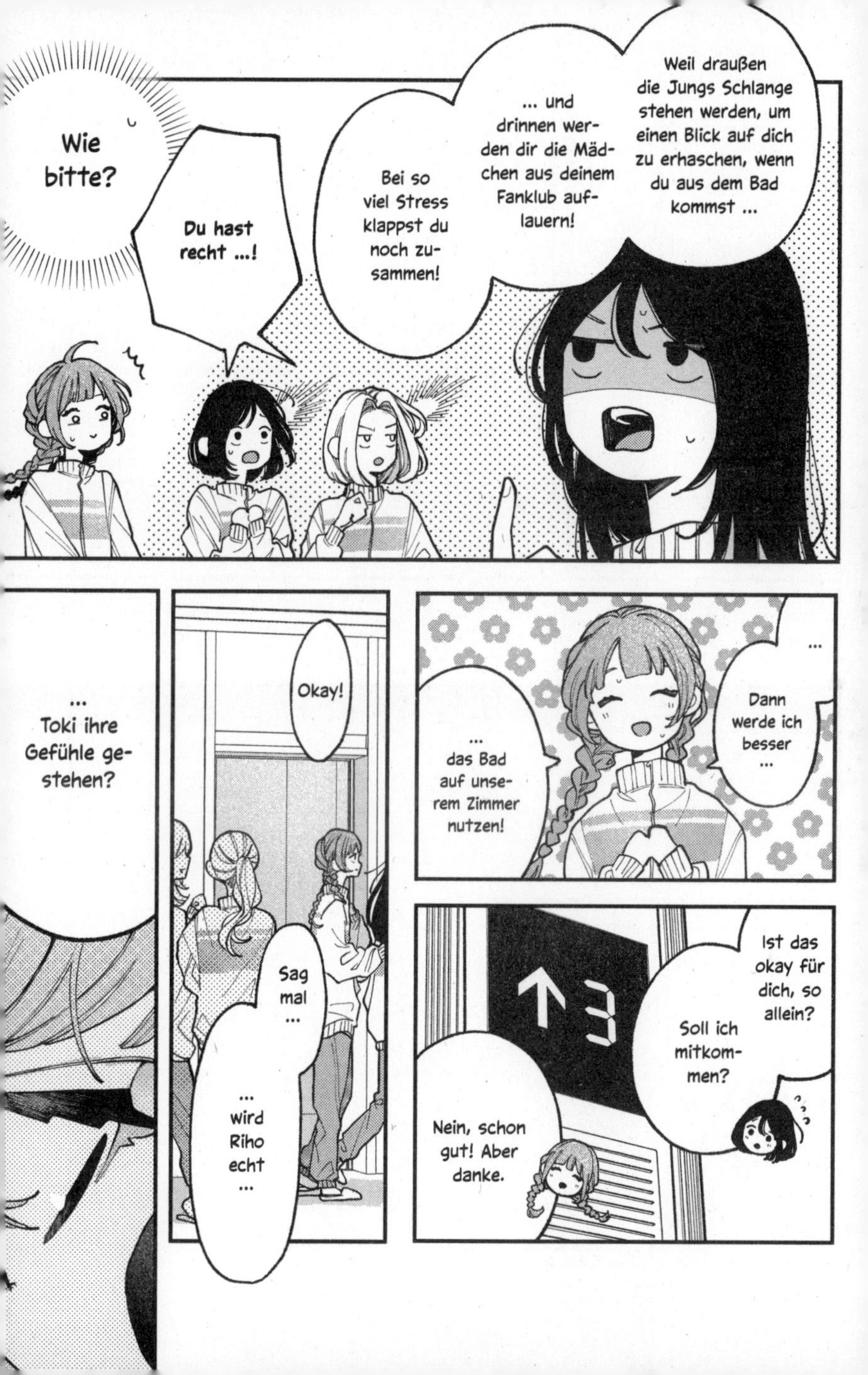
Weil draußen die Jungs Schlange stehen werden, um einen Blick auf dich zu erhaschen, wenn du aus dem Bad kommst ...
... und drinnen werden dir die Mädchen aus deinem Fanklub auflauern!
Bei so viel Stress klappst du noch zusammen!
Du hast recht ...!
Wie bitte?
... Dann werde ich besser ...
... das Bad auf unserem Zimmer nutzen!
Ist das okay für dich, so allein?
Soll ich mitkommen?
Nein, schon gut! Aber danke.
Okay!
Sag mal ...
... wird Riho echt ...
... Toki ihre Gefühle gestehen?

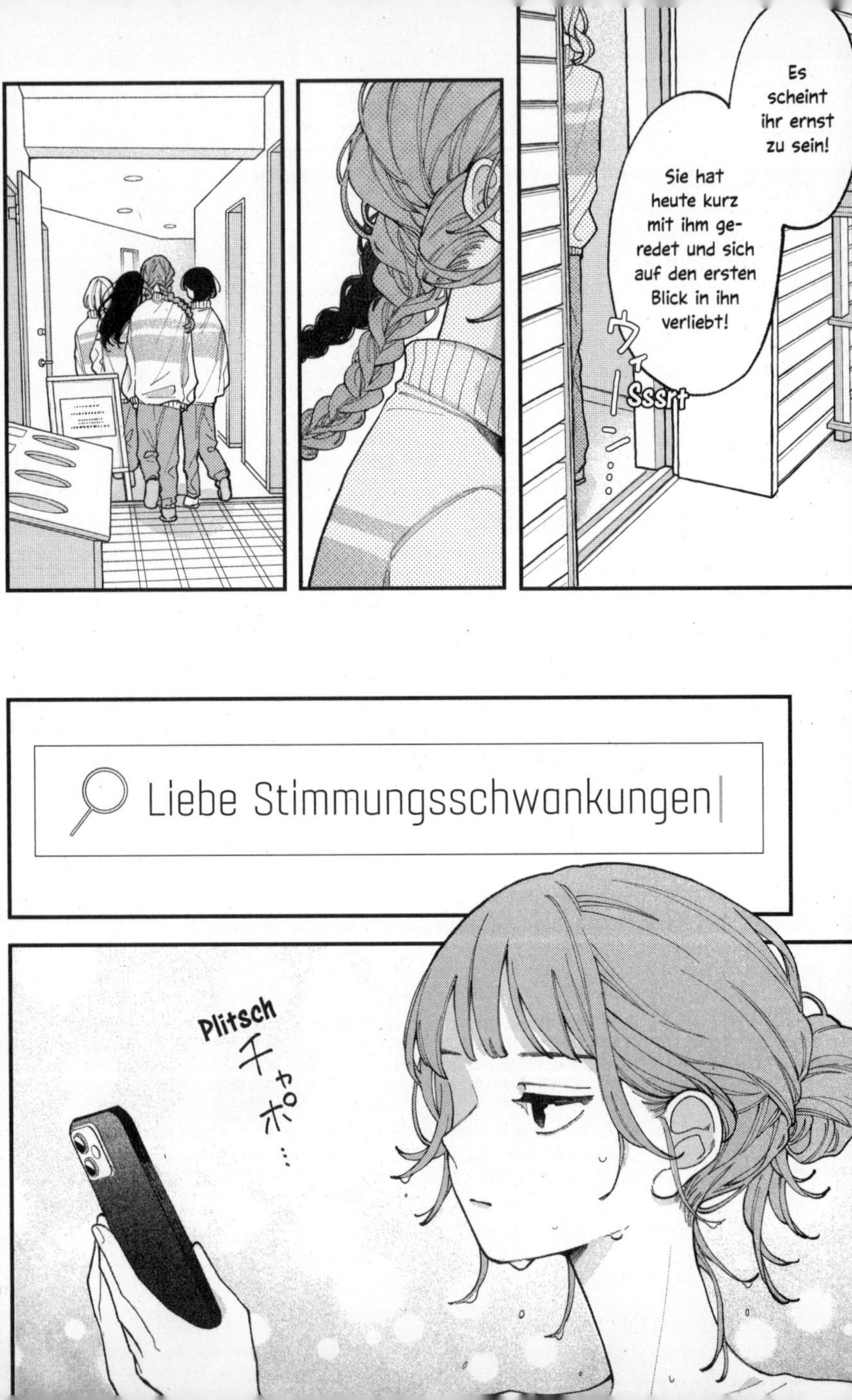
Es scheint ihr ernst zu sein!
Sie hat heute kurz mit ihm geredet und sich auf den ersten Blick in ihn verliebt!
Sssrt
Liebe Stimmungsschwankungen
Plitsch

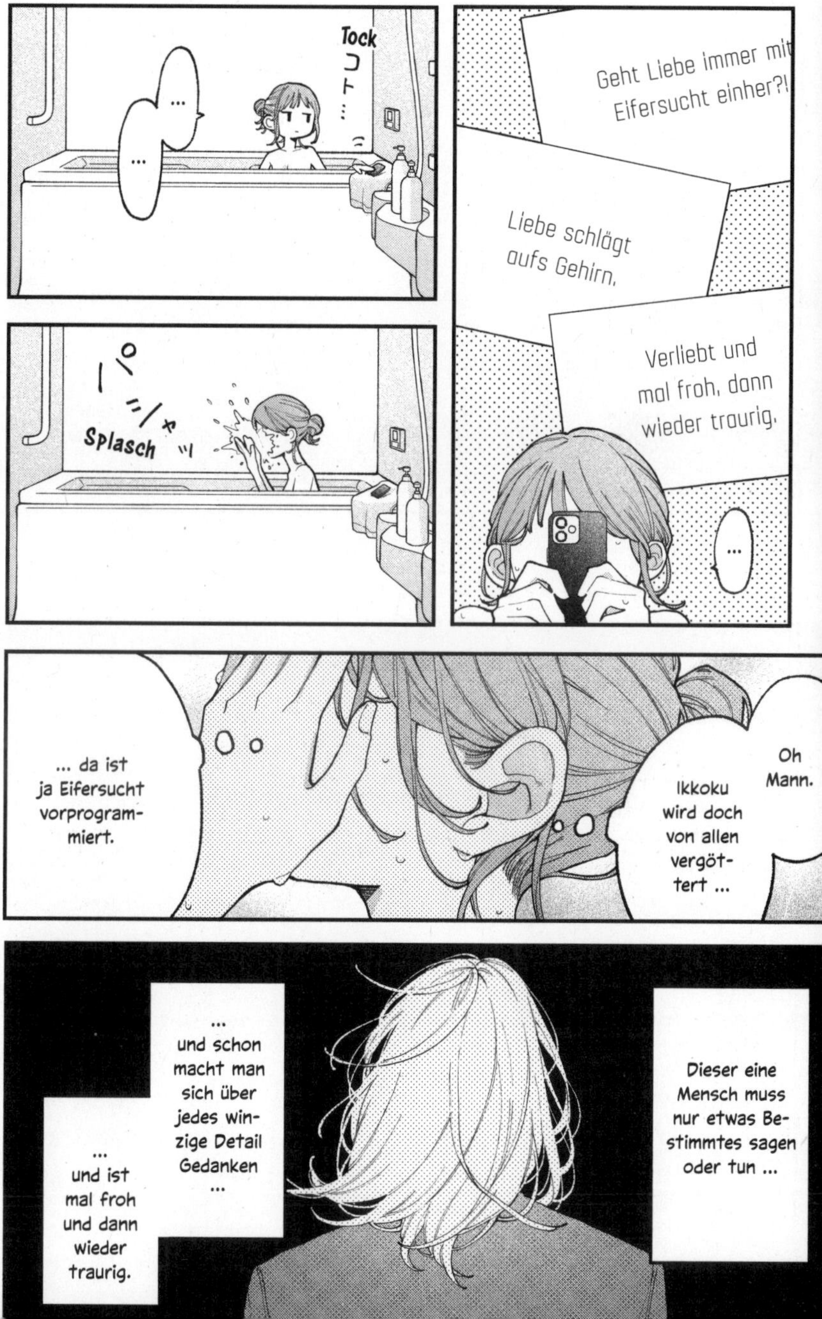

Geht Liebe immer mit Eifersucht einher?!
Liebe schlägt aufs Gehirn.
Verliebt und mal froh, dann wieder traurig.
...
Tock
コト…
...
...
パシャッ
Splasch
Oh Mann.
Ikkoku wird doch von allen vergöttert ...
... da ist ja Eifersucht vorprogrammiert.
Dieser eine Mensch muss nur etwas Bestimmtes sagen oder tun ...
... und schon macht man sich über jedes winzige Detail Gedanken ...
... und ist mal froh und dann wieder traurig.

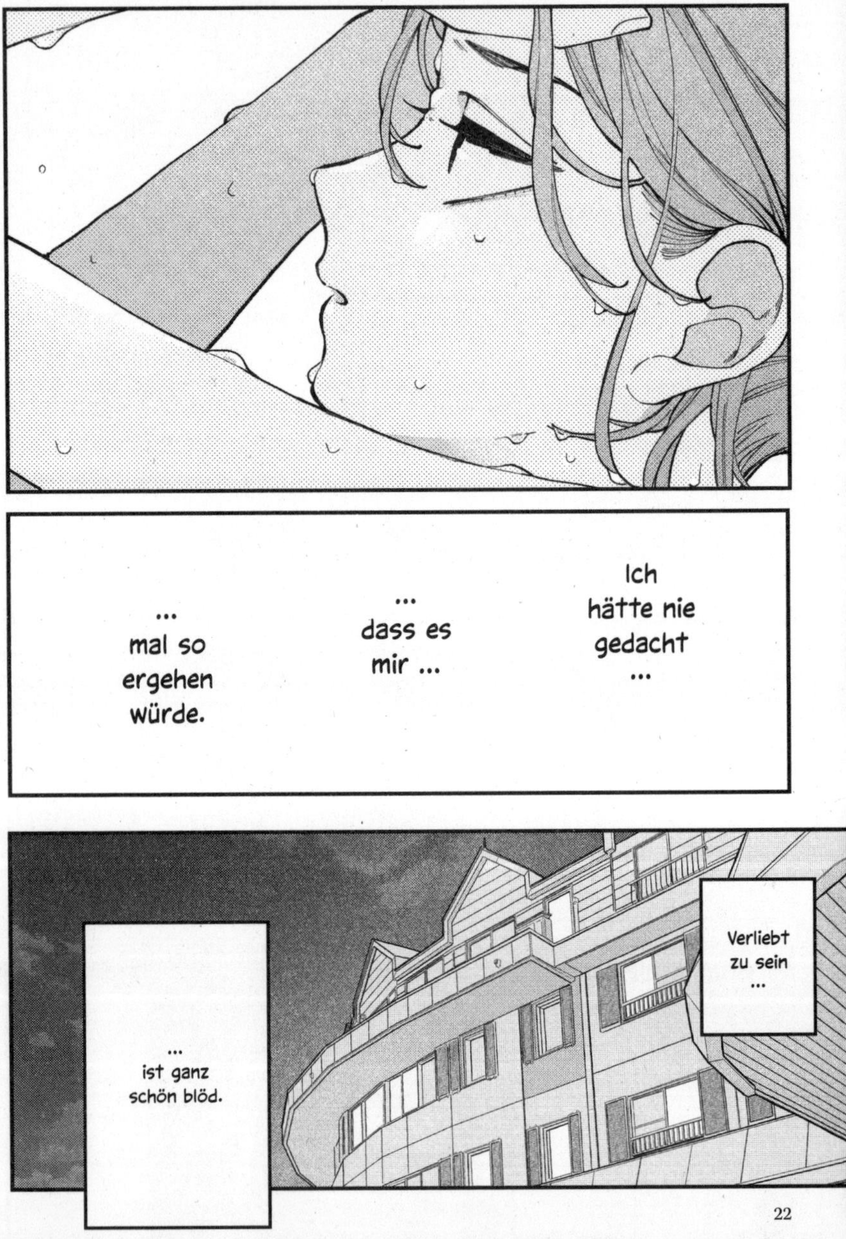
Ich hätte nie gedacht ...
... dass es mir ...
... mal so ergehen würde.
Verliebt zu sein ...
... ist ganz schön blöd.

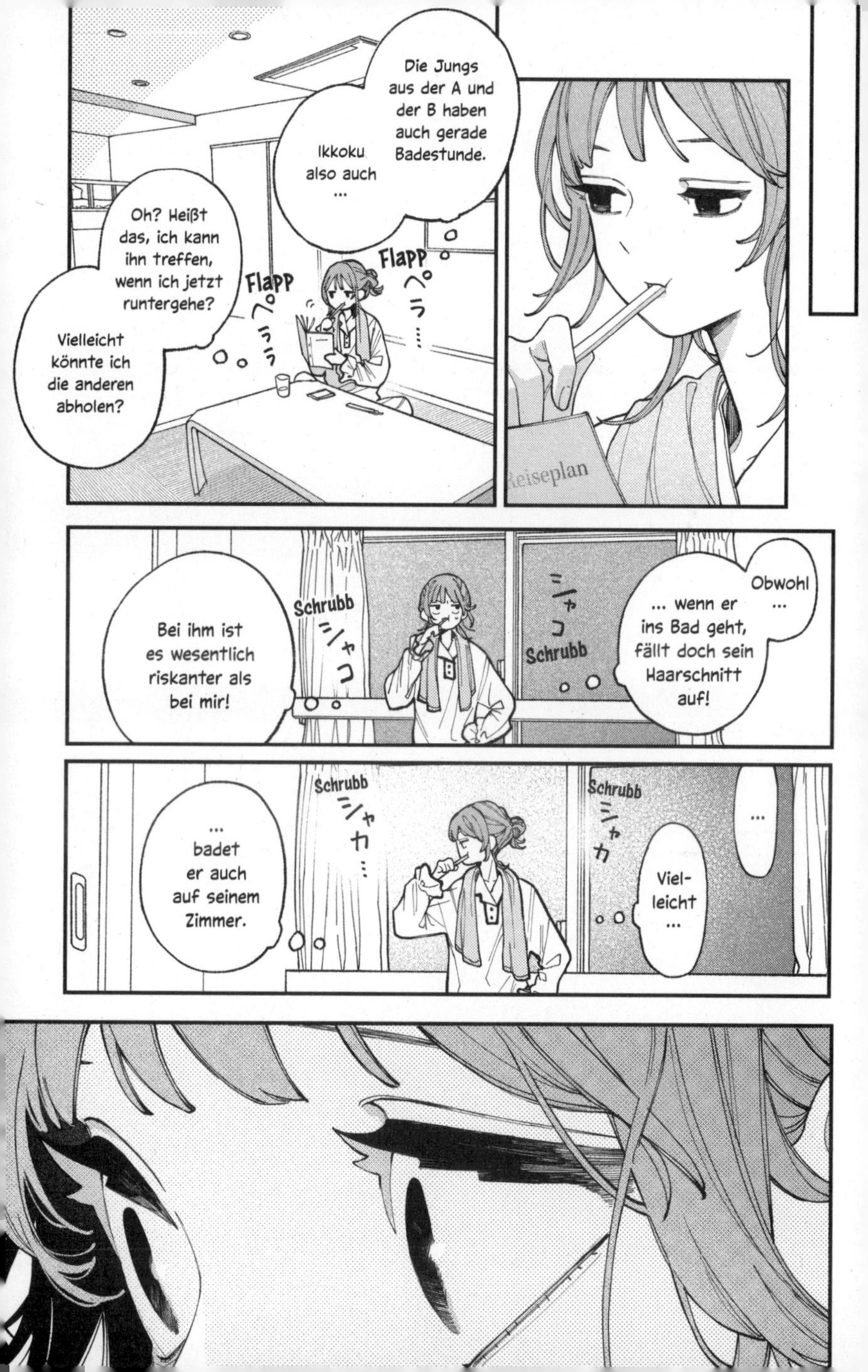
Reiseplan
Die Jungs aus der A und der B haben auch gerade Badestunde.
Flapp
ペラ…
Ikkoku also auch ...
Flapp
ペララ
Oh? Heißt das, ich kann ihn treffen, wenn ich jetzt runtergehe?
Vielleicht könnte ich die anderen abholen?
Obwohl ...
... wenn er ins Bad geht, fällt doch sein Haarschnitt auf!
シャコ
Schrubb
Schrubb
シャコ
Bei ihm ist es wesentlich riskanter als bei mir!
...
Vielleicht ...
Schrubb
シャカ
Schrubb
シャカ…
... badet er auch auf seinem Zimmer.

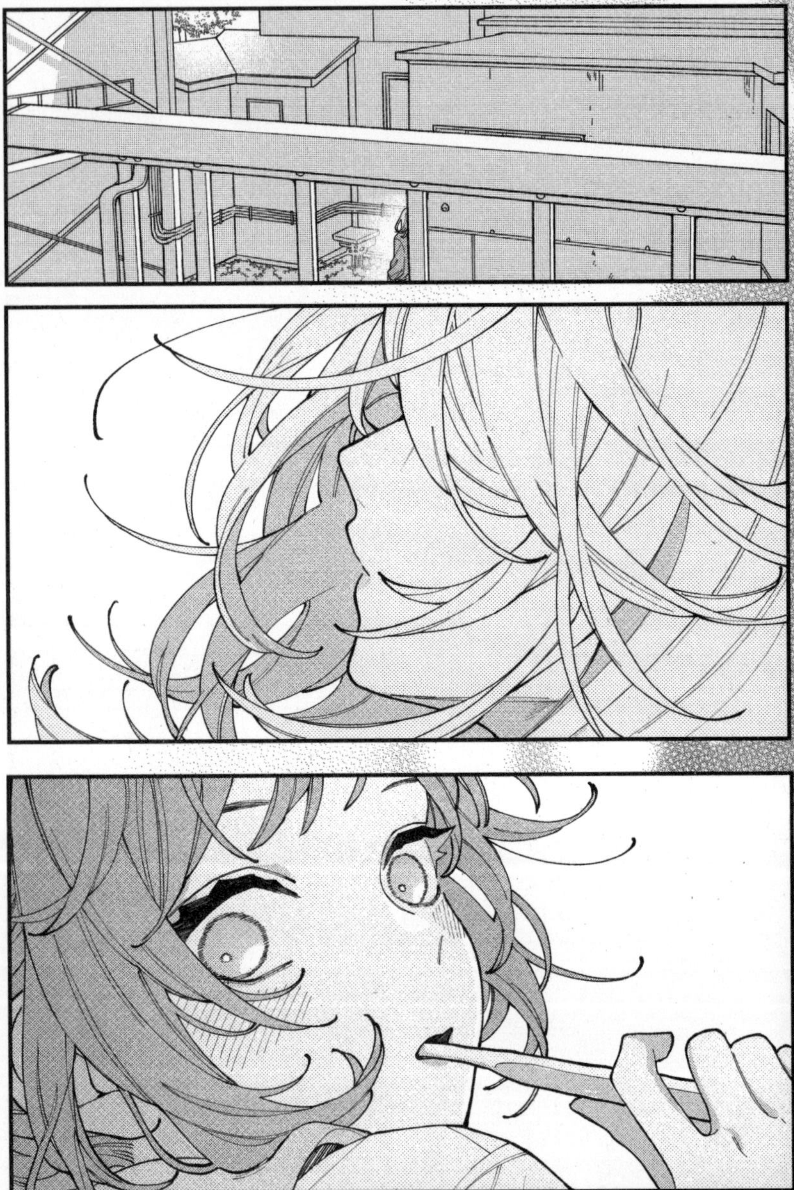

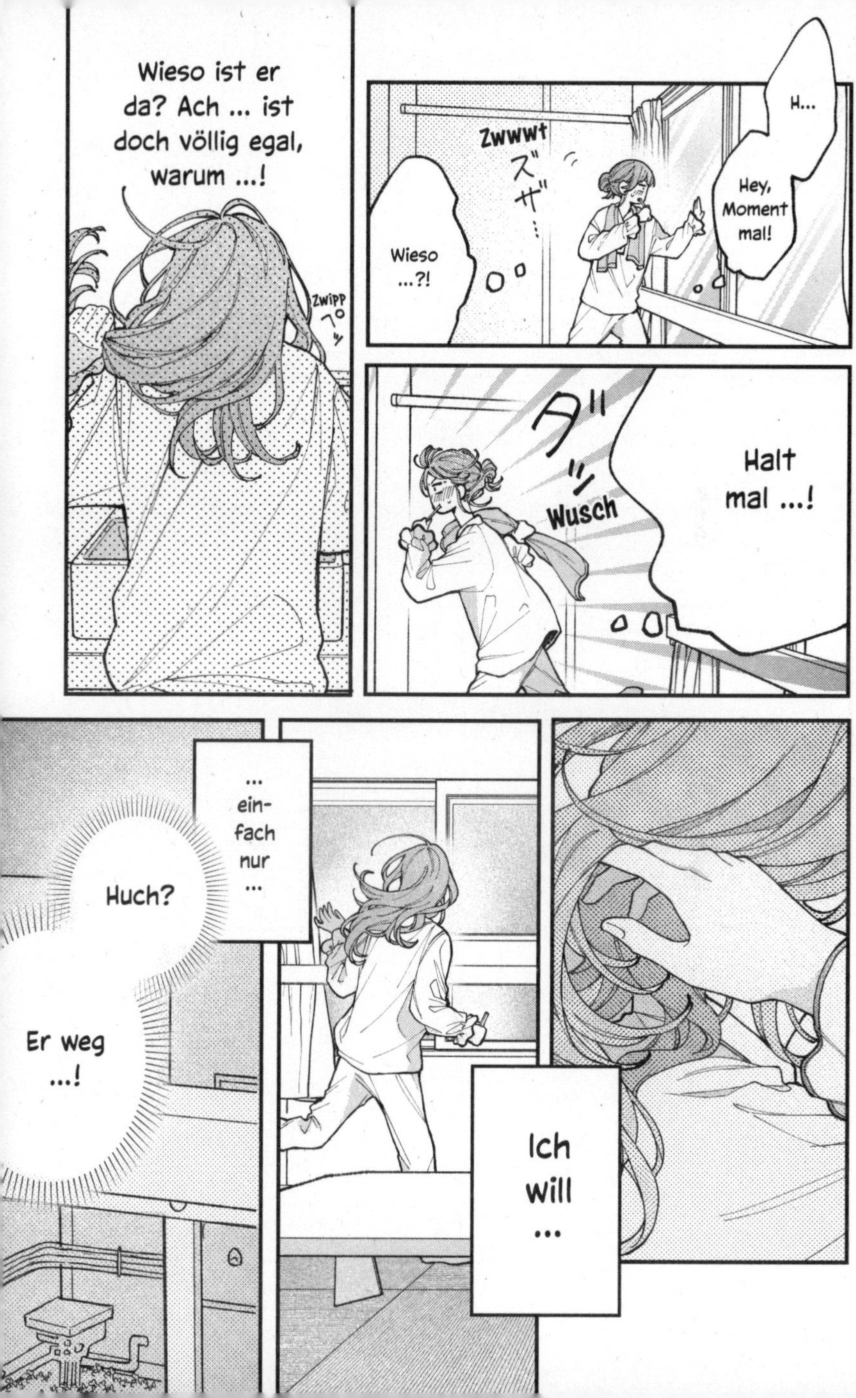
H...
Hey, Moment mal!
Zwwwt
ズザ…
Wieso ...?!
Wieso ist er da? Ach ... ist doch völlig egal, warum ...!
Zwipp
ペッ
Halt mal ...!
ダッ
Wusch
... ein-fach nur ...
Huch?
Er weg ...!
Ich will ...

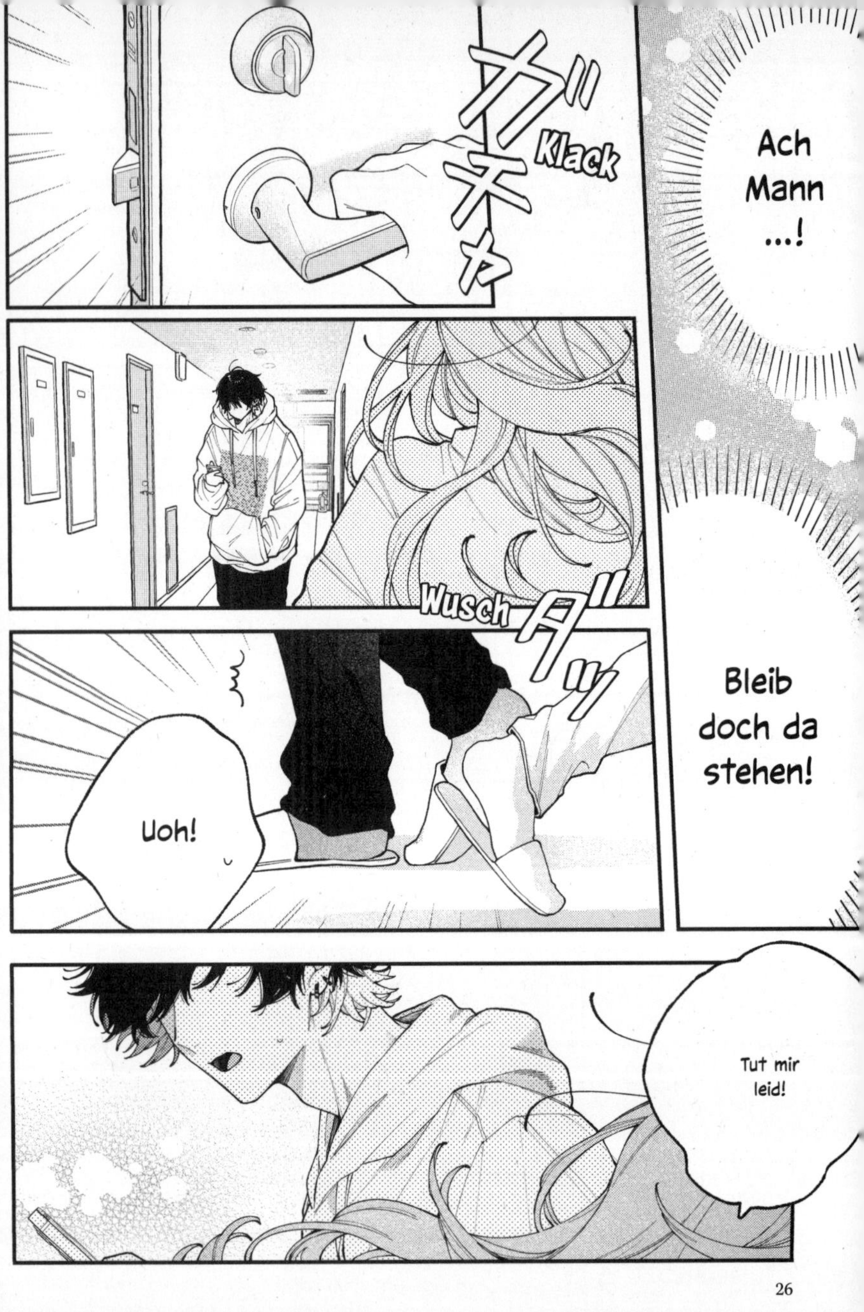

Ach Mann ...!
ガチャ
Klack
Wusch
ダッ
Bleib doch da stehen!
Uoh!
Tut mir leid!

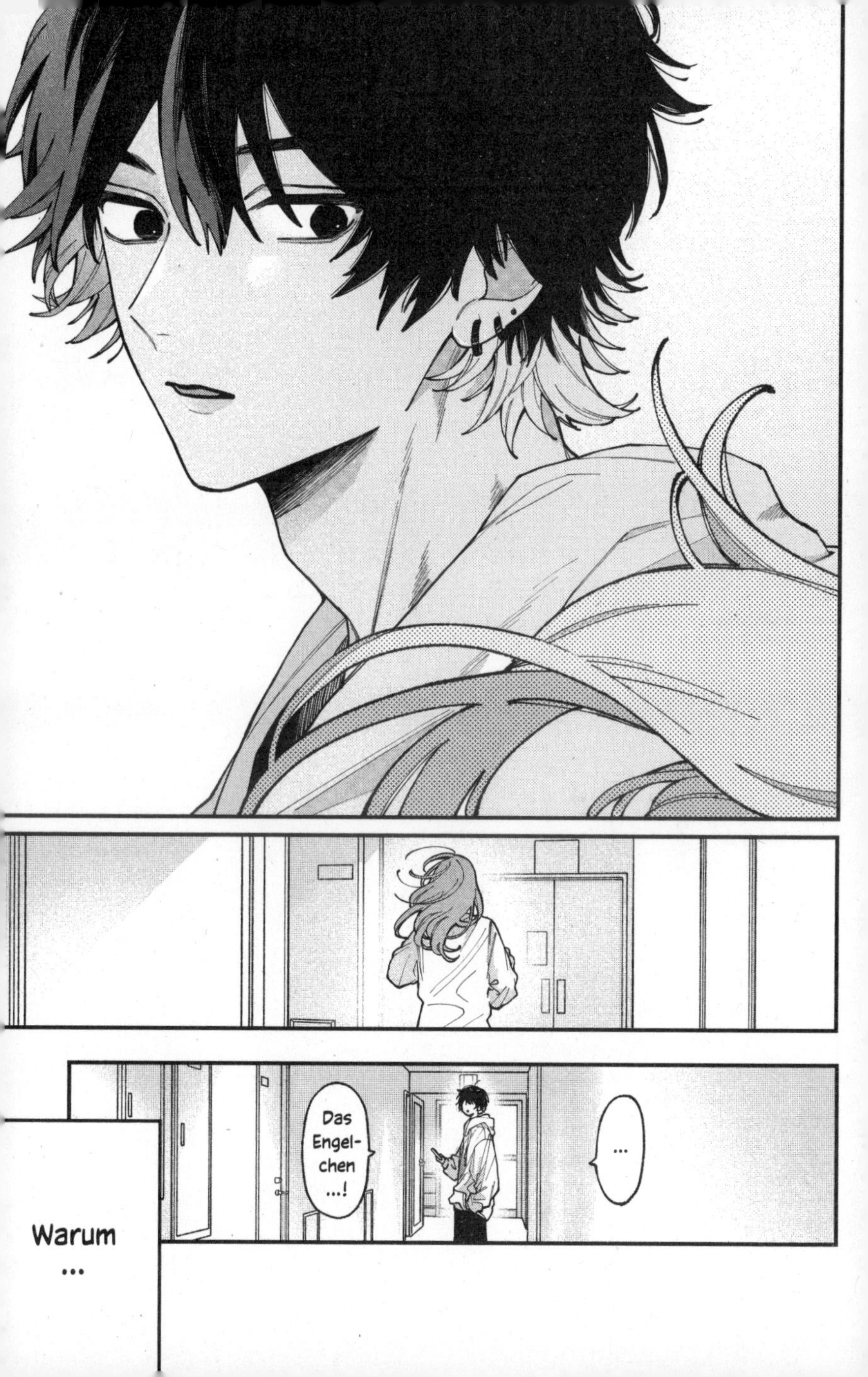
…
Das Engel- chen …!
Warum …

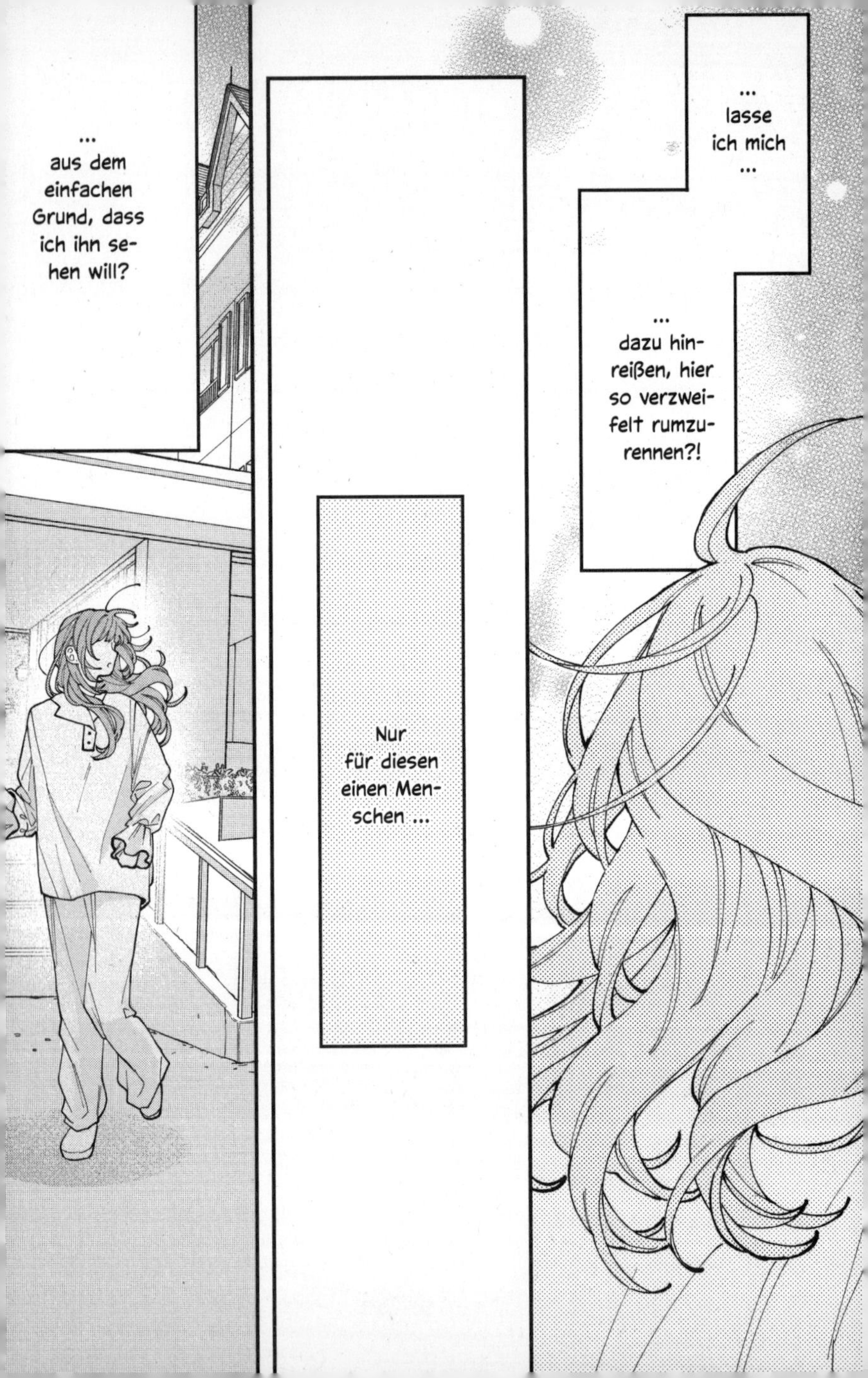
... lasse ich mich ...
... dazu hinreißen, hier so verzweifelt rumzurennen?!
Nur für diesen einen Menschen ...
... aus dem einfachen Grund, dass ich ihn sehen will?

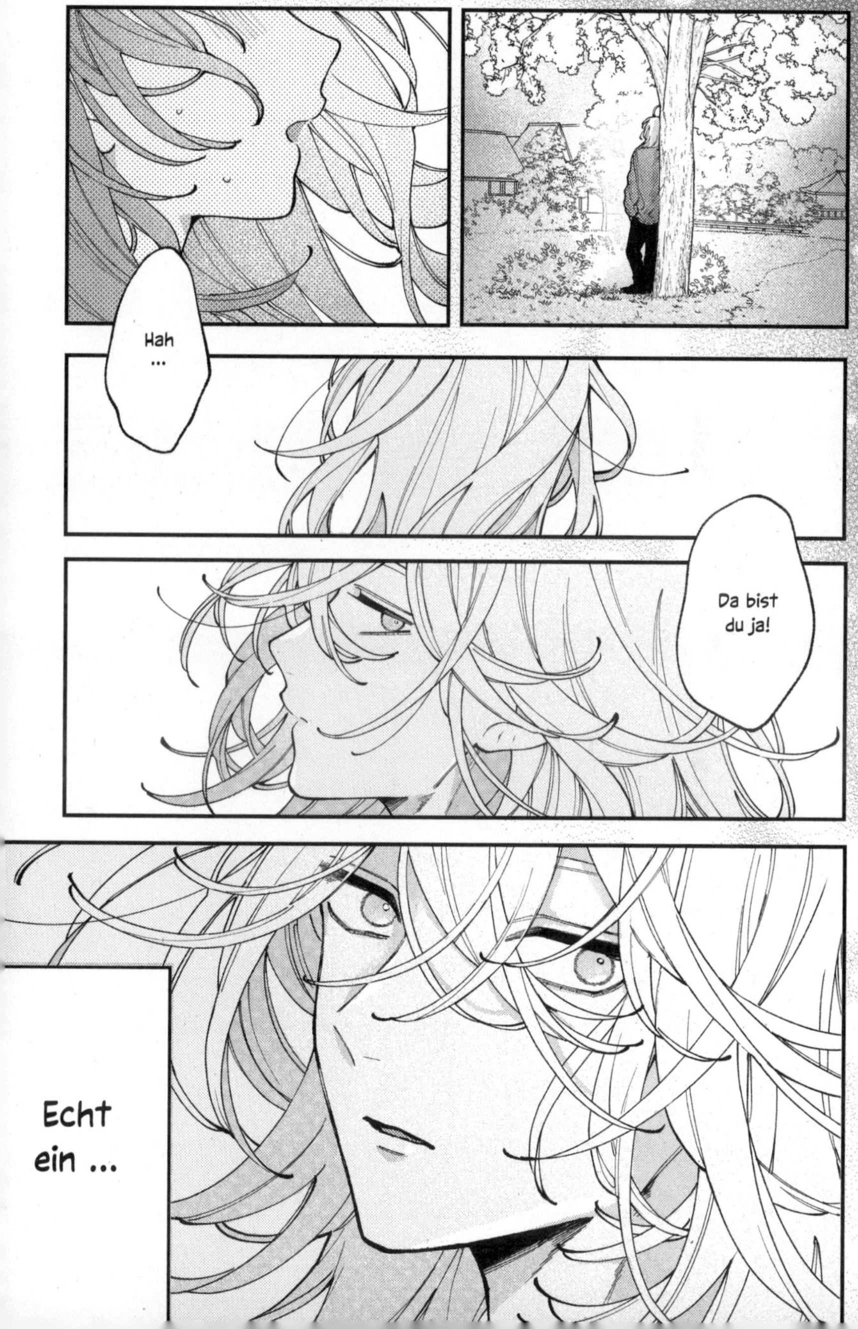
Hah ...
Da bist du ja!
Echt ein ...

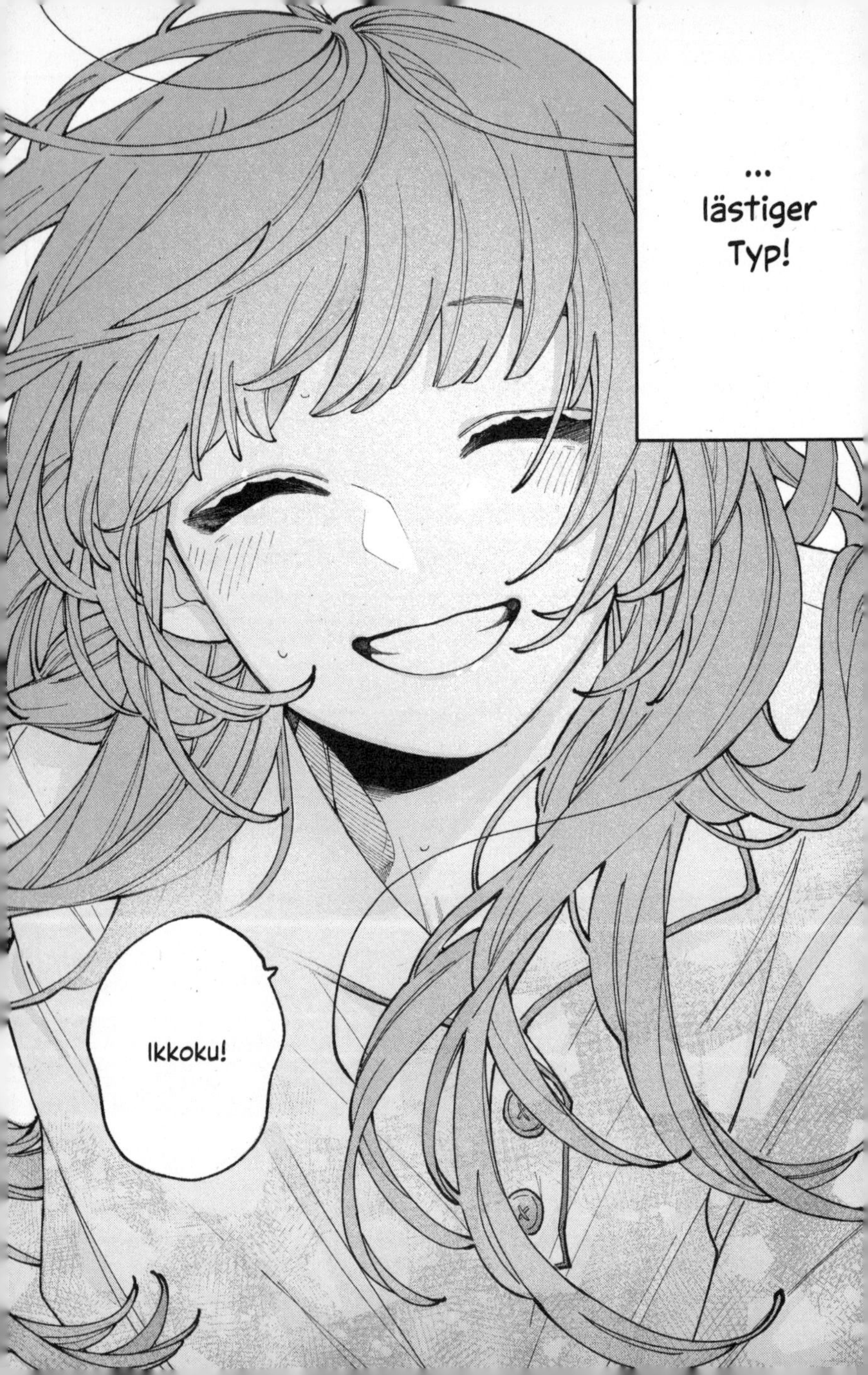
... lästiger Typ!
Ikkoku!

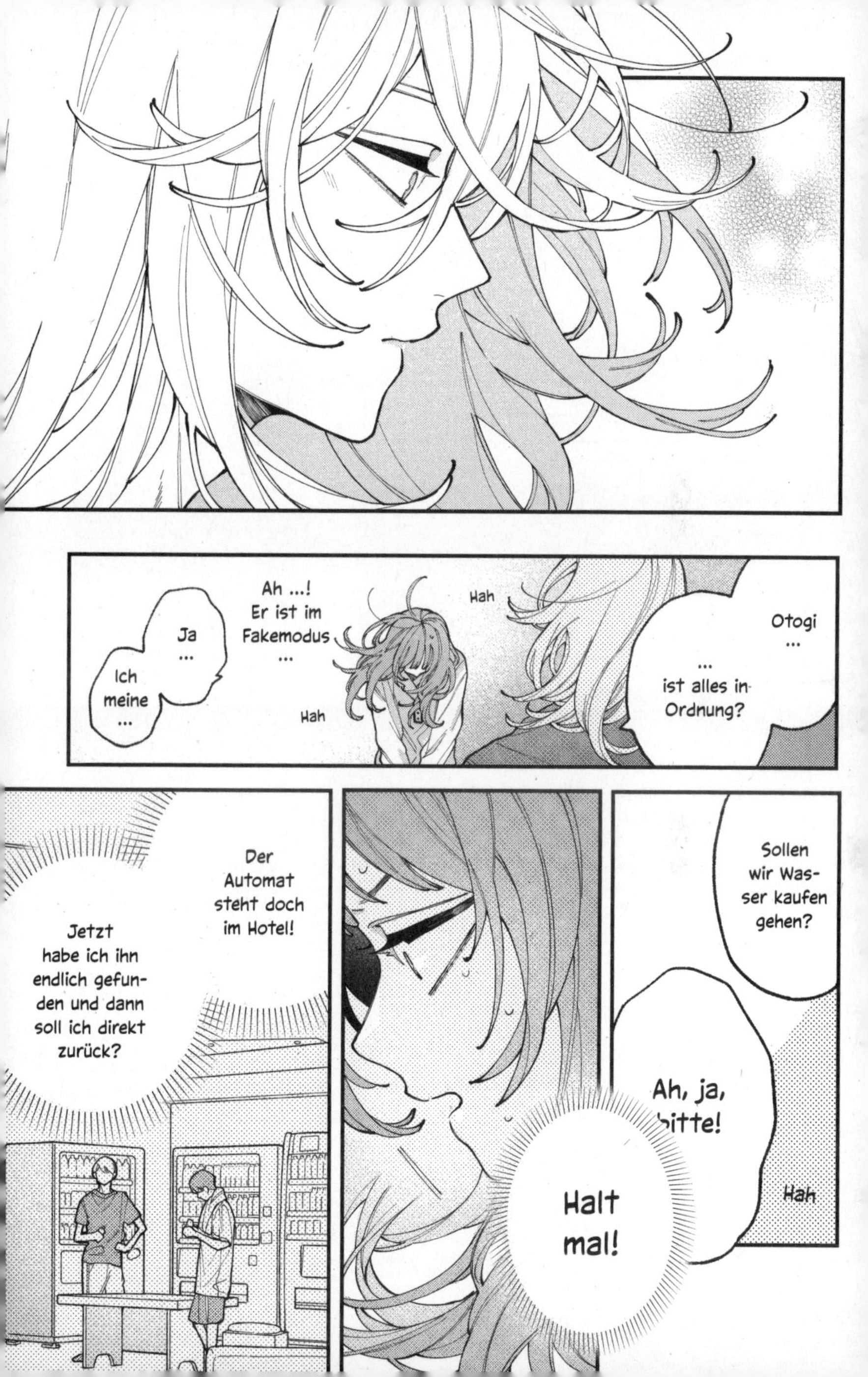
Otogi …
… ist alles in Ordnung?
Hah
Hah
Ah …! Er ist im Fakemodus …
Ja …
Ich meine …
Sollen wir Wasser kaufen gehen?
Ah, ja, bitte!
Hah
Halt mal!
Der Automat steht doch im Hotel!
Jetzt habe ich ihn endlich gefunden und dann soll ich direkt zurück?

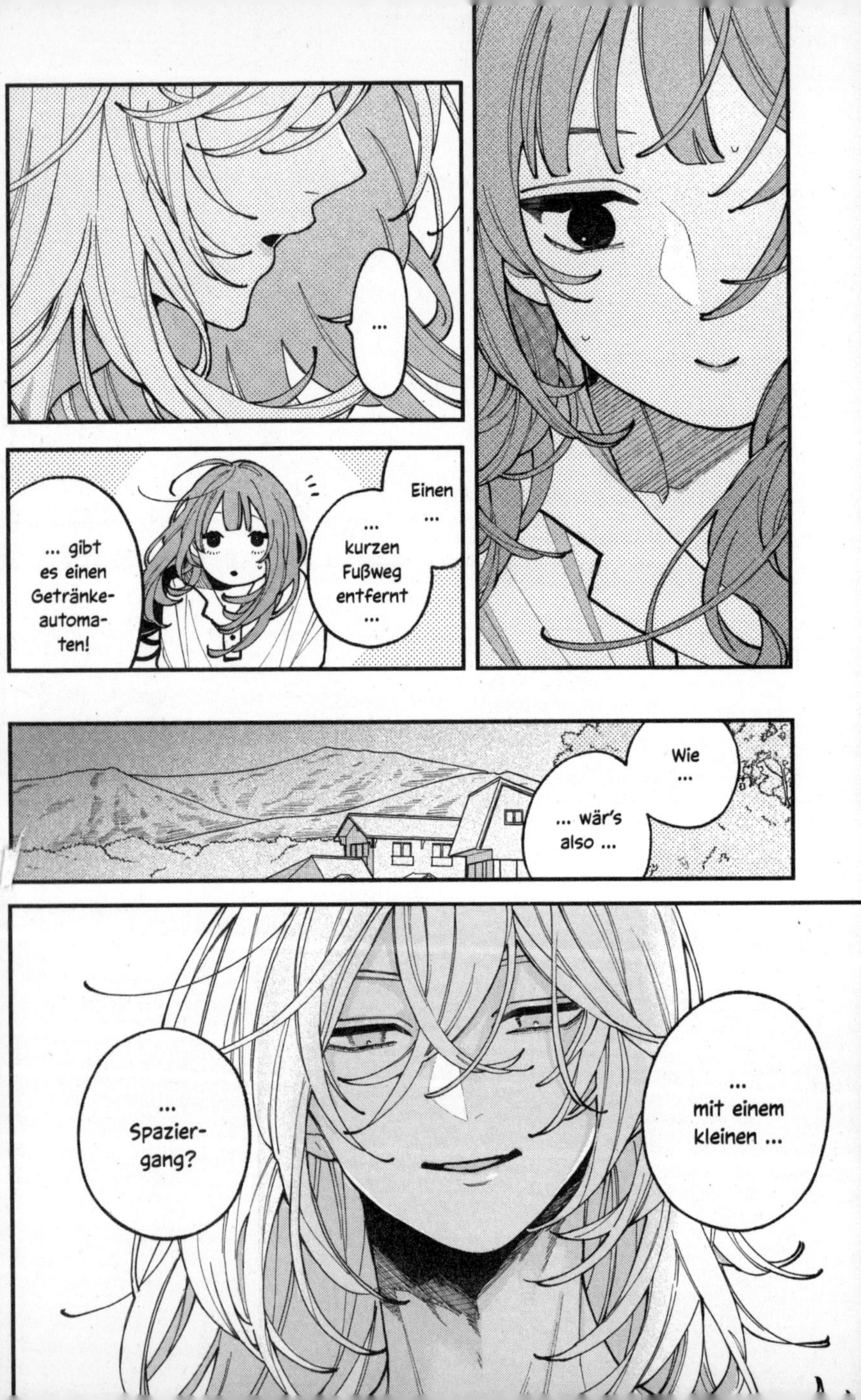
...
Einen ... ... kurzen Fußweg entfernt ...
... gibt es einen Getränke-automaten!
Wie ...
... wär's also ...
... mit einem kleinen ...
... Spazier-gang?

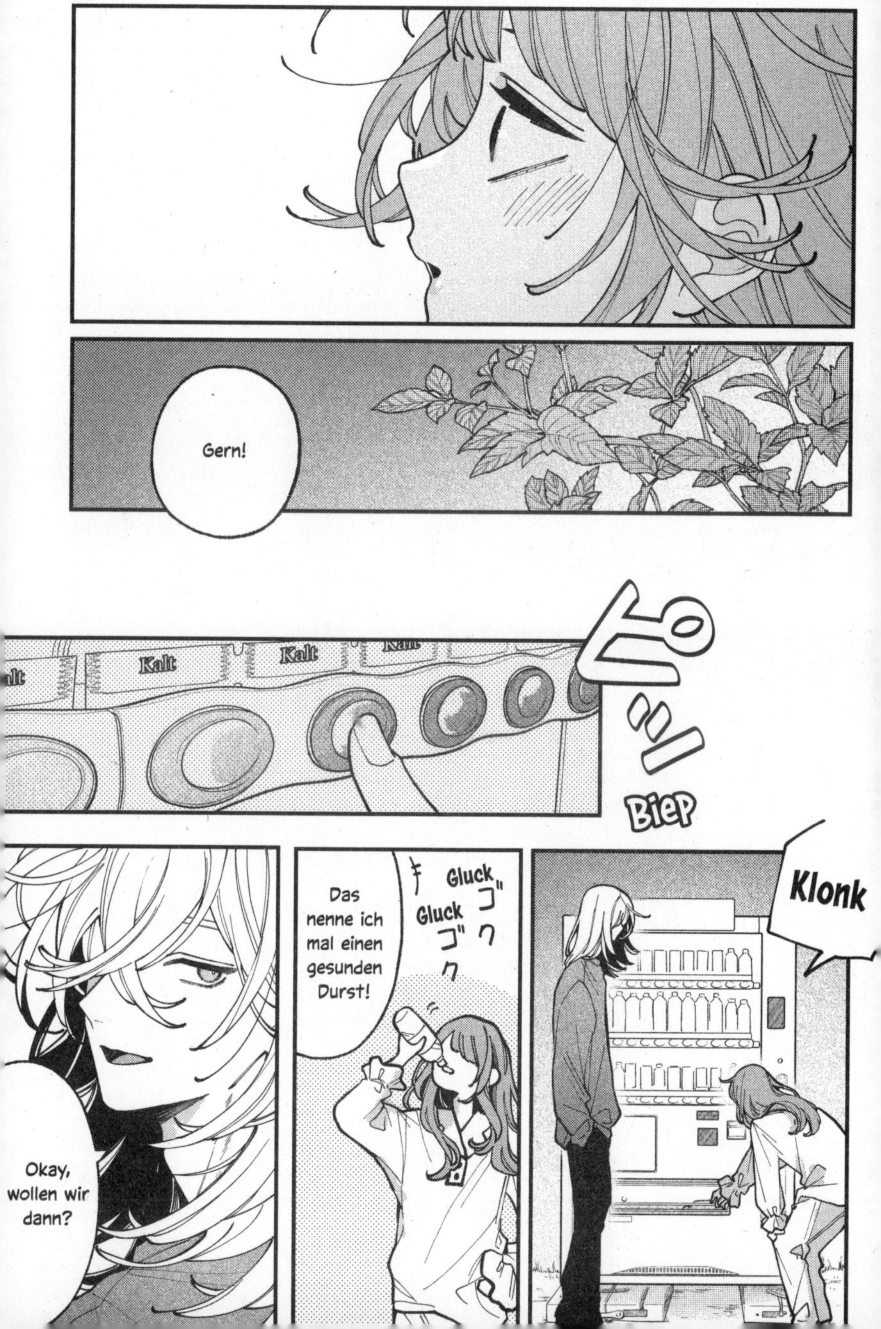
Gern!
ピッ
Biep
Klonk
ゴクゴク
Gluck
Gluck
Das nenne ich mal einen gesunden Durst!
Okay, wollen wir dann?

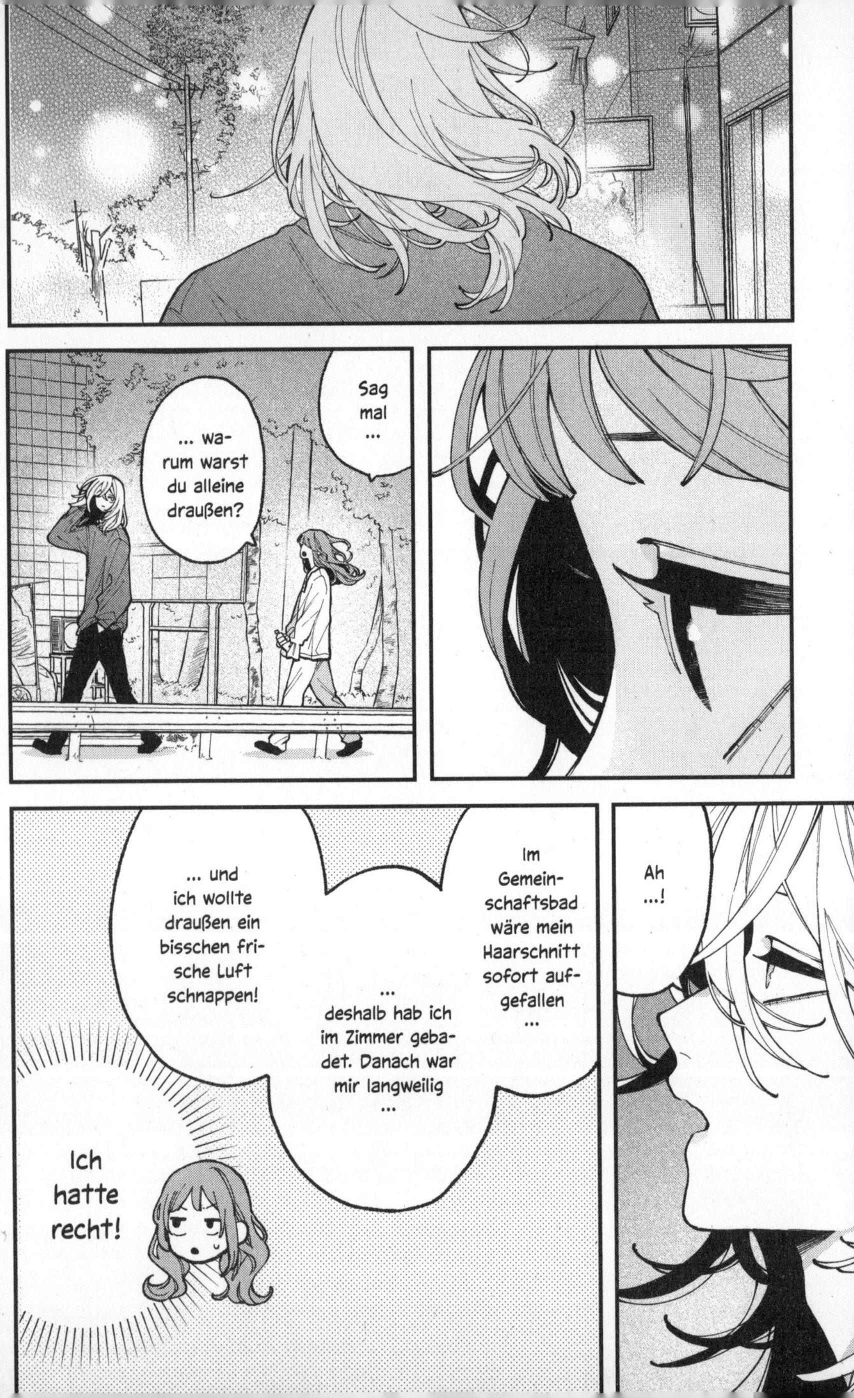

Sag mal …
… warum warst du alleine draußen?
Ah …!
Im Gemeinschaftsbad wäre mein Haarschnitt sofort aufgefallen …
… deshalb hab ich im Zimmer gebadet. Danach war mir langweilig …
… und ich wollte draußen ein bisschen frische Luft schnappen!
Ich hatte recht!

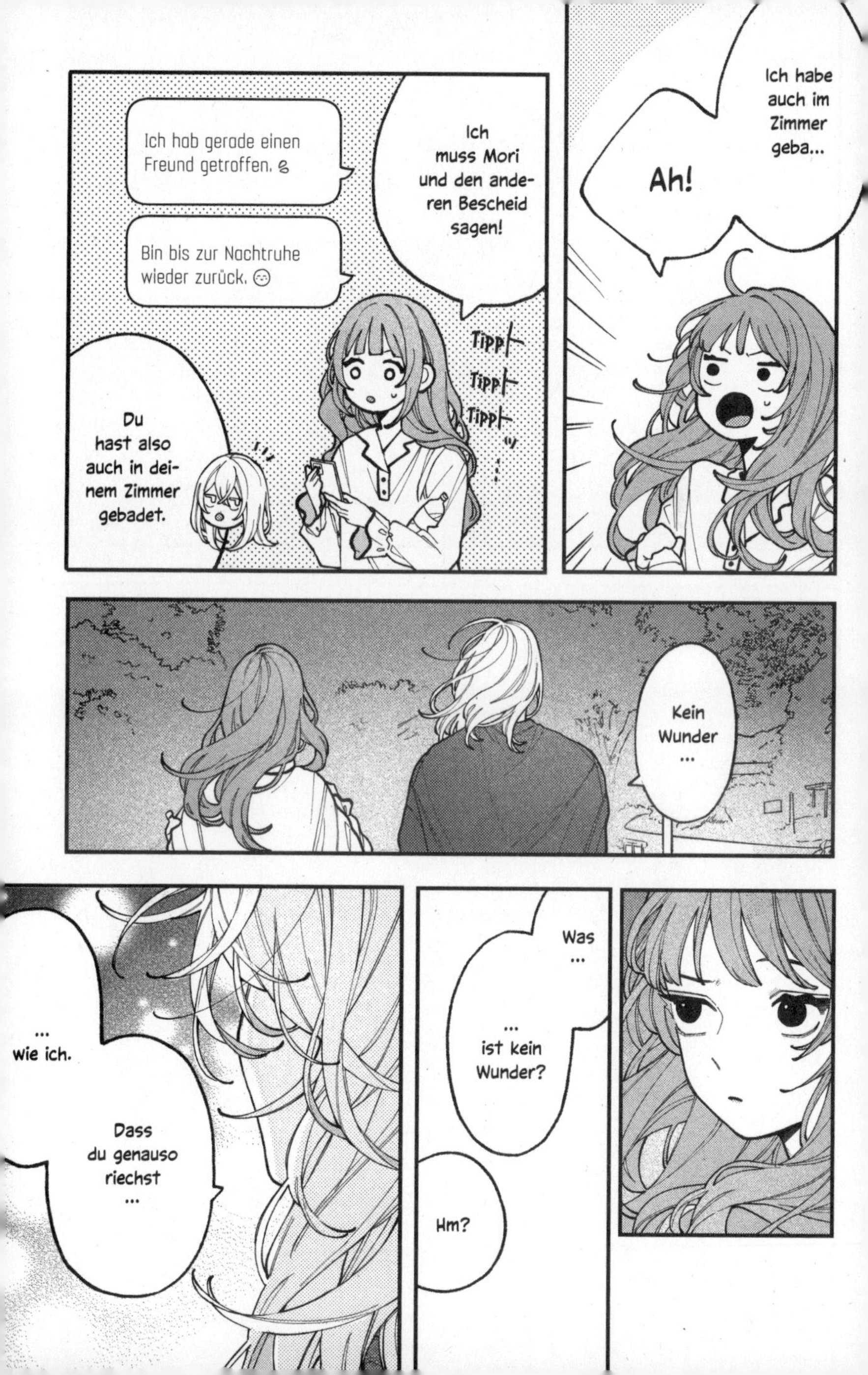
Ich habe auch im Zimmer geba...
Ah!
Ich muss Mori und den anderen Bescheid sagen!
Ich hab gerade einen Freund getroffen.
Bin bis zur Nachtruhe wieder zurück.
Tipp Tipp Tipp
Du hast also auch in deinem Zimmer gebadet.
Kein Wunder ...
Was ...
... ist kein Wunder?
Hm?
Dass du genauso riechst ...
... wie ich.

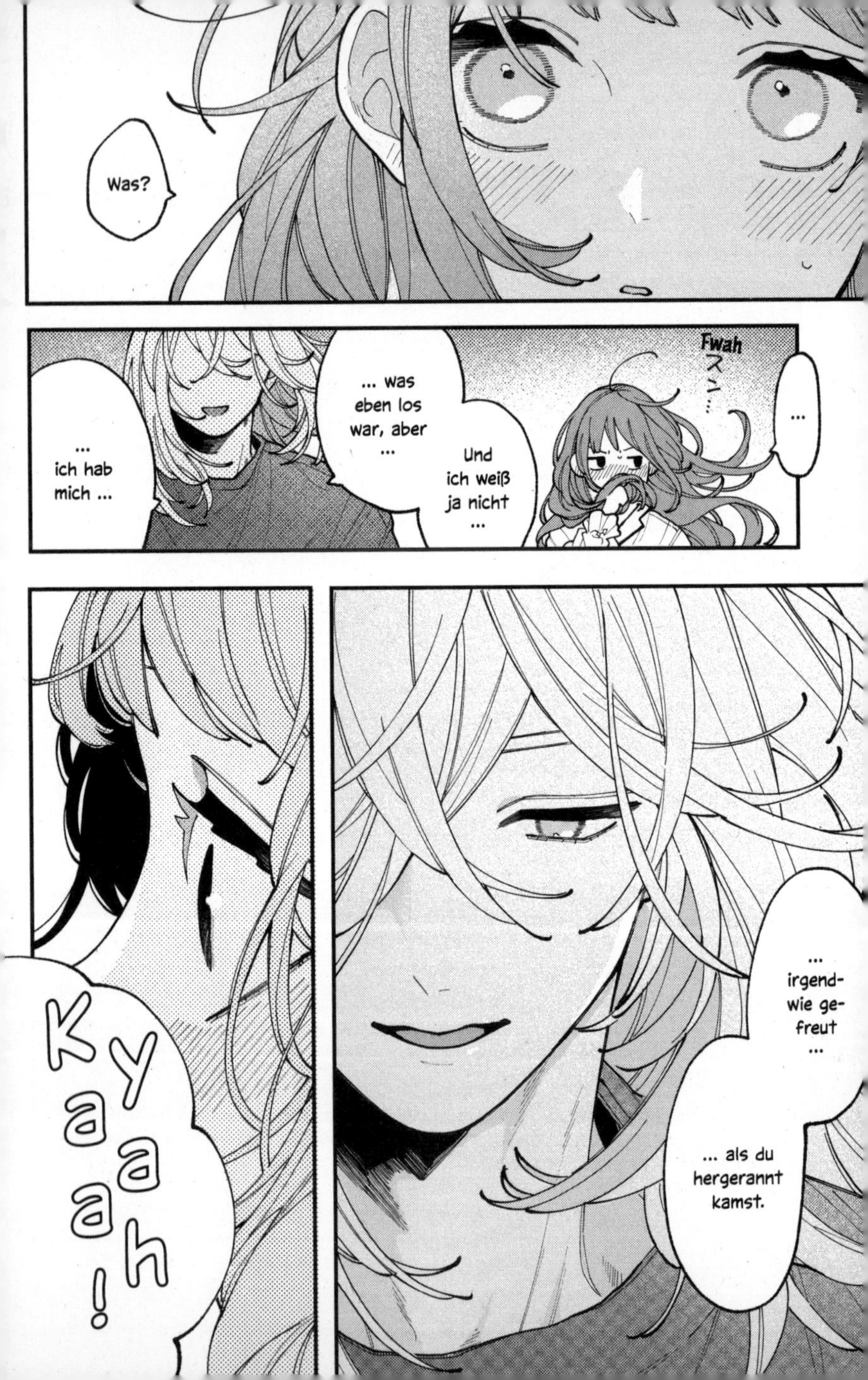
Was?
...
Fwah
Und ich weiß ja nicht ...
... was eben los war, aber ...
... ich hab mich ...
... irgend-wie ge-freut ...
... als du hergerannt kamst.
Kyaaah!

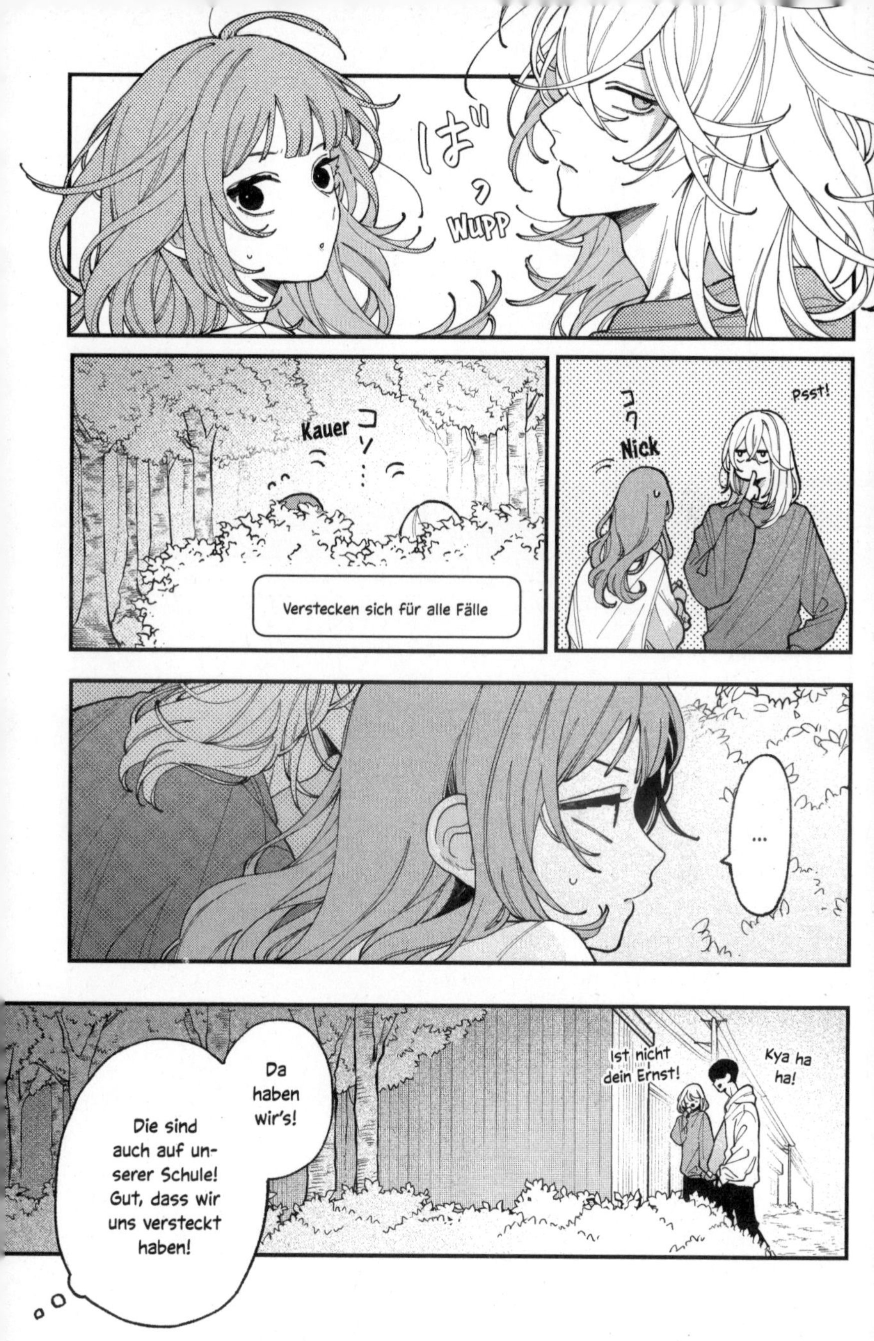
WUPP
Psst!
Nick
Kauer
Verstecken sich für alle Fälle
...
Kya ha ha!
Ist nicht dein Ernst!
Da haben wir's!
Die sind auch auf unserer Schule! Gut, dass wir uns versteckt haben!

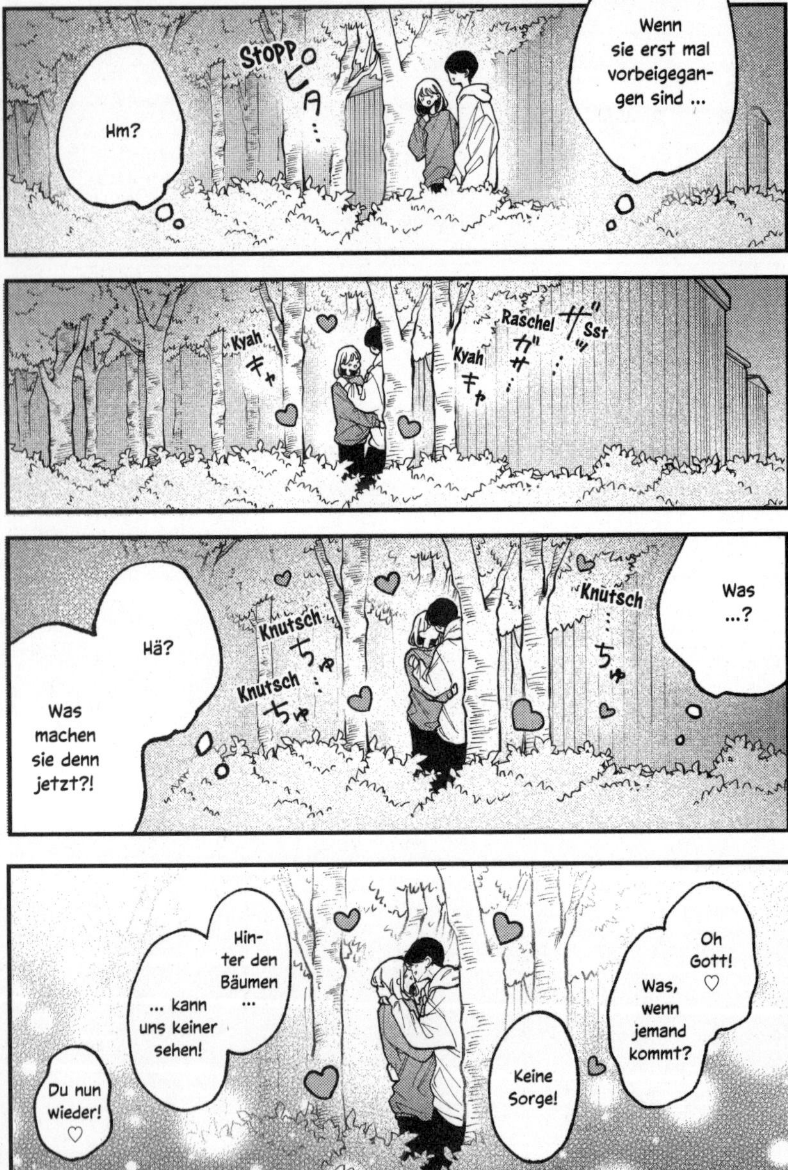
Wenn sie erst mal vorbeigegangen sind ...
Stopp
ピタ…
Hm?
Raschel
ガサ…
Sst
ザッ
Kyah
キャ
Kyah
キャ
Was ...?
Knutsch
ちゅ
Knutsch
ちゅ…
Knutsch
ちゅ
Hä?
Was machen sie denn jetzt?!
Oh Gott! ♡
Was, wenn jemand kommt?
Keine Sorge!
Hinter den Bäumen ...
... kann uns keiner sehen!
Du nun wieder! ♡

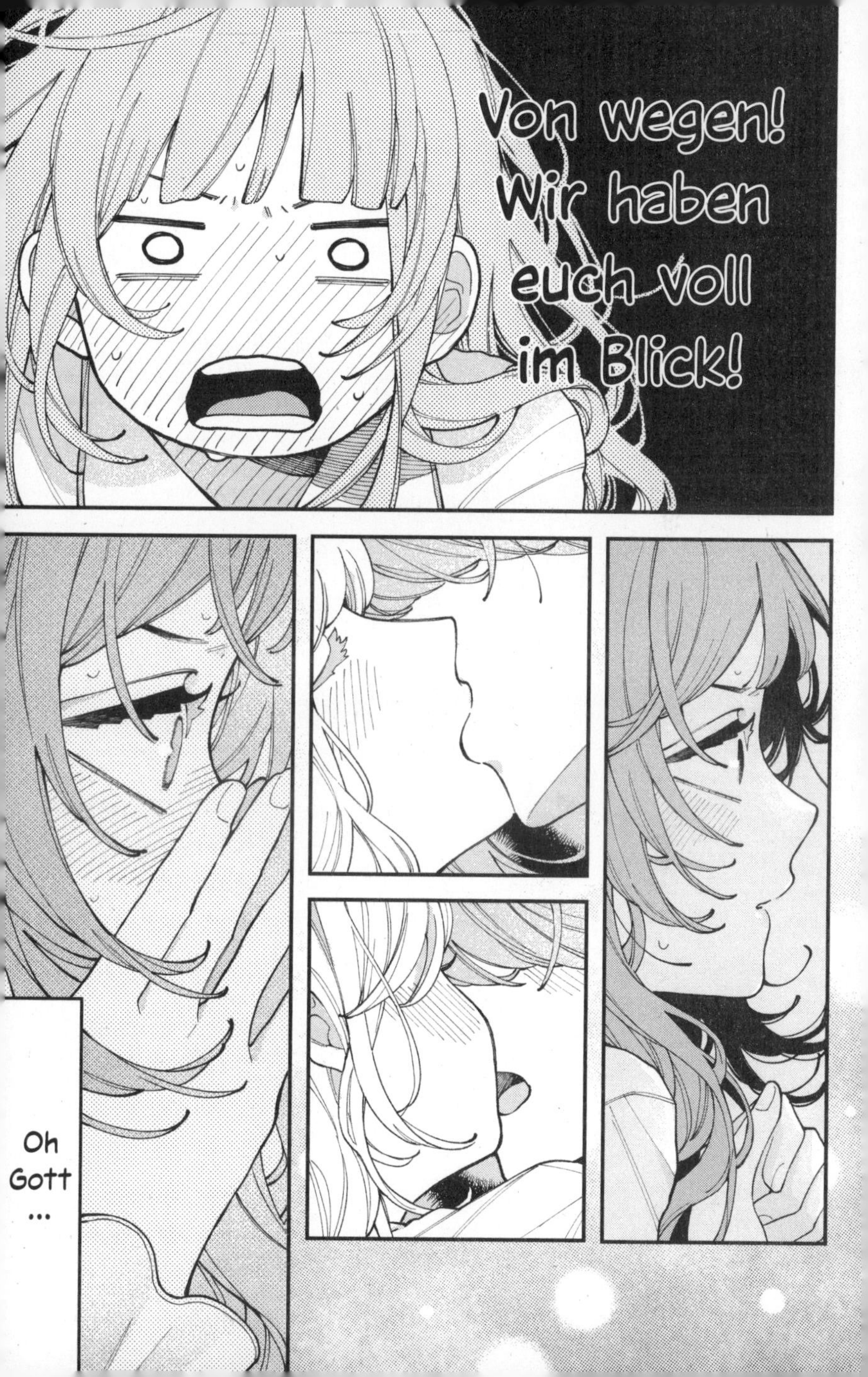
Von wegen! Wir haben euch voll im Blick!
Oh Gott ...

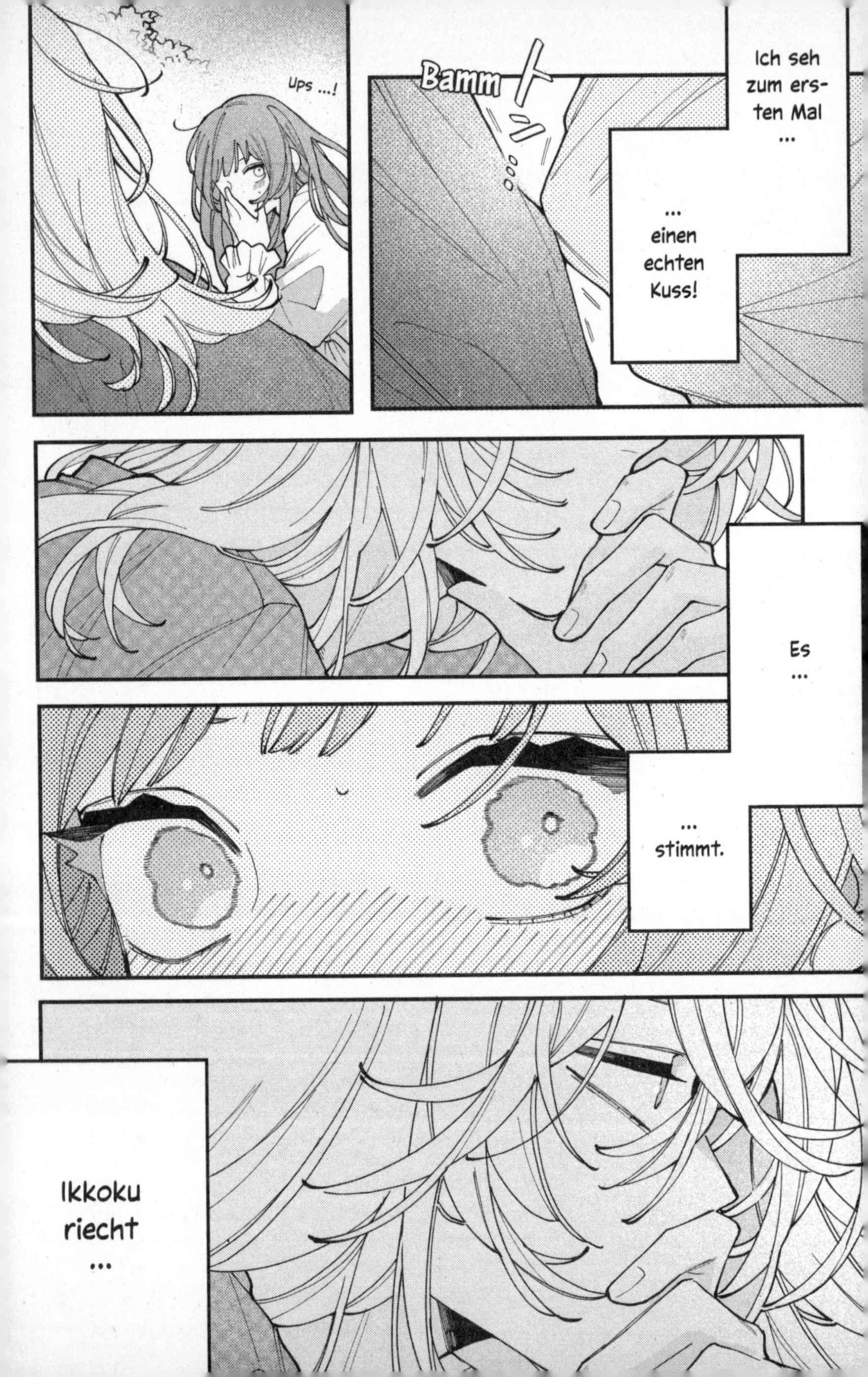

Ich seh zum ers-ten Mal ...
... einen echten Kuss!
Bamm
Ups ...!
Es ...
... stimmt.
Ikkoku riecht ...

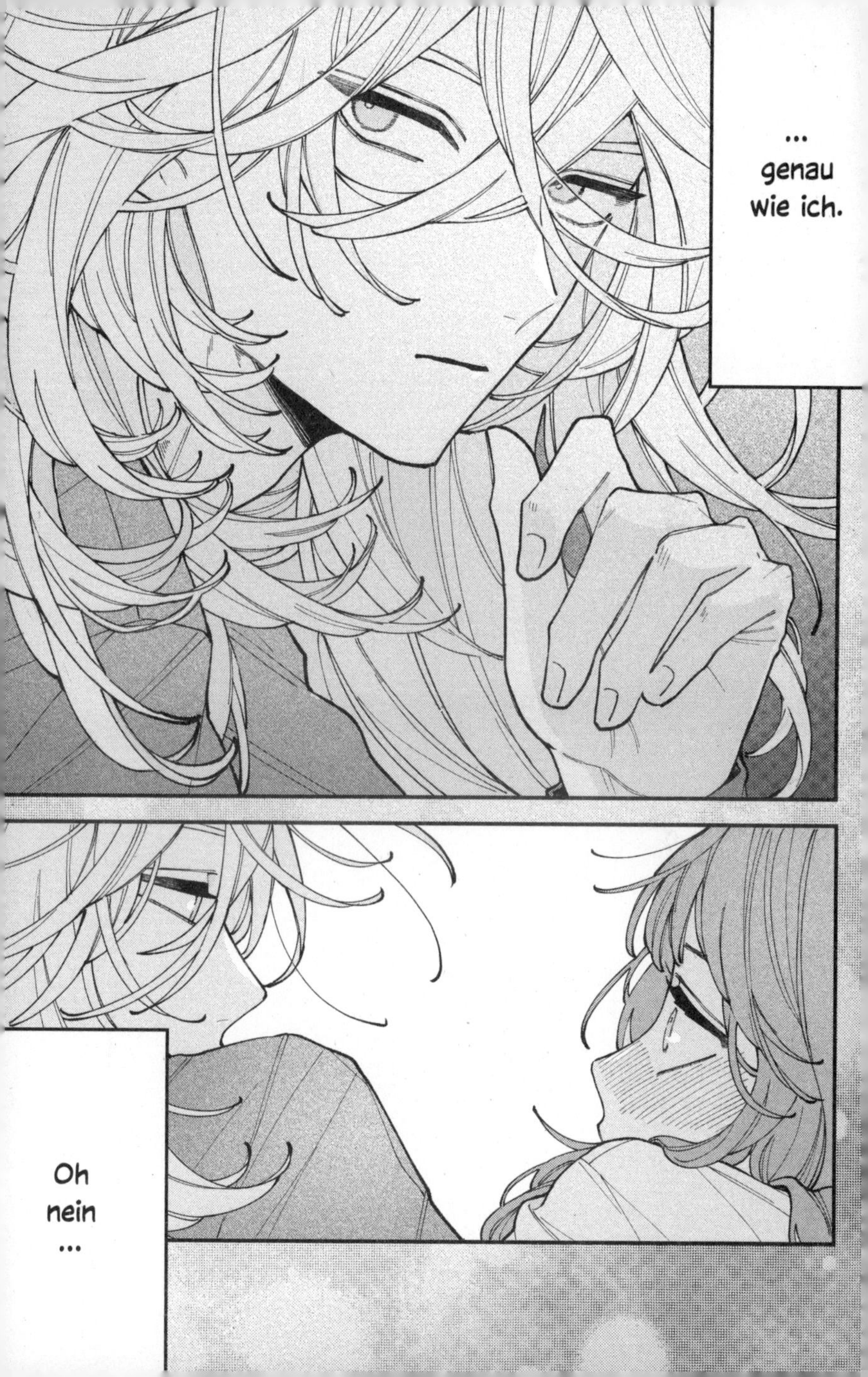
... genau wie ich.
Oh nein ...

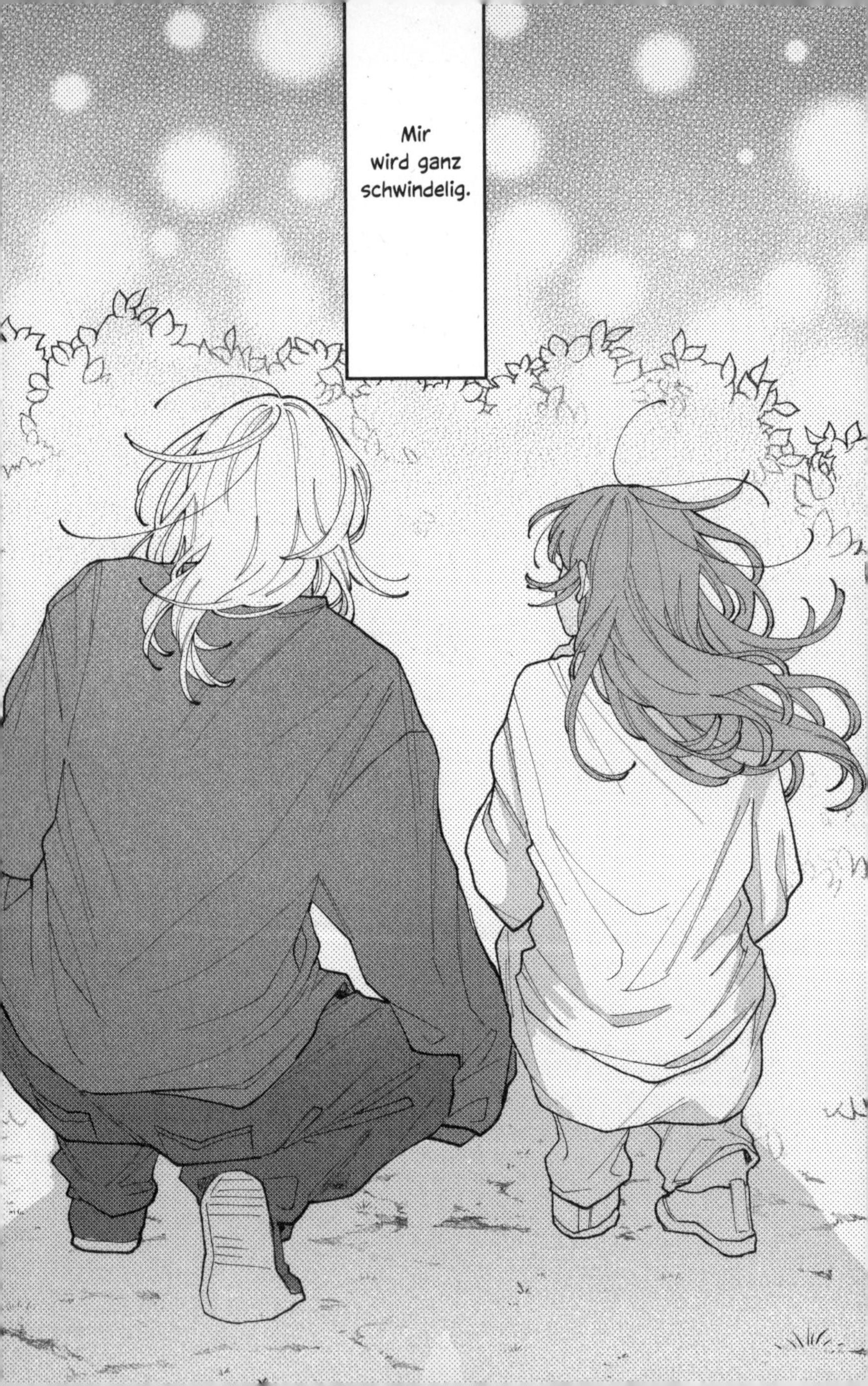
Mir wird ganz schwindelig.

6 Herzklopfen

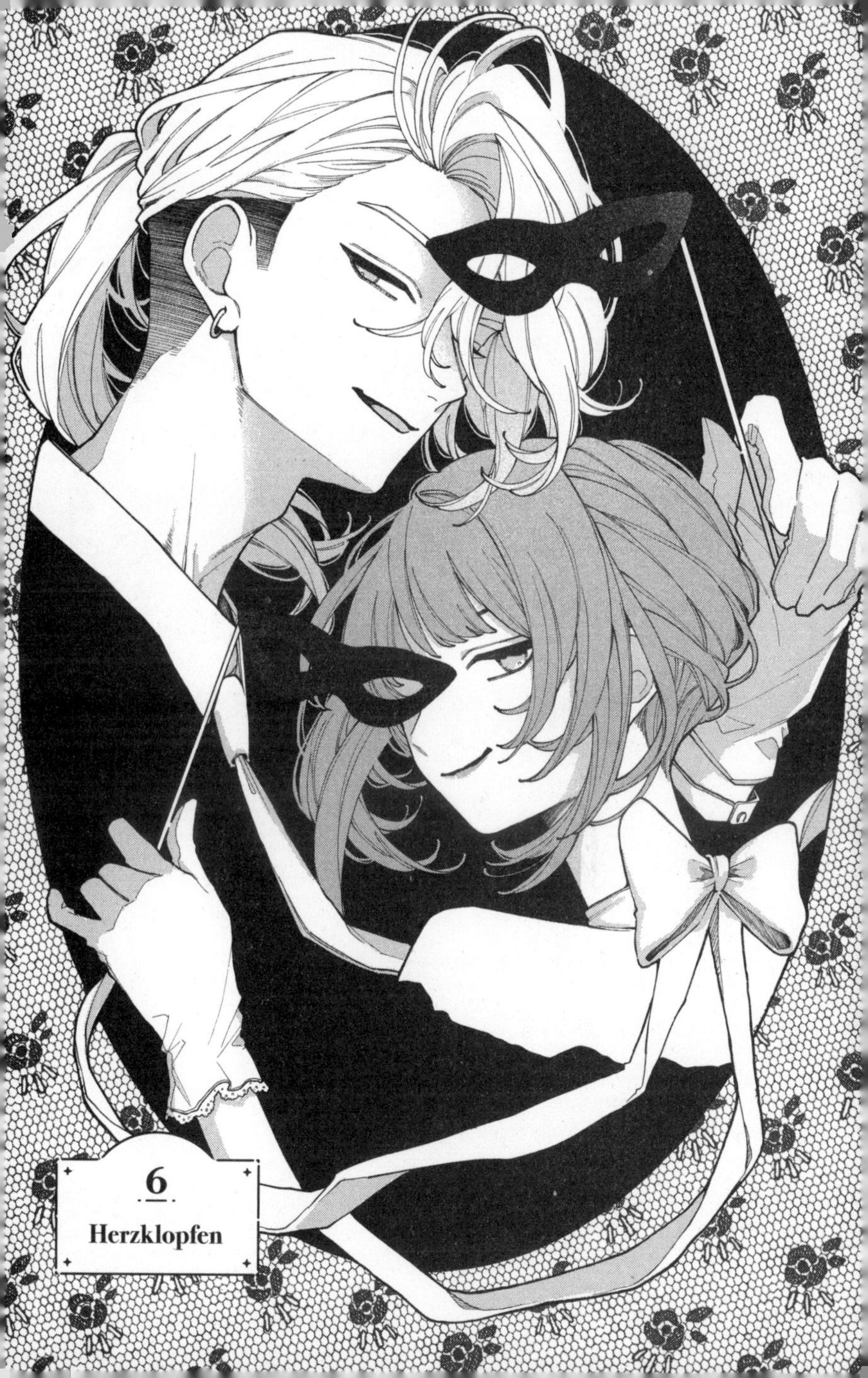

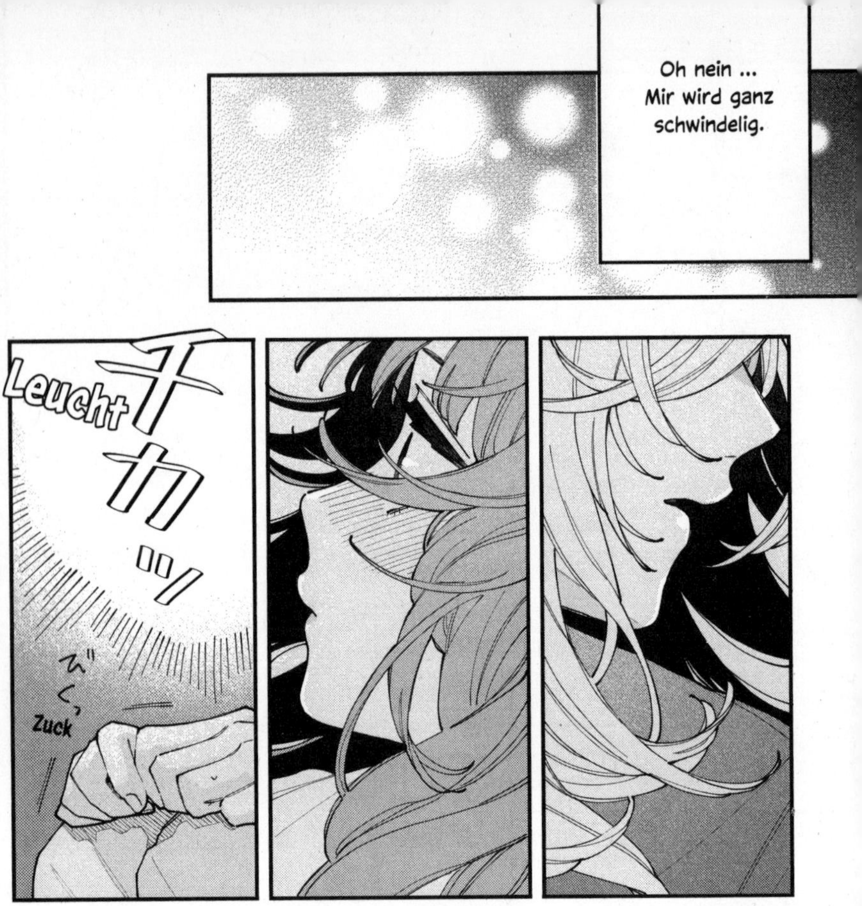

Falsche Engel,
wahre Liebe?

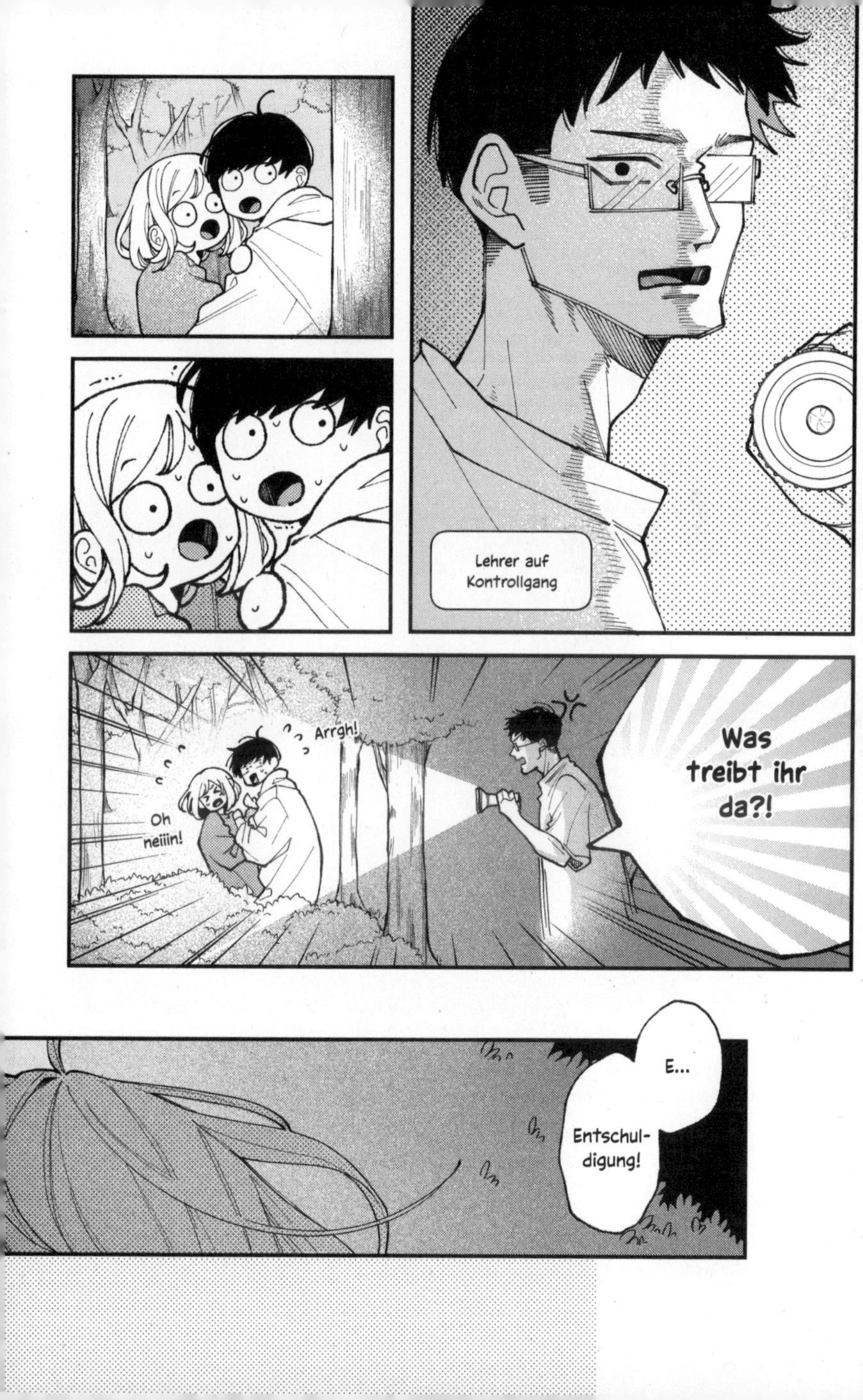
Lehrer auf Kontrollgang
Was treibt ihr da?!
Arrgh!
Oh neiiin!
E...
Entschuldigung!

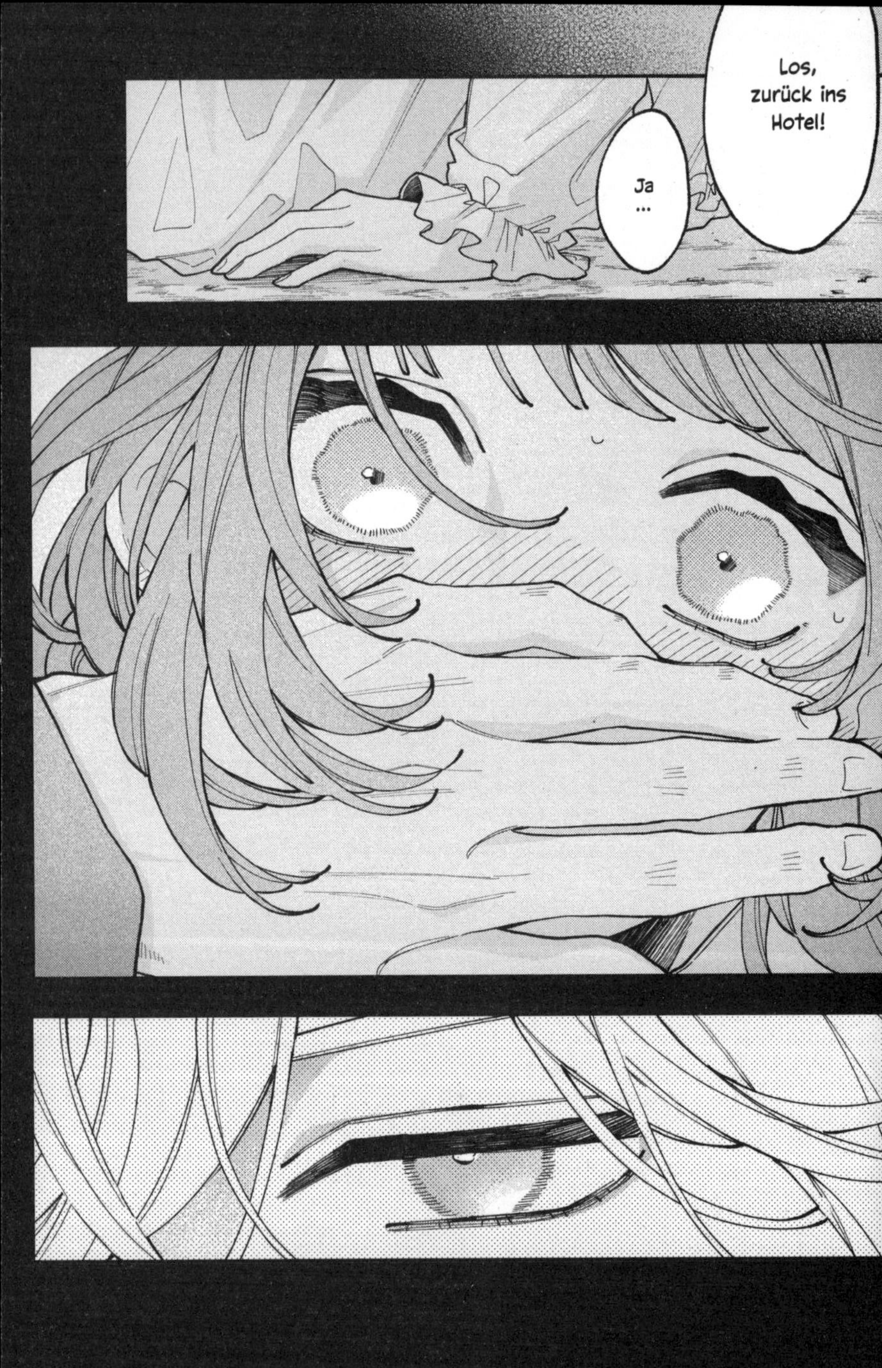
Los, zurück ins Hotel!
Ja ...

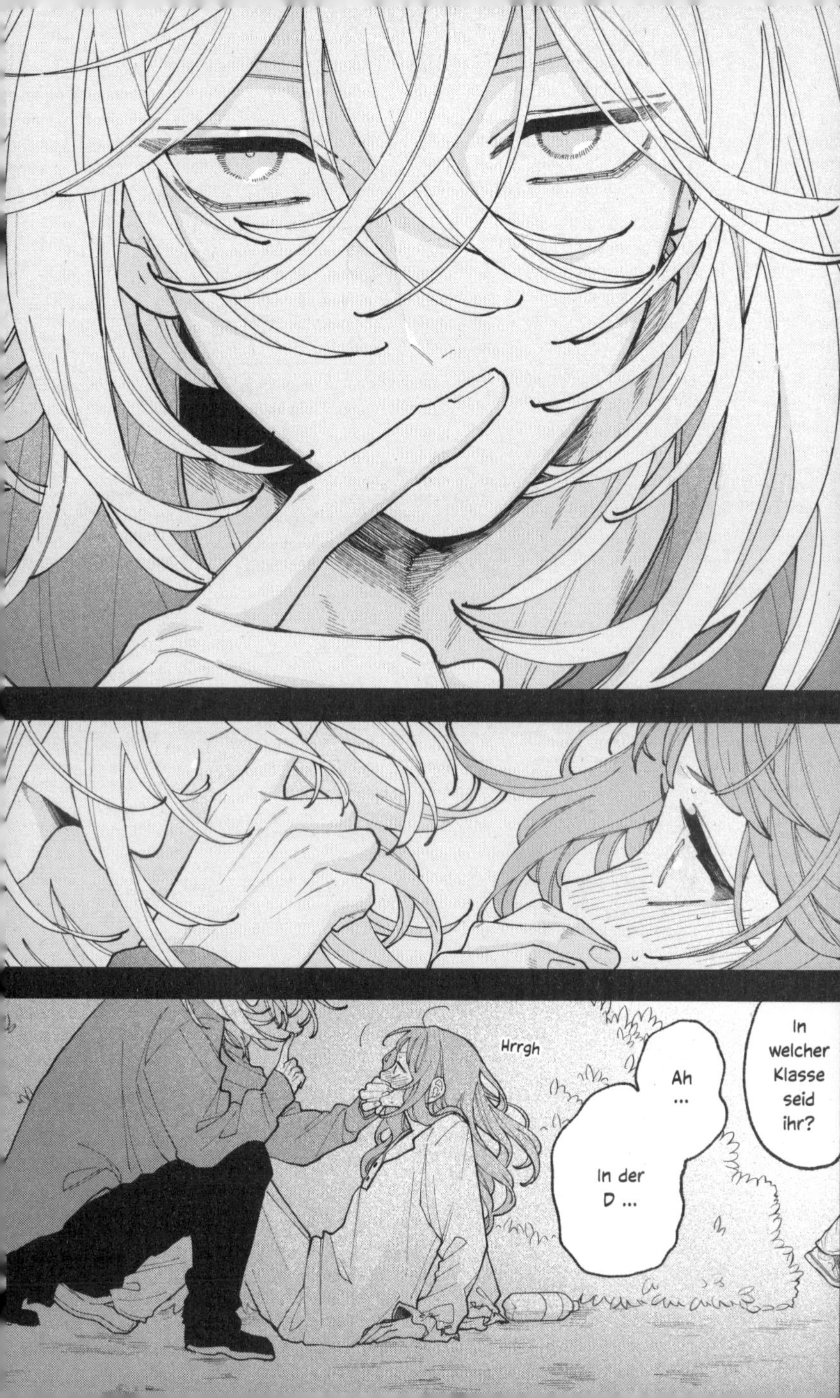
In welcher Klasse seid ihr?
Ah ...
In der D ...
Hrrgh

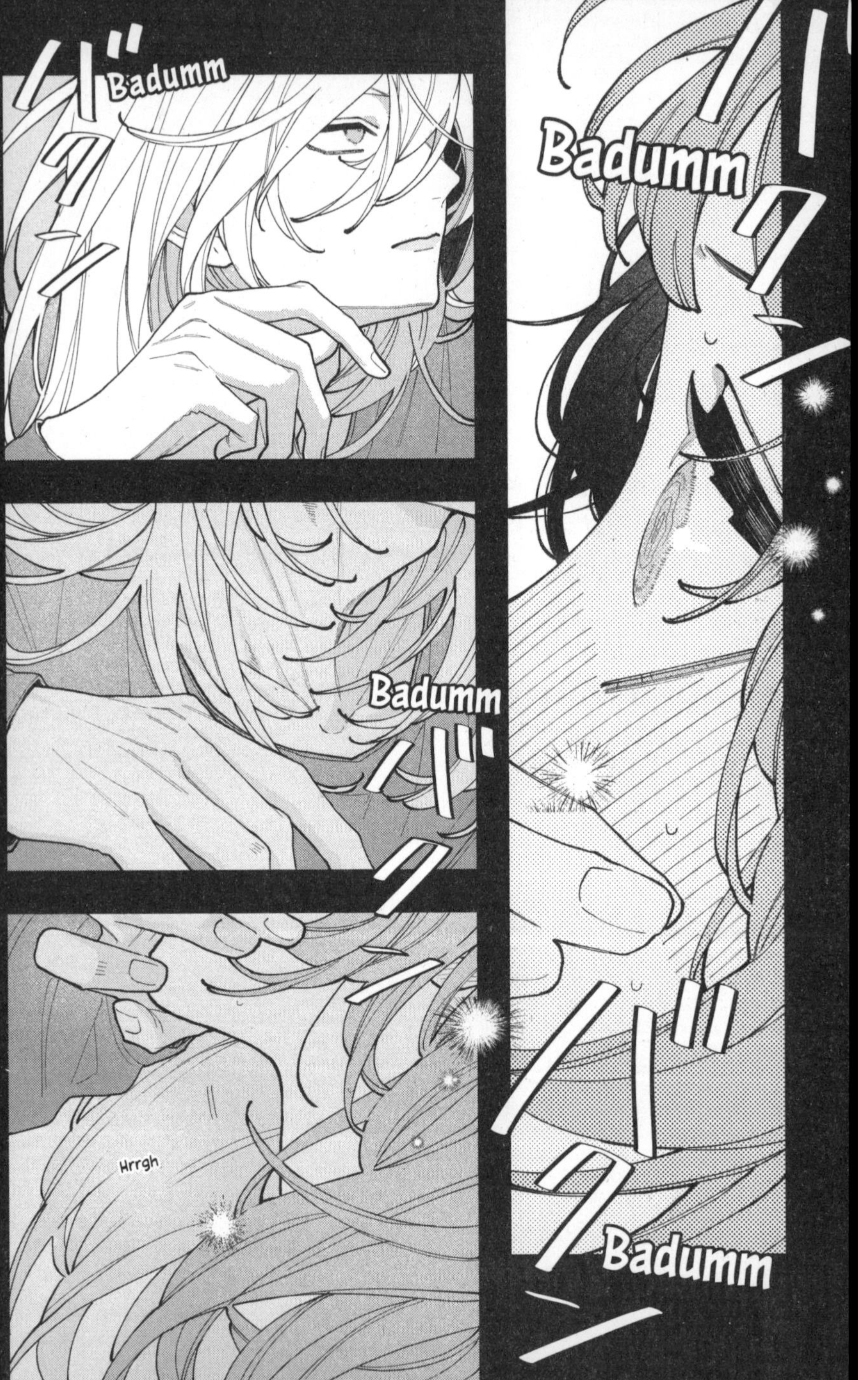
Badumm
Badumm
Badumm
Hrrgh
Badumm

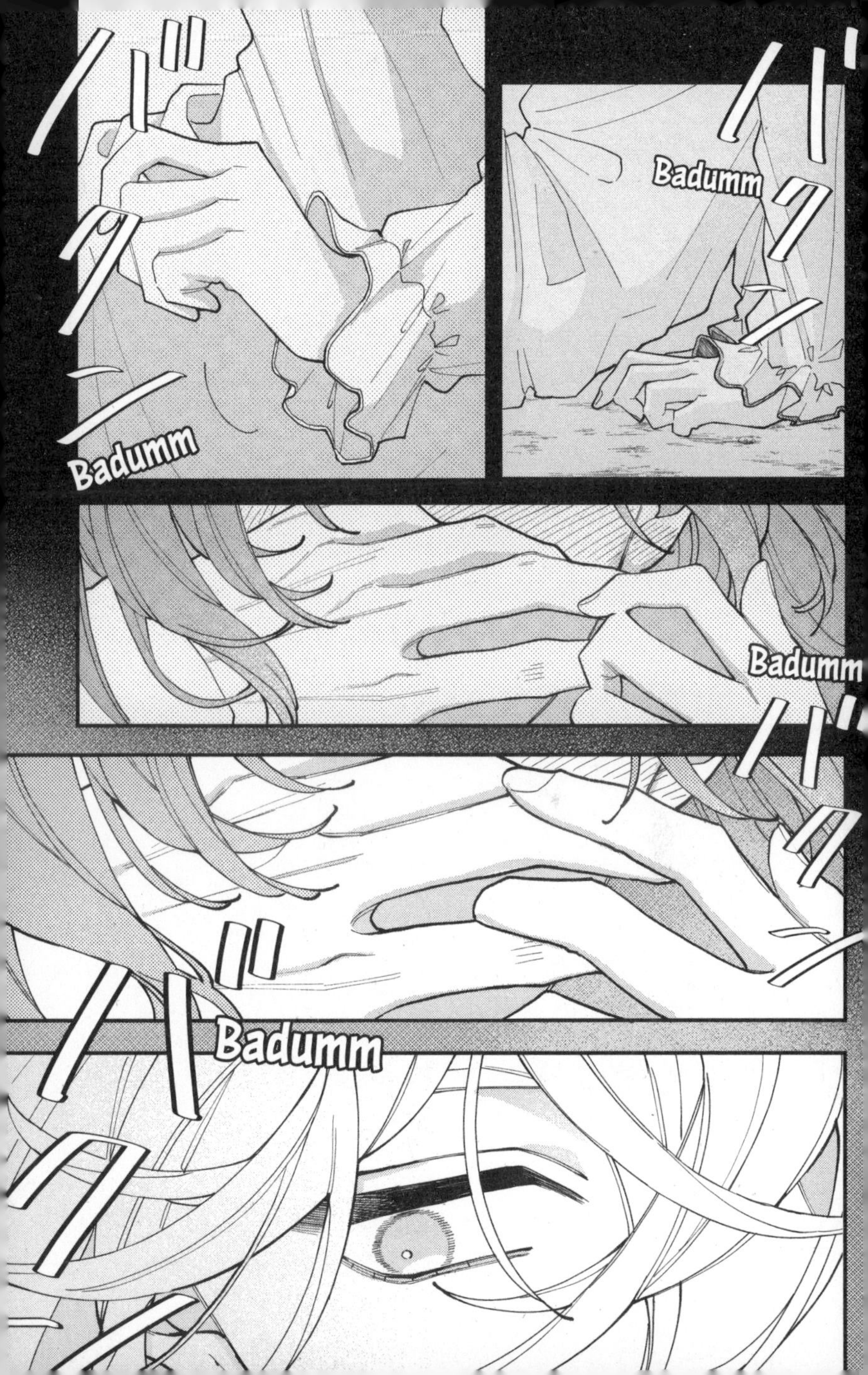
Badumm
Badumm
Badumm
Badumm

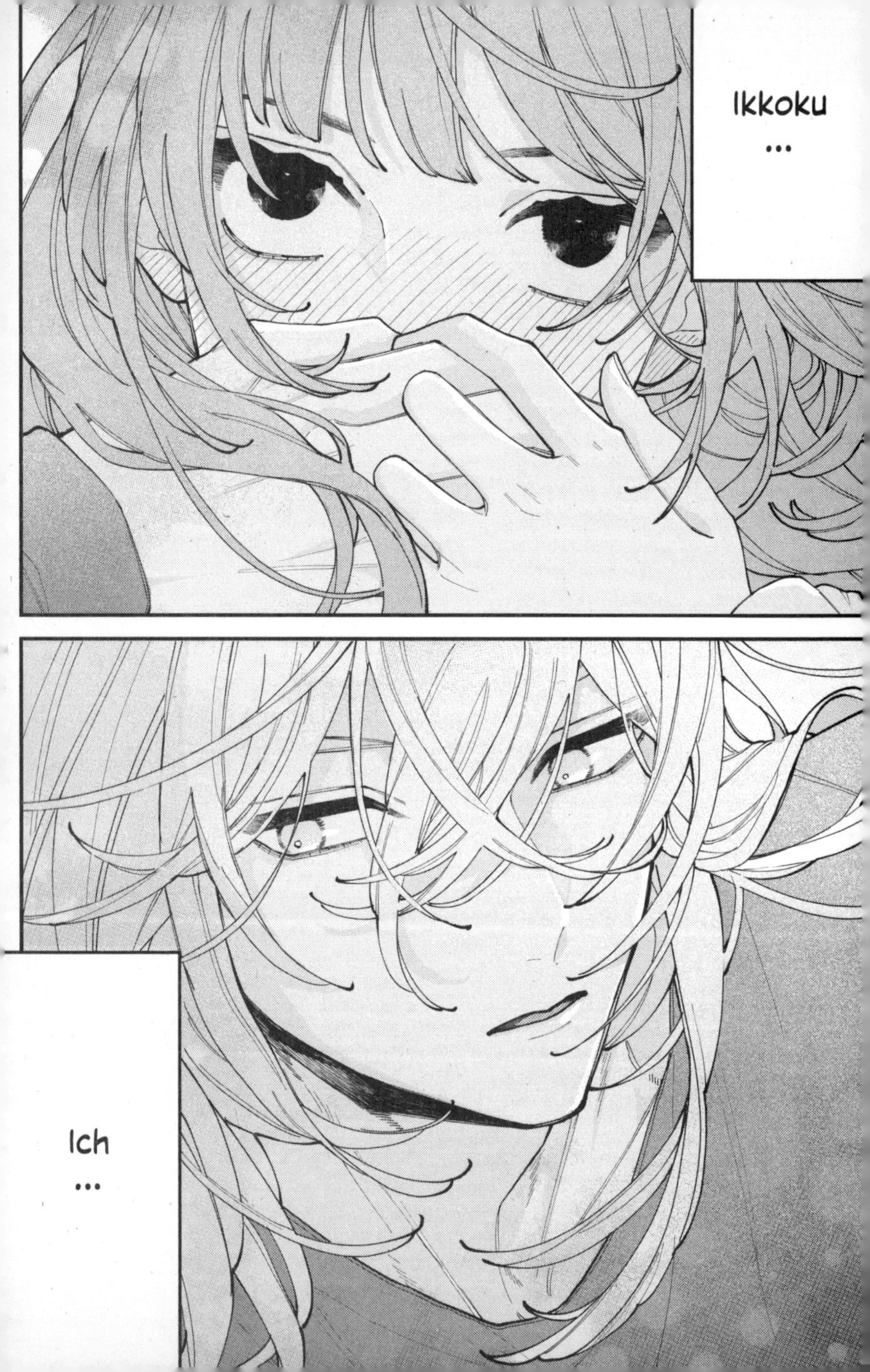
Ikkoku ...
Ich ...

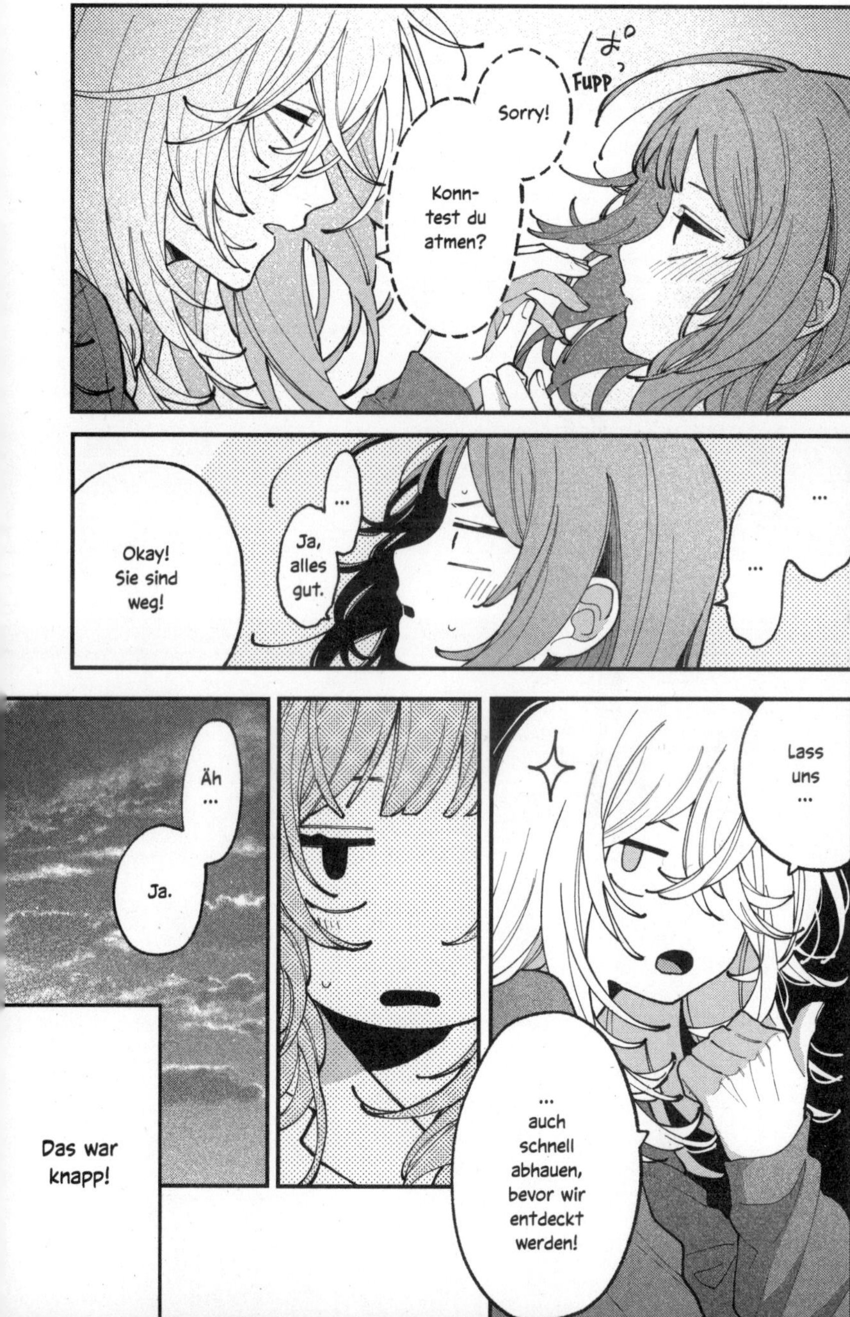
ぱっ
Fupp
Sorry!
Konntest du atmen?
...
...
...
Ja, alles gut.
Okay! Sie sind weg!
Lass uns ...
... auch schnell abhauen, bevor wir entdeckt werden!
Äh ...
Ja.
Das war knapp!

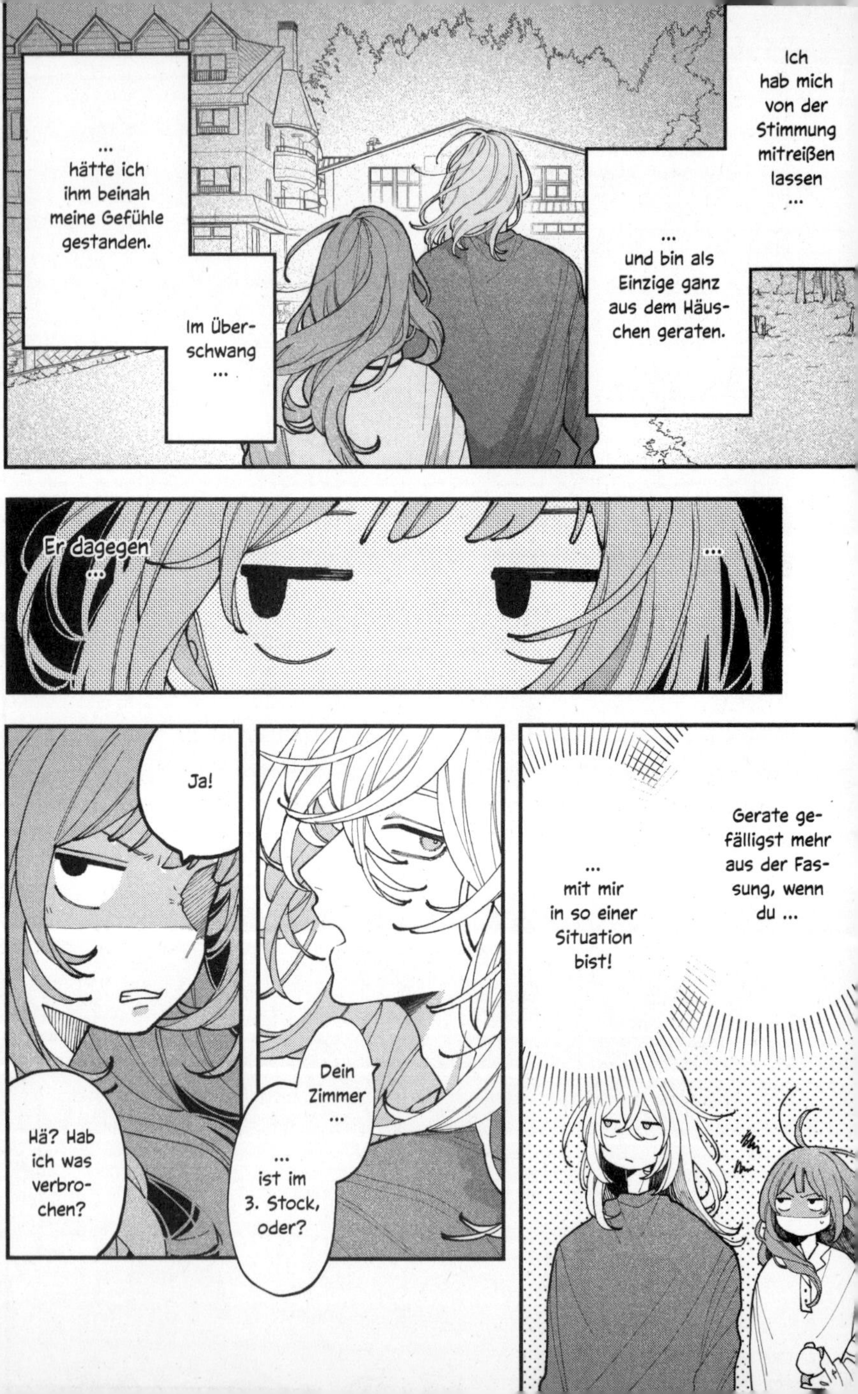

Ich hab mich von der Stimmung mitreißen lassen ...
... und bin als Einzige ganz aus dem Häuschen geraten.
Im Überschwang ...
... hätte ich ihm beinah meine Gefühle gestanden.
Er dagegen ...
...
Gerate gefälligst mehr aus der Fassung, wenn du ...
... mit mir in so einer Situation bist!
Dein Zimmer ...
... ist im 3. Stock, oder?
Ja!
Hä? Hab ich was verbrochen?

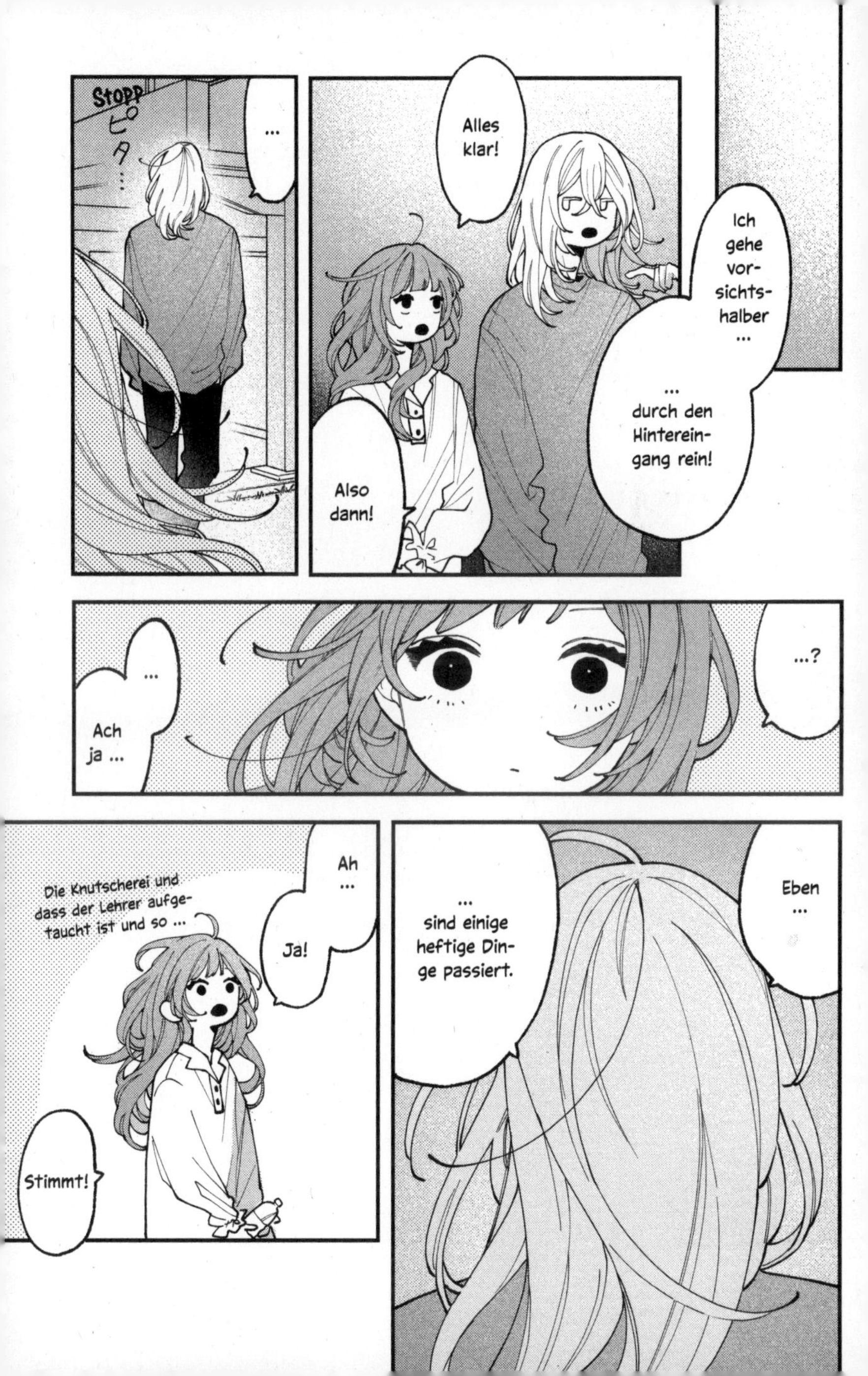
Ich gehe vorsichtshalber ...
... durch den Hintereingang rein!
Alles klar!
Also dann!
Stopp
ピタ…
...
...?
...
Ach ja ...
Eben ...
... sind einige heftige Dinge passiert.
Ah ...
Ja!
Die Knutscherei und dass der Lehrer aufgetaucht ist und so ...
Stimmt!

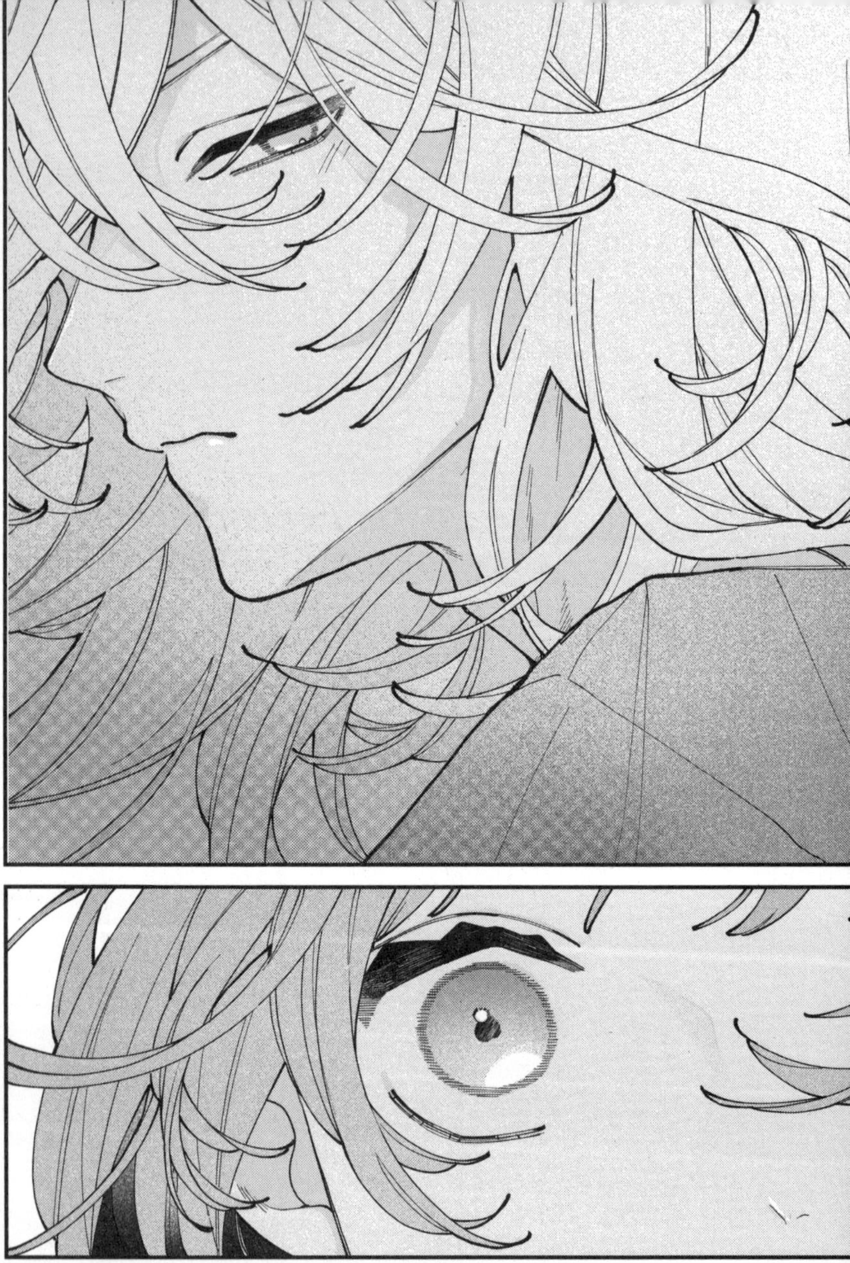

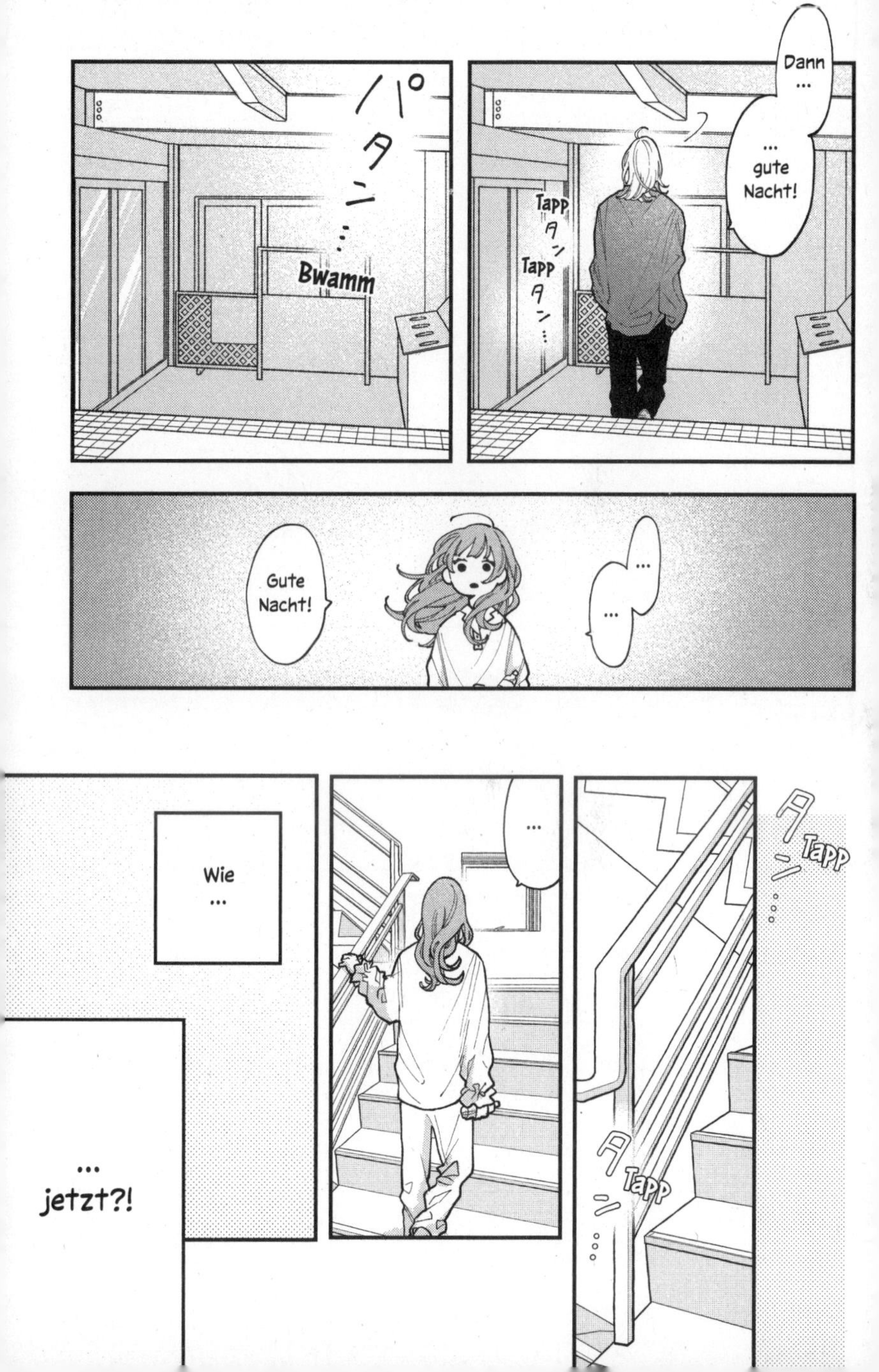

Dann …
… gute Nacht!
Tapp タン
Tapp タン…
パタン…
Bwamm
…
…
Gute Nacht!
タ Tapp ン…
…
タ Tapp ン…
Wie …
… jetzt?!

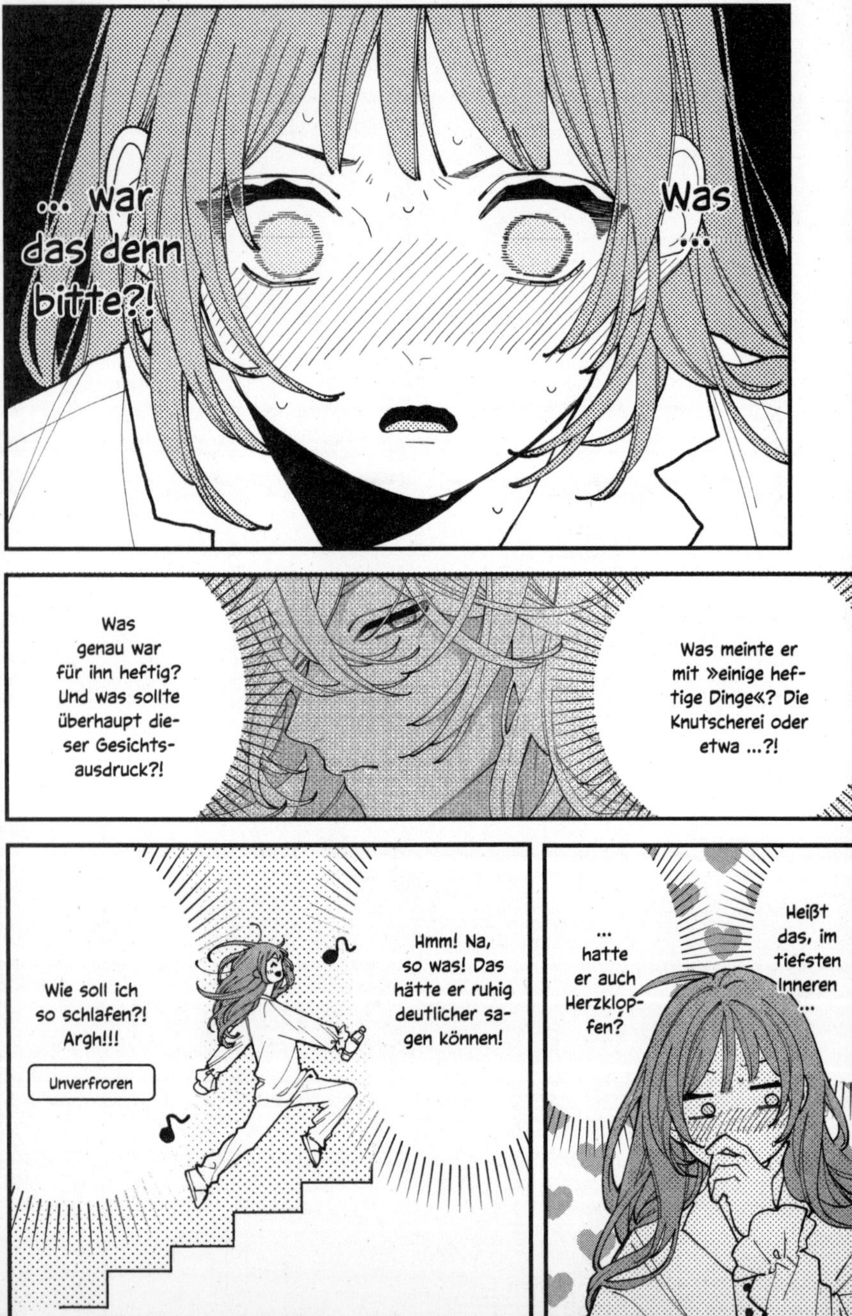
Was ...
... war das denn bitte?!
Was meinte er mit »einige heftige Dinge«? Die Knutscherei oder etwa ...?!
Was genau war für ihn heftig? Und was sollte überhaupt dieser Gesichtsausdruck?!
Heißt das, im tiefsten Inneren ...
... hatte er auch Herzklopfen?
Hmm! Na, so was! Das hätte er ruhig deutlicher sagen können!
Wie soll ich so schlafen?! Argh!!!
Unverfroren

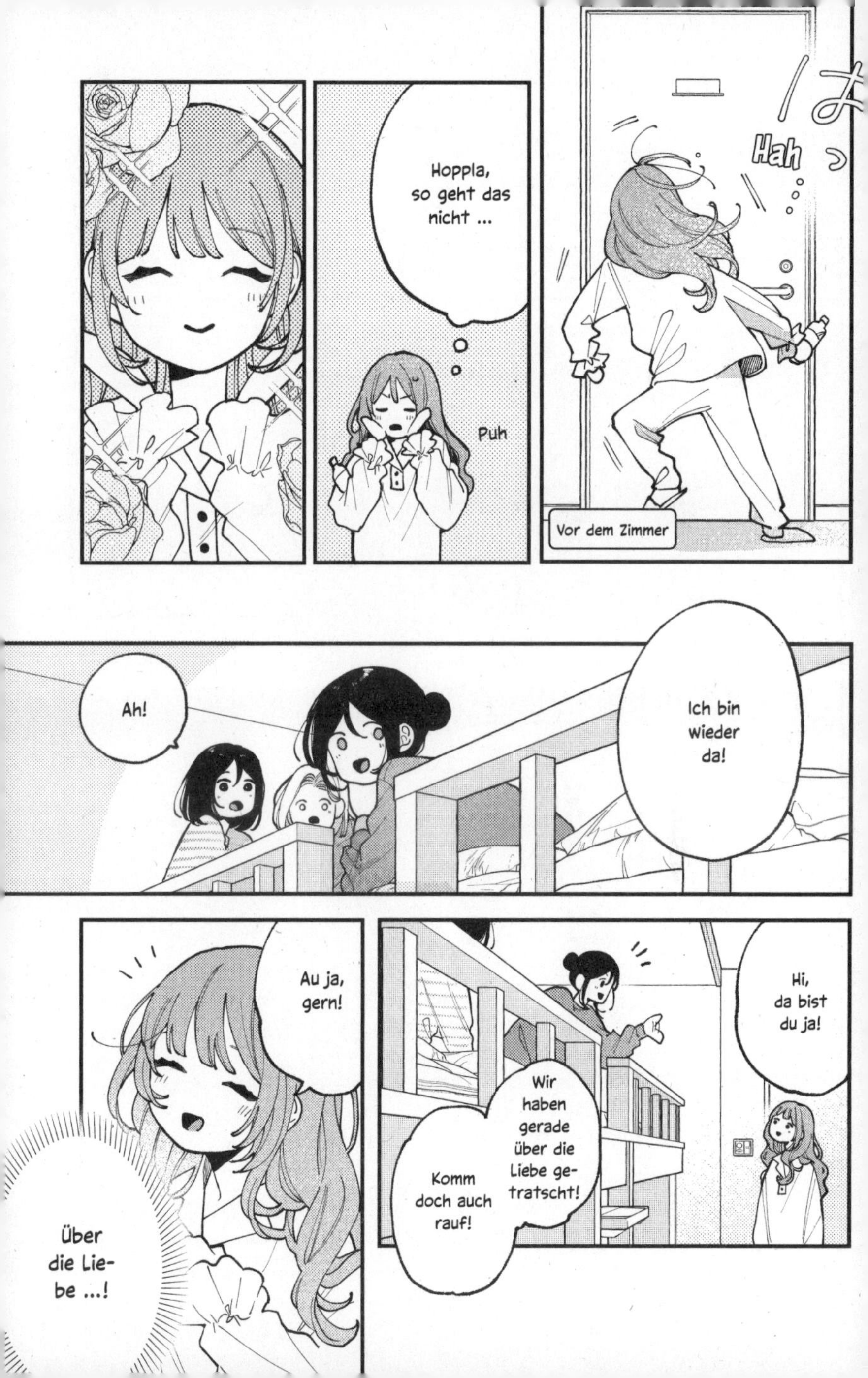
Hah
Vor dem Zimmer
Hoppla, so geht das nicht ...
Puh
Ich bin wieder da!
Ah!
Hi, da bist du ja!
Wir haben gerade über die Liebe getratscht!
Komm doch auch rauf!
Au ja, gern!
Über die Liebe ...!

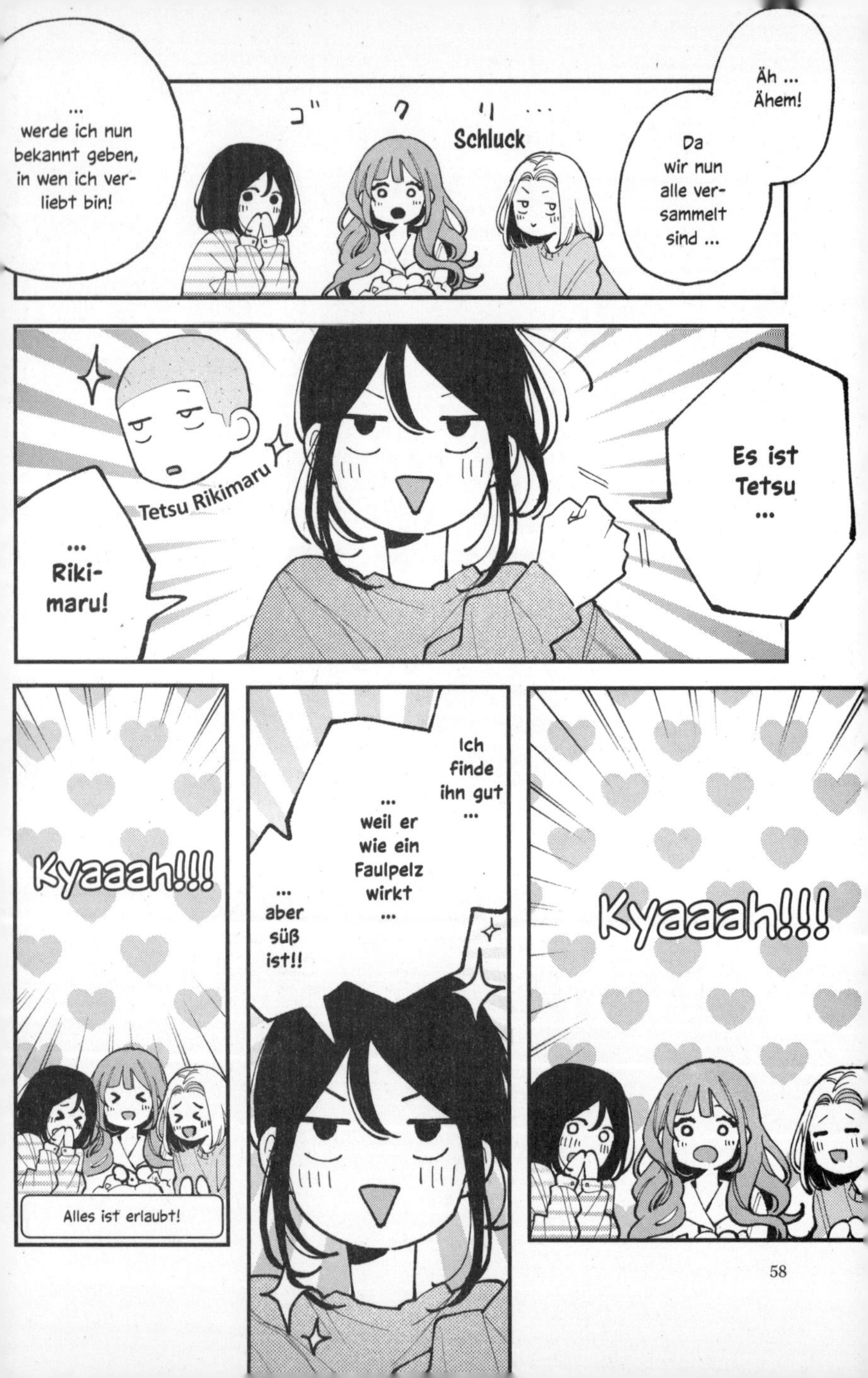
Äh ... Ähem!
Da wir nun alle versammelt sind ...
ゴクリ…
Schluck
... werde ich nun bekannt geben, in wen ich verliebt bin!
Es ist Tetsu ...
Tetsu Rikimaru
... Rikimaru!
Kyaaah!!!
Ich finde ihn gut ...
... weil er wie ein Faulpelz wirkt ...
... aber süß ist!!
Kyaaah!!!
Alles ist erlaubt!

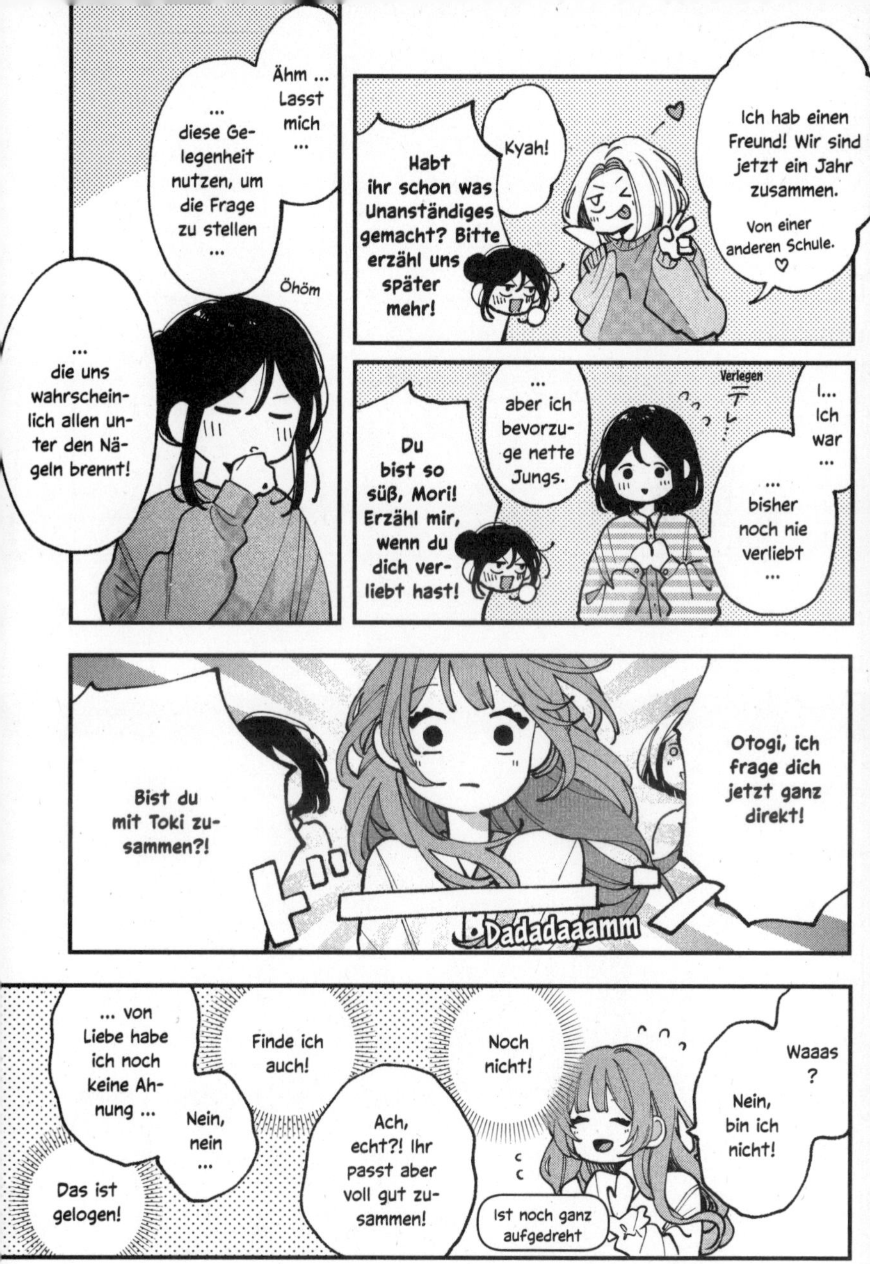
Ich hab einen Freund! Wir sind jetzt ein Jahr zusammen.
Von einer anderen Schule. ♡
Kyah!
Habt ihr schon was Unanständiges gemacht? Bitte erzähl uns später mehr!
I... Ich war ...
... bisher noch nie verliebt ...
Verlegen
... aber ich bevorzuge nette Jungs.
Du bist so süß, Mori! Erzähl mir, wenn du dich verliebt hast!
Ähm ... Lasst mich ...
... diese Gelegenheit nutzen, um die Frage zu stellen ...
Öhöm
... die uns wahrscheinlich allen unter den Nägeln brennt!
Otogi, ich frage dich jetzt ganz direkt!
Bist du mit Toki zusammen?!
Dadadaaamm
Waaas?
Nein, bin ich nicht!
Ist noch ganz aufgedreht
Noch nicht!
Ach, echt?! Ihr passt aber voll gut zusammen!
Finde ich auch!
Nein, nein ...
... von Liebe habe ich noch keine Ahnung ...
Das ist gelogen!

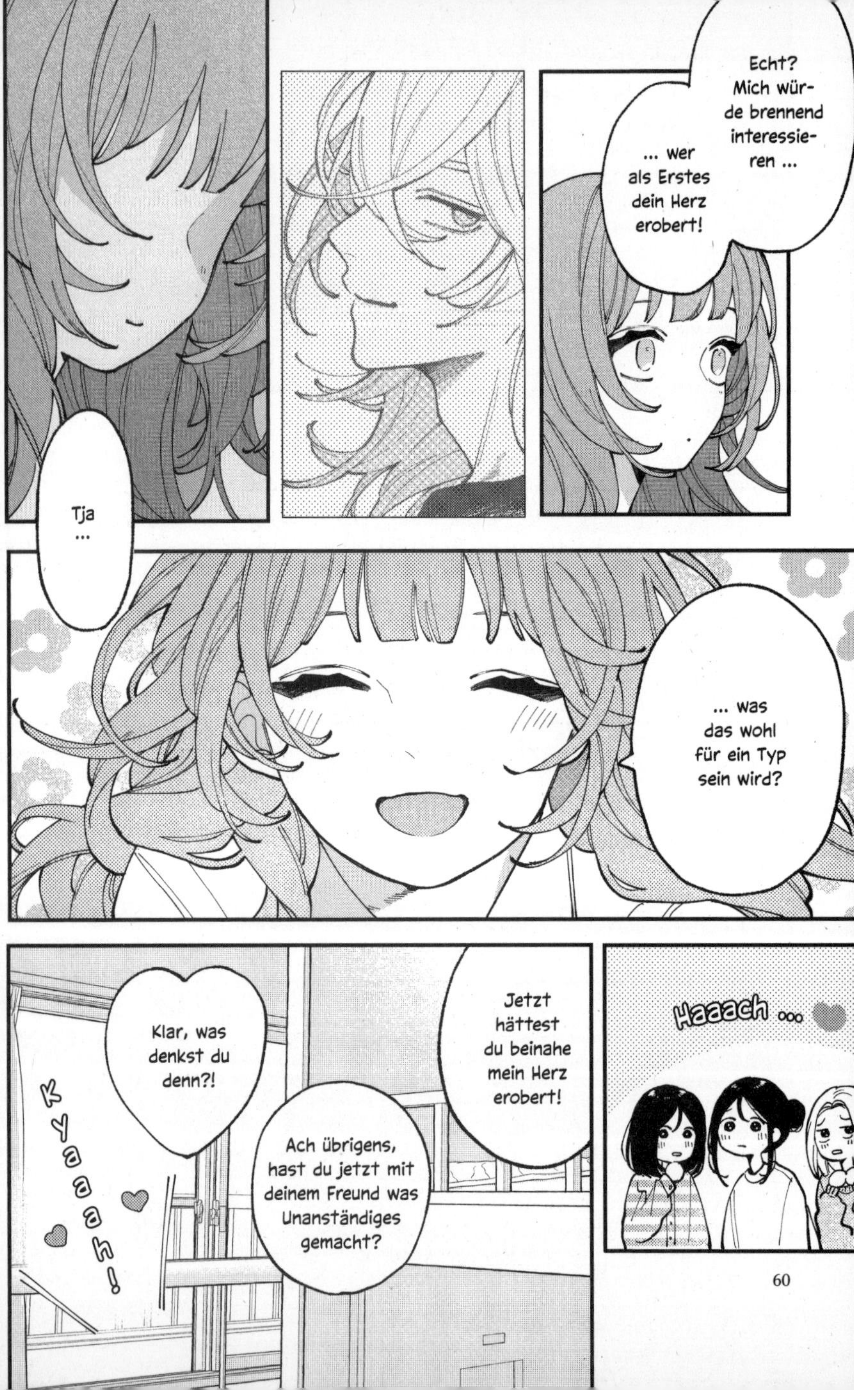
Echt? Mich würde brennend interessieren ...
... wer als Erstes dein Herz erobert!
Tja ...
... was das wohl für ein Typ sein wird?
Haaach ...
Jetzt hättest du beinahe mein Herz erobert!
Klar, was denkst du denn?!
Kyaaah!
Ach übrigens, hast du jetzt mit deinem Freund was Unanständiges gemacht?

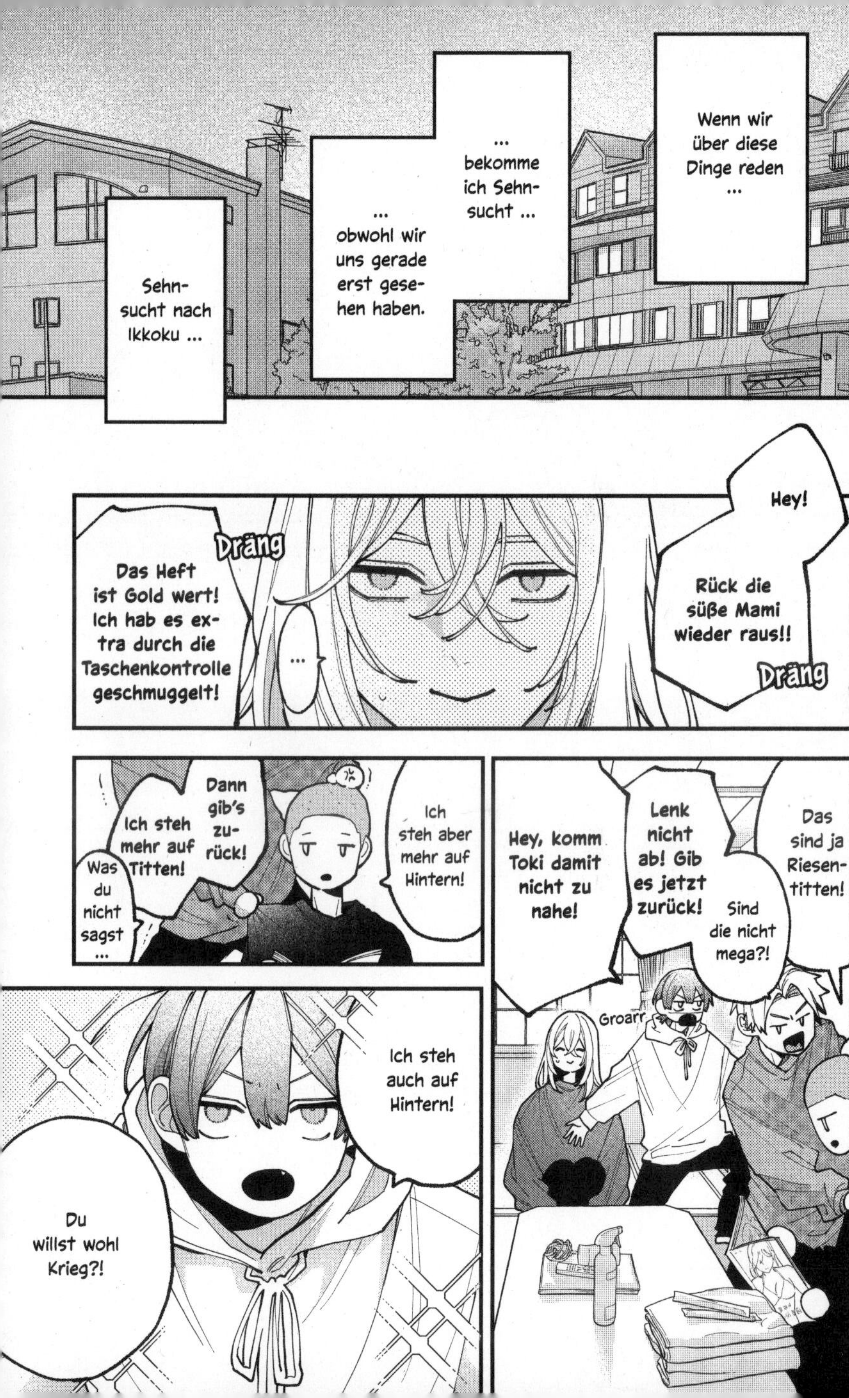
Wenn wir über diese Dinge reden ...
... bekomme ich Sehn-sucht ...
... obwohl wir uns gerade erst gese-hen haben.
Sehn-sucht nach Ikkoku ...
Hey!
Rück die süße Mami wieder raus!!
Dräng
...
Dräng
Das Heft ist Gold wert! Ich hab es ex-tra durch die Taschenkontrolle geschmuggelt!
Das sind ja Riesen-titten!
Sind die nicht mega?!
Lenk nicht ab! Gib es jetzt zurück!
Hey, komm Toki damit nicht zu nahe!
Groarr
Ich steh aber mehr auf Hintern!
Dann gib's zu-rück!
Ich steh mehr auf Titten!
Was du nicht sagst ...
Ich steh auch auf Hintern!
Du willst wohl Krieg?!

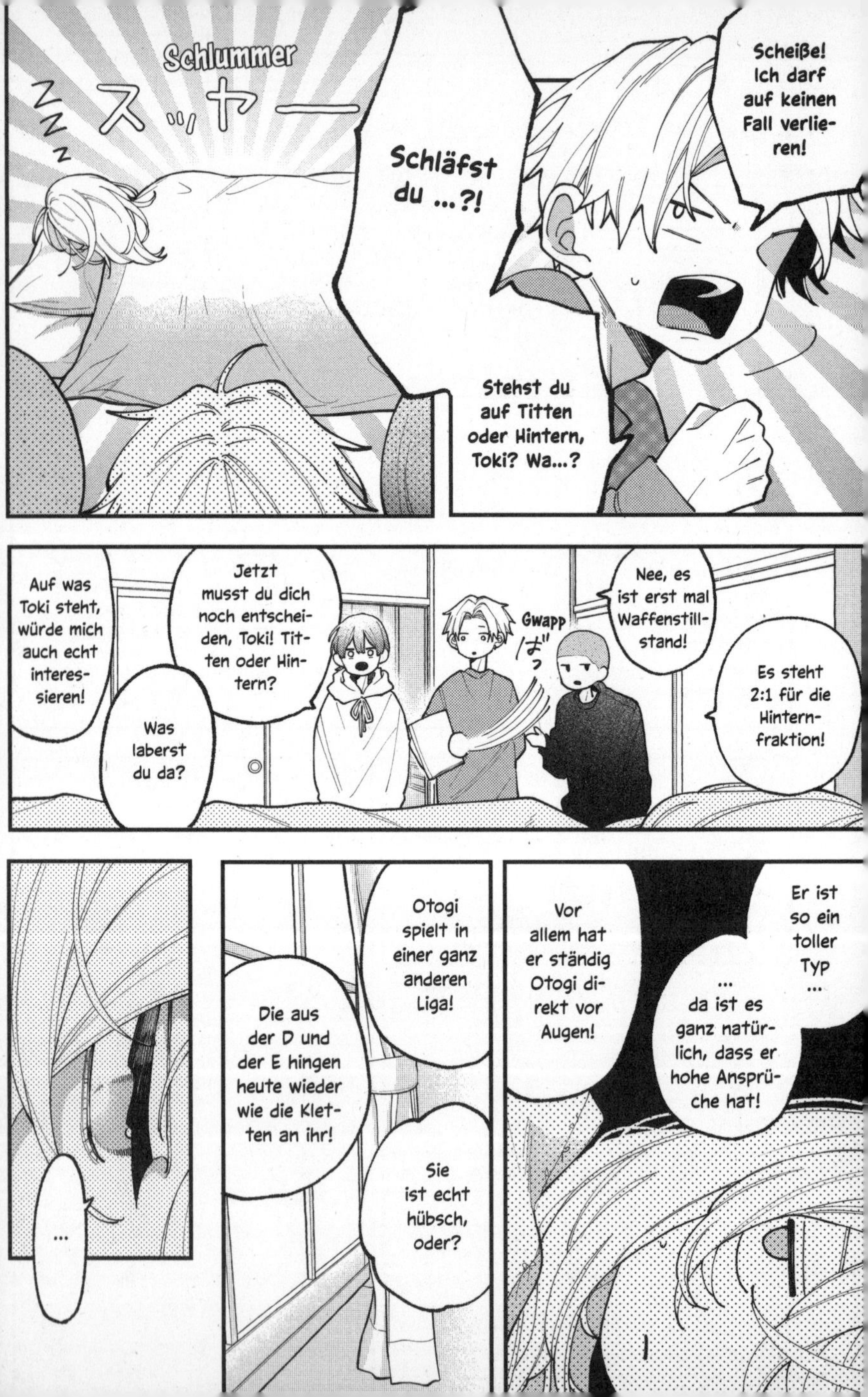

Scheiße! Ich darf auf keinen Fall verlieren!
Stehst du auf Titten oder Hintern, Toki? Wa...?
Schläfst du ...?!
Schlummer
Es steht 2:1 für die Hinternfraktion!
Nee, es ist erst mal Waffenstillstand!
Gwapp
Jetzt musst du dich noch entscheiden, Toki! Titten oder Hintern?
Auf was Toki steht, würde mich auch echt interessieren!
Was laberst du da?
Er ist so ein toller Typ ...
... da ist es ganz natürlich, dass er hohe Ansprüche hat!
Vor allem hat er ständig Otogi direkt vor Augen!
Otogi spielt in einer ganz anderen Liga!
Die aus der D und der E hingen heute wieder wie die Kletten an ihr!
Sie ist echt hübsch, oder?
...

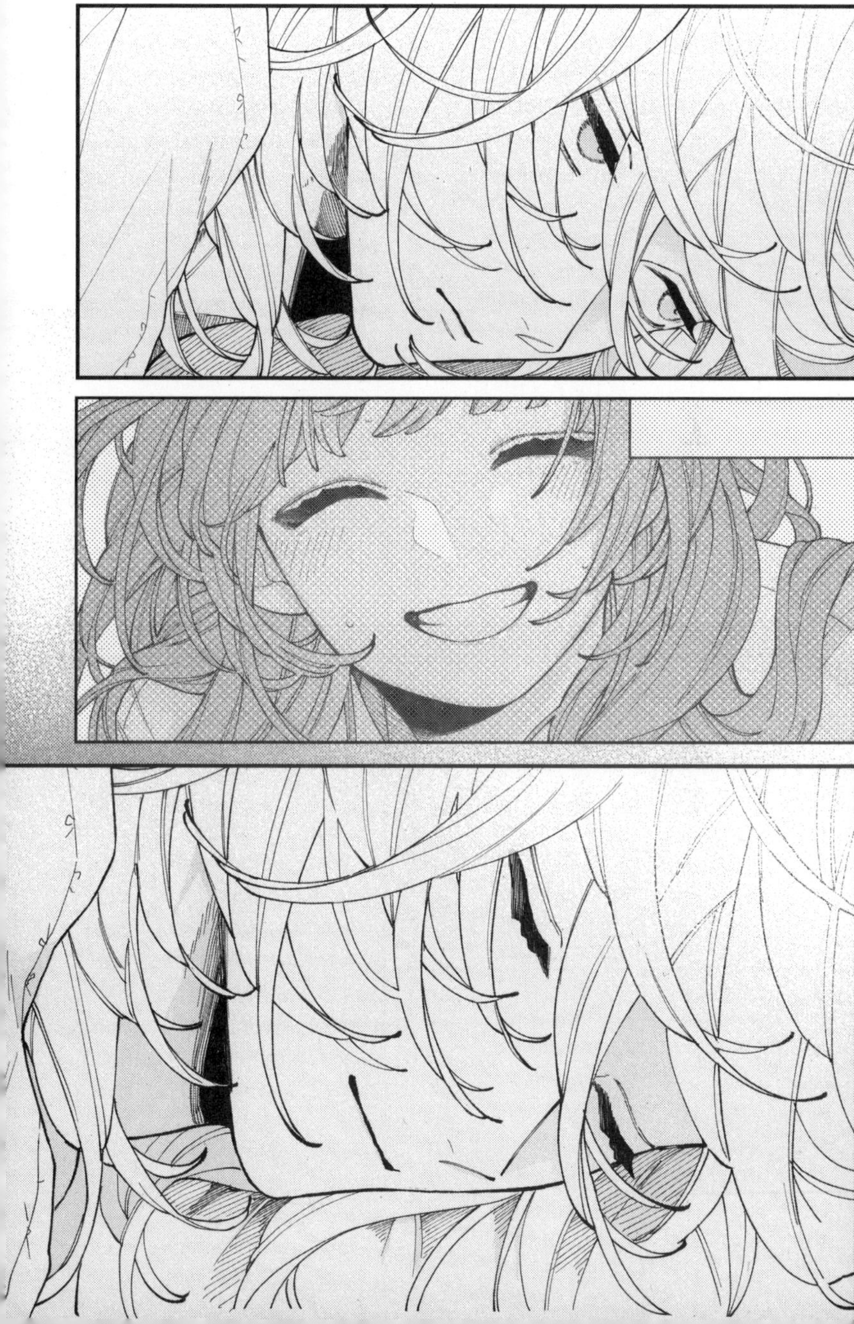

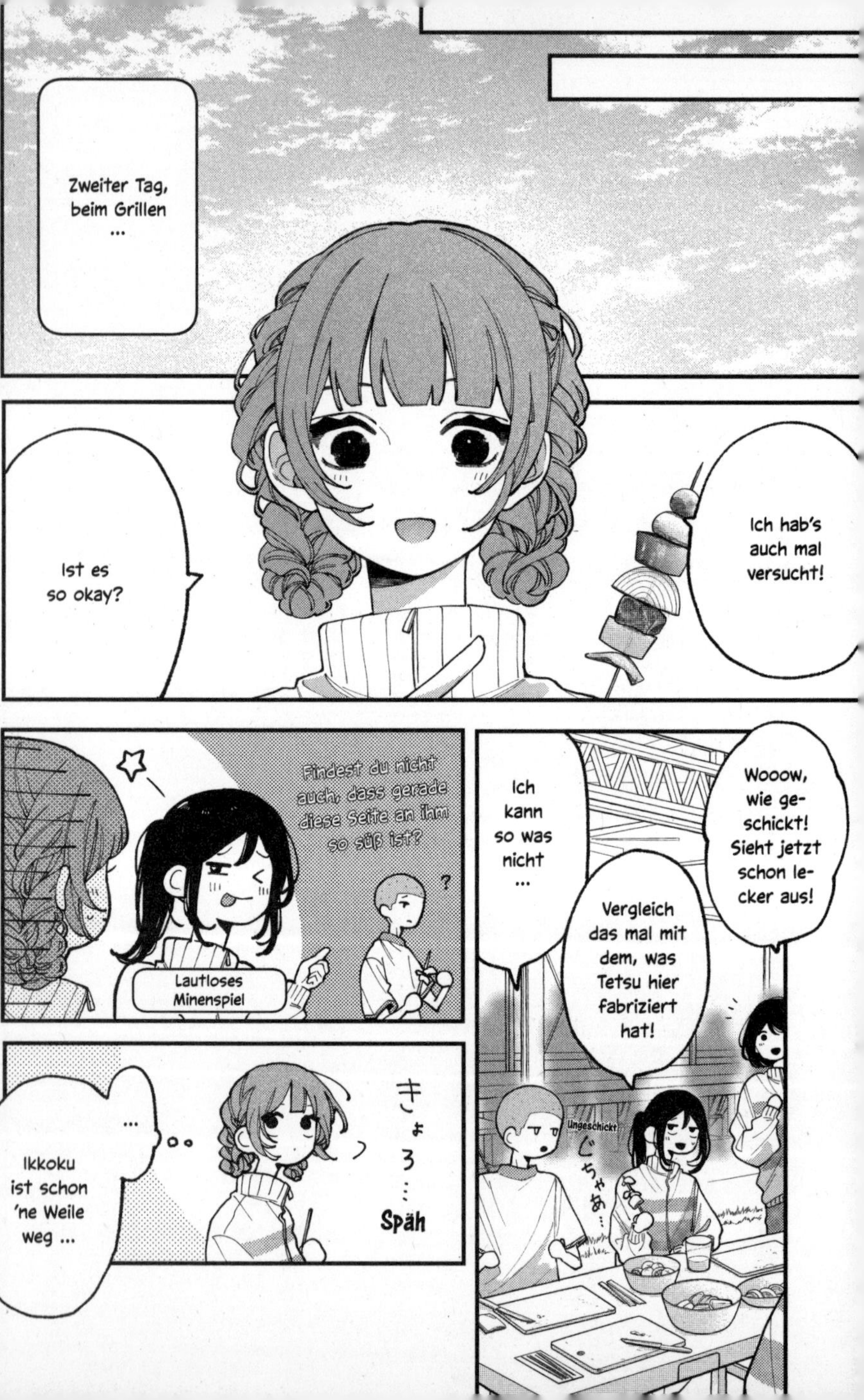

Zweiter Tag, beim Grillen ...
Ich hab's auch mal versucht!
Ist es so okay?
Wooow, wie ge-schickt! Sieht jetzt schon le-cker aus!
Ich kann so was nicht ...
Vergleich das mal mit dem, was Tetsu hier fabriziert hat!
Ungeschickt
Findest du nicht auch, dass gerade diese Seite an ihm so süß ist?
?
Lautloses Minenspiel
... Ikkoku ist schon 'ne Weile weg ...
きょろ…
Späh

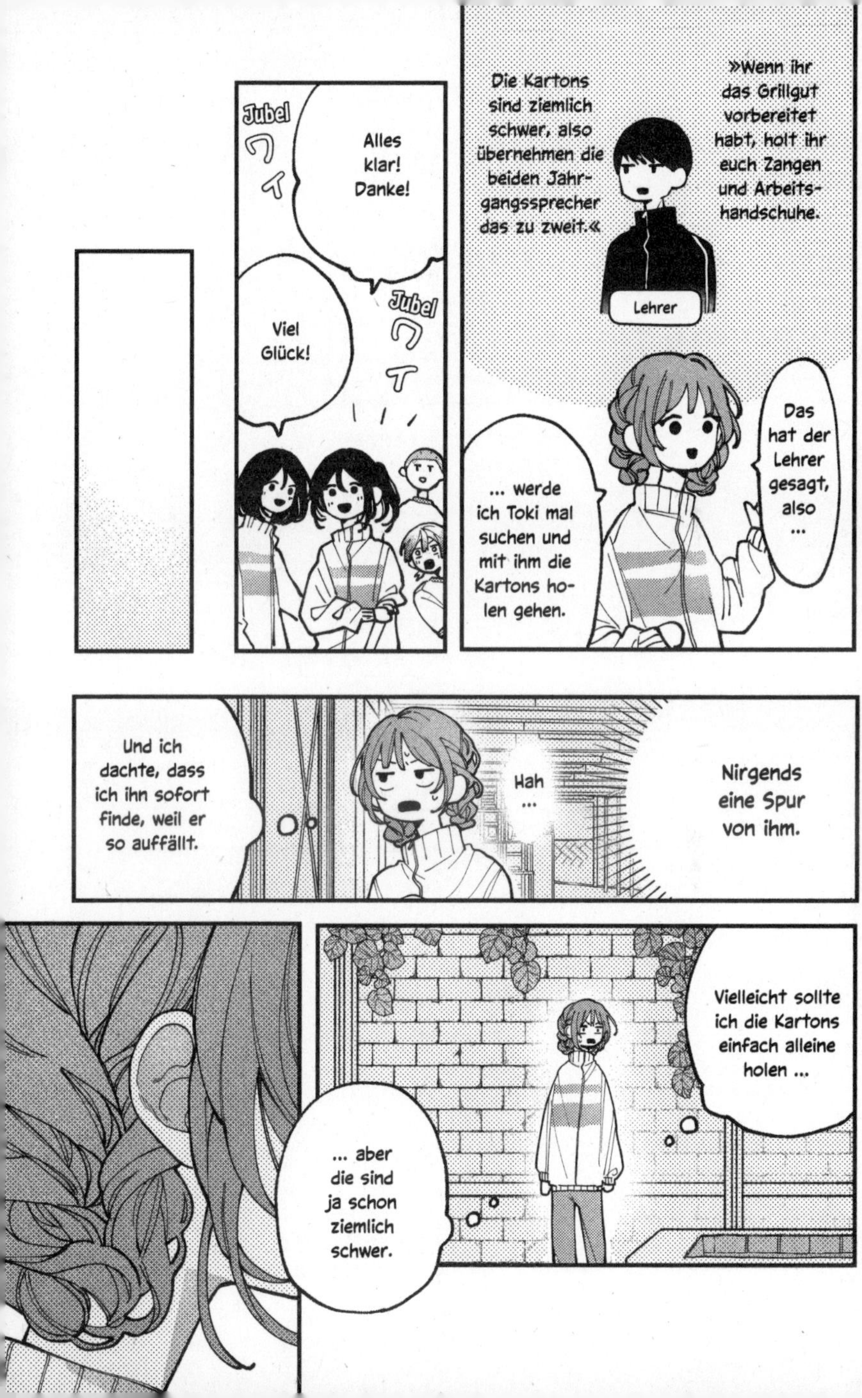
»Wenn ihr das Grillgut vorbereitet habt, holt ihr euch Zangen und Arbeits-handschuhe.
Die Kartons sind ziemlich schwer, also übernehmen die beiden Jahr-gangssprecher das zu zweit.«
Lehrer
Das hat der Lehrer gesagt, also ...
... werde ich Toki mal suchen und mit ihm die Kartons ho-len gehen.
Jubel
ワイ
Alles klar! Danke!
Jubel
ワイ
Viel Glück!
Nirgends eine Spur von ihm.
Hah ...
Und ich dachte, dass ich ihn sofort finde, weil er so auffällt.
Vielleicht sollte ich die Kartons einfach alleine holen ...
... aber die sind ja schon ziemlich schwer.

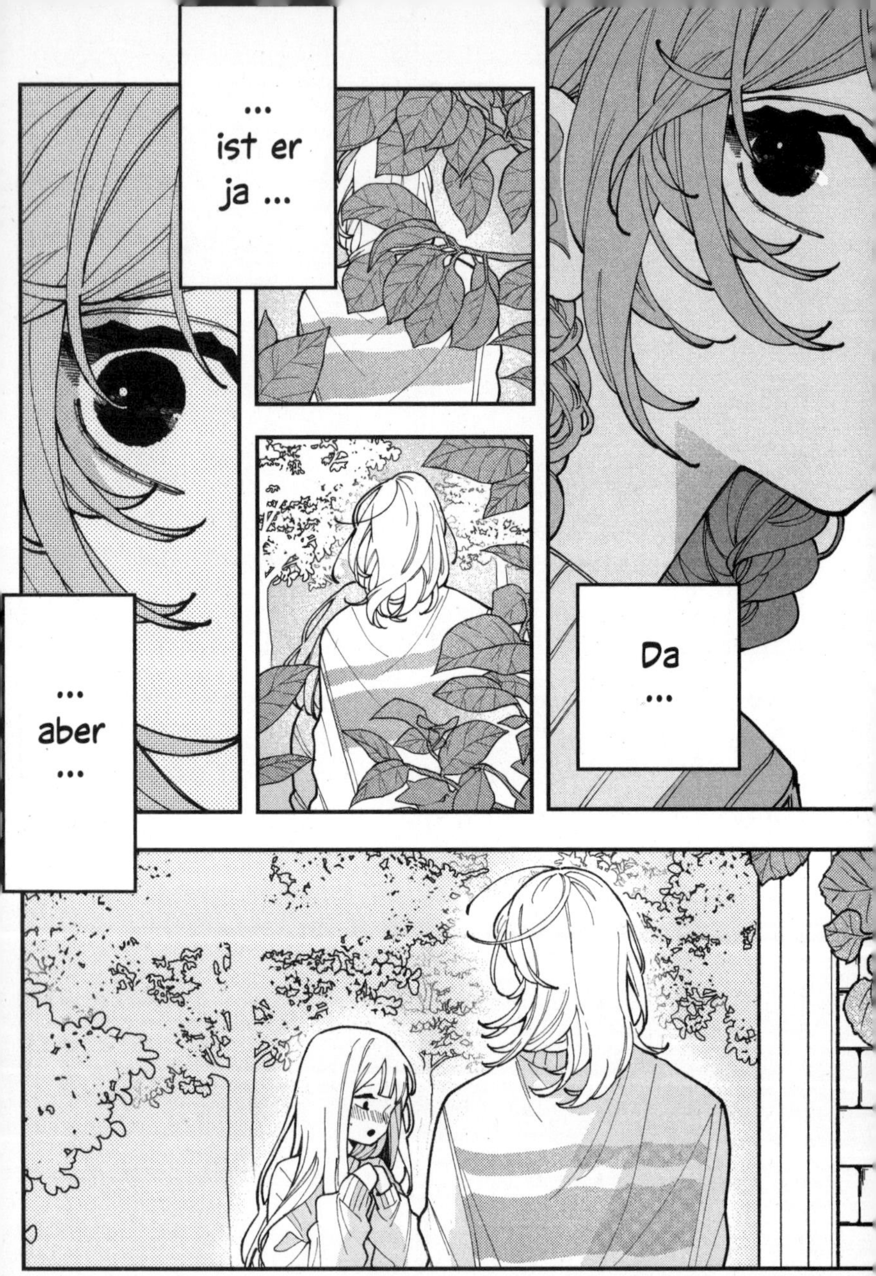
Da ...
... ist er ja ...
... aber ...

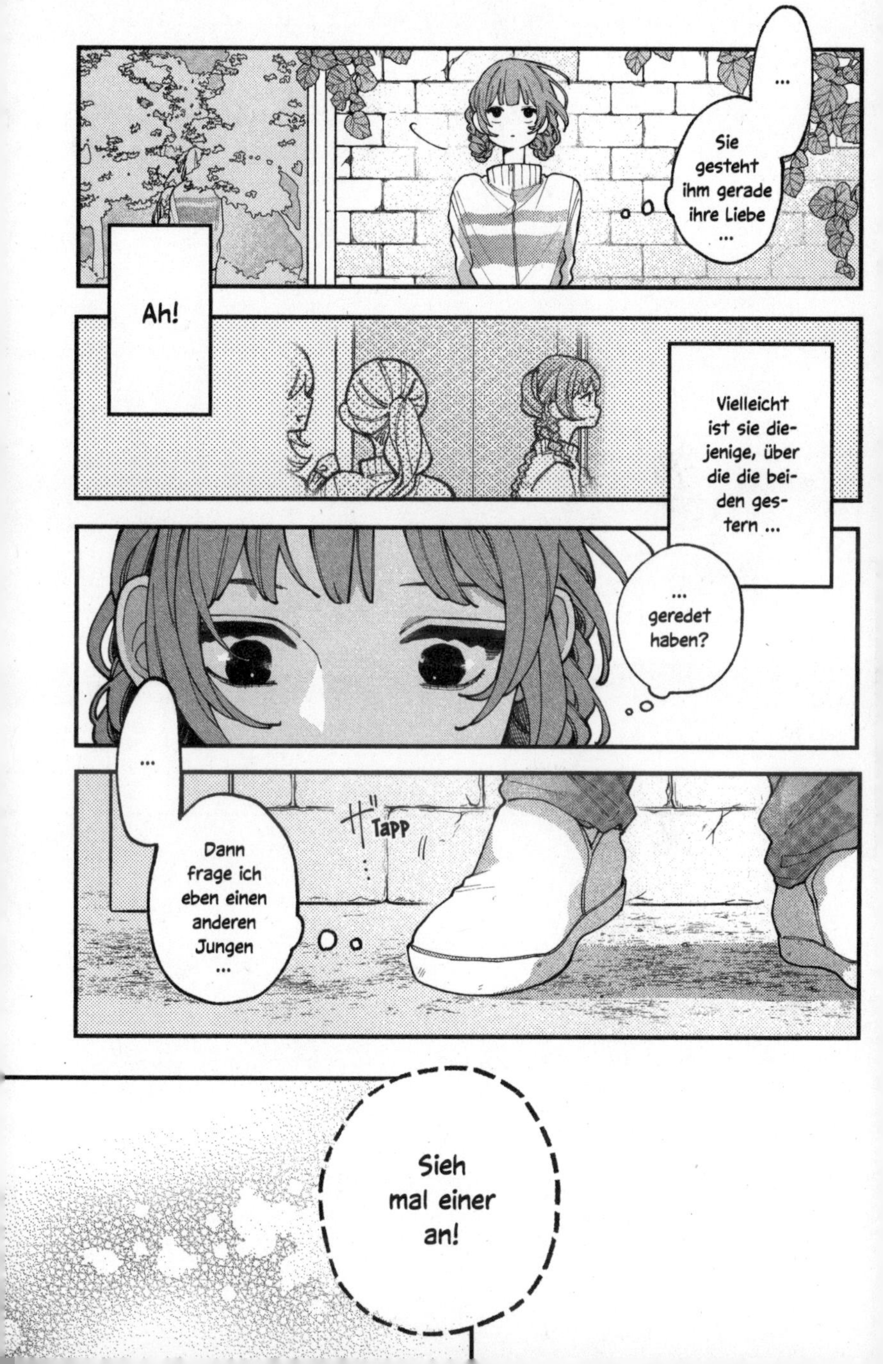
...
Sie gesteht ihm gerade ihre Liebe ...
Ah!
Vielleicht ist sie diejenige, über die die beiden gestern ...
... geredet haben?
...
Dann frage ich eben einen anderen Jungen ...
Tapp
Sieh mal einer an!

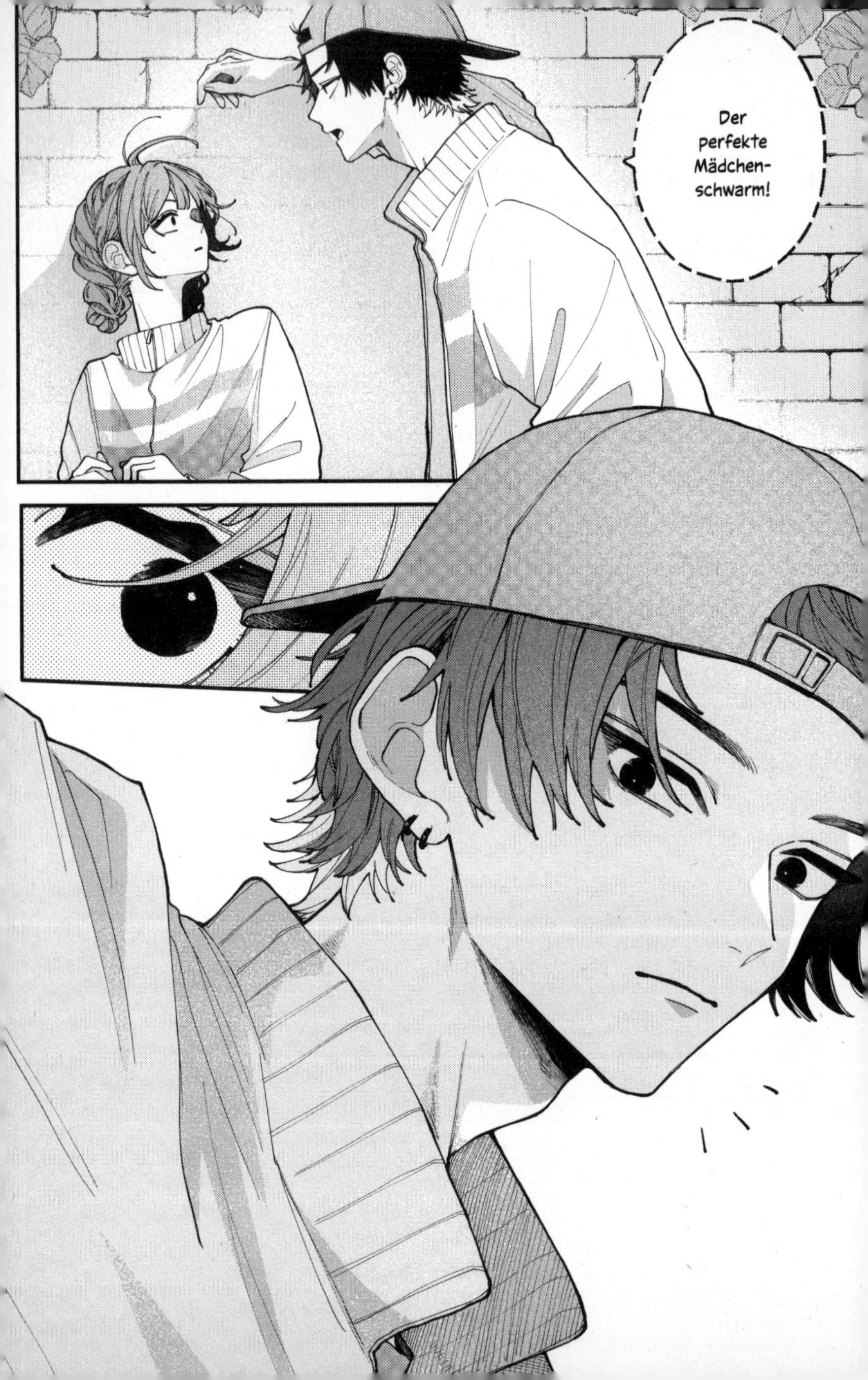
Der perfekte Mädchen-schwarm!

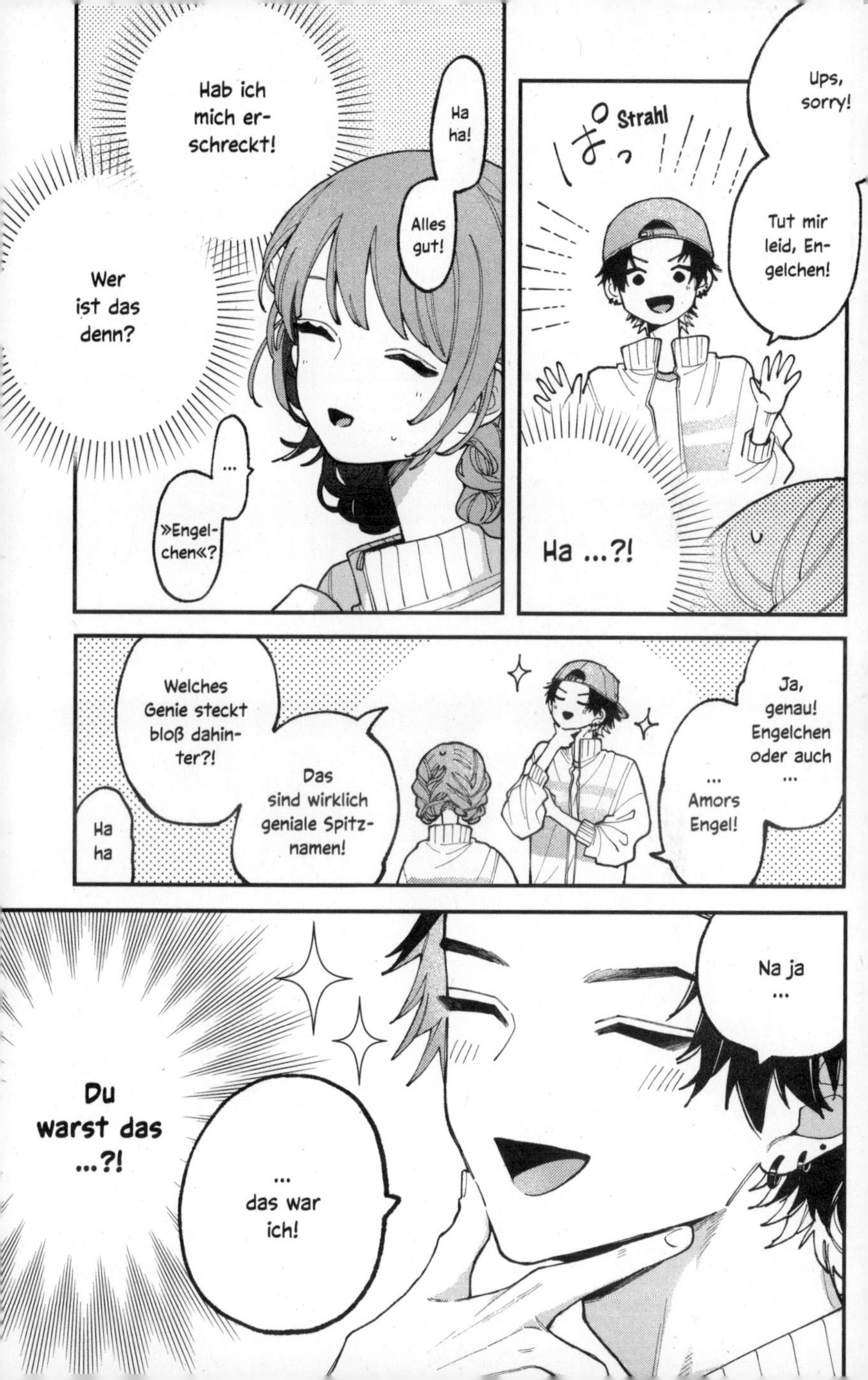
Ups, sorry!
ぱっ Strahl
Tut mir leid, Engelchen!
Ha ...?!
Ha ha!
Alles gut!
Hab ich mich erschreckt!
Wer ist das denn?
...
»Engelchen«?
Ja, genau! Engelchen oder auch ...
... Amors Engel!
Das sind wirklich geniale Spitznamen!
Welches Genie steckt bloß dahinter?!
Ha ha
Na ja ...
... das war ich!
Du warst das ...?!

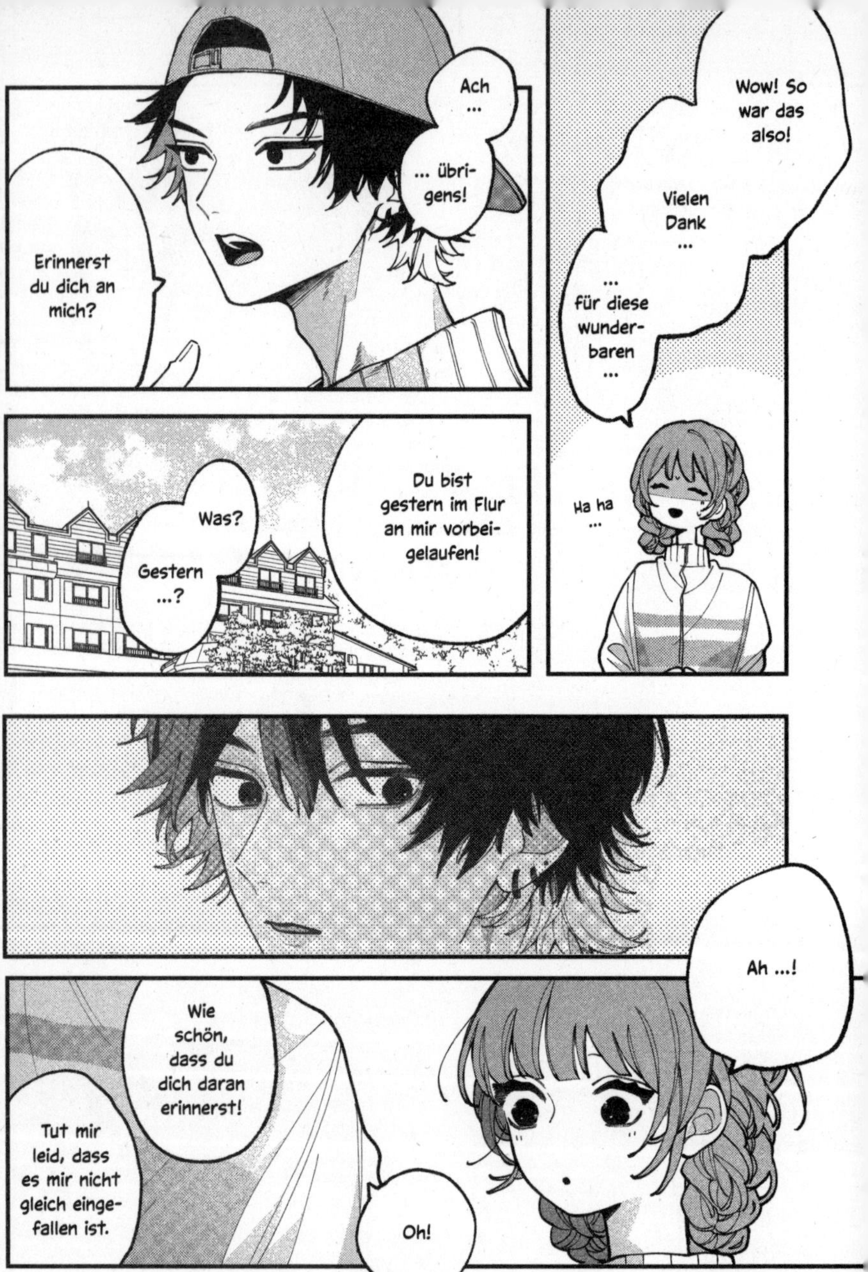
Wow! So war das also!
Vielen Dank ...
... für diese wunderbaren ...
Ha ha ...
Ach ...
... übrigens!
Erinnerst du dich an mich?
Du bist gestern im Flur an mir vorbeigelaufen!
Was?
Gestern ...?
Ah ...!
Oh!
Wie schön, dass du dich daran erinnerst!
Tut mir leid, dass es mir nicht gleich eingefallen ist.

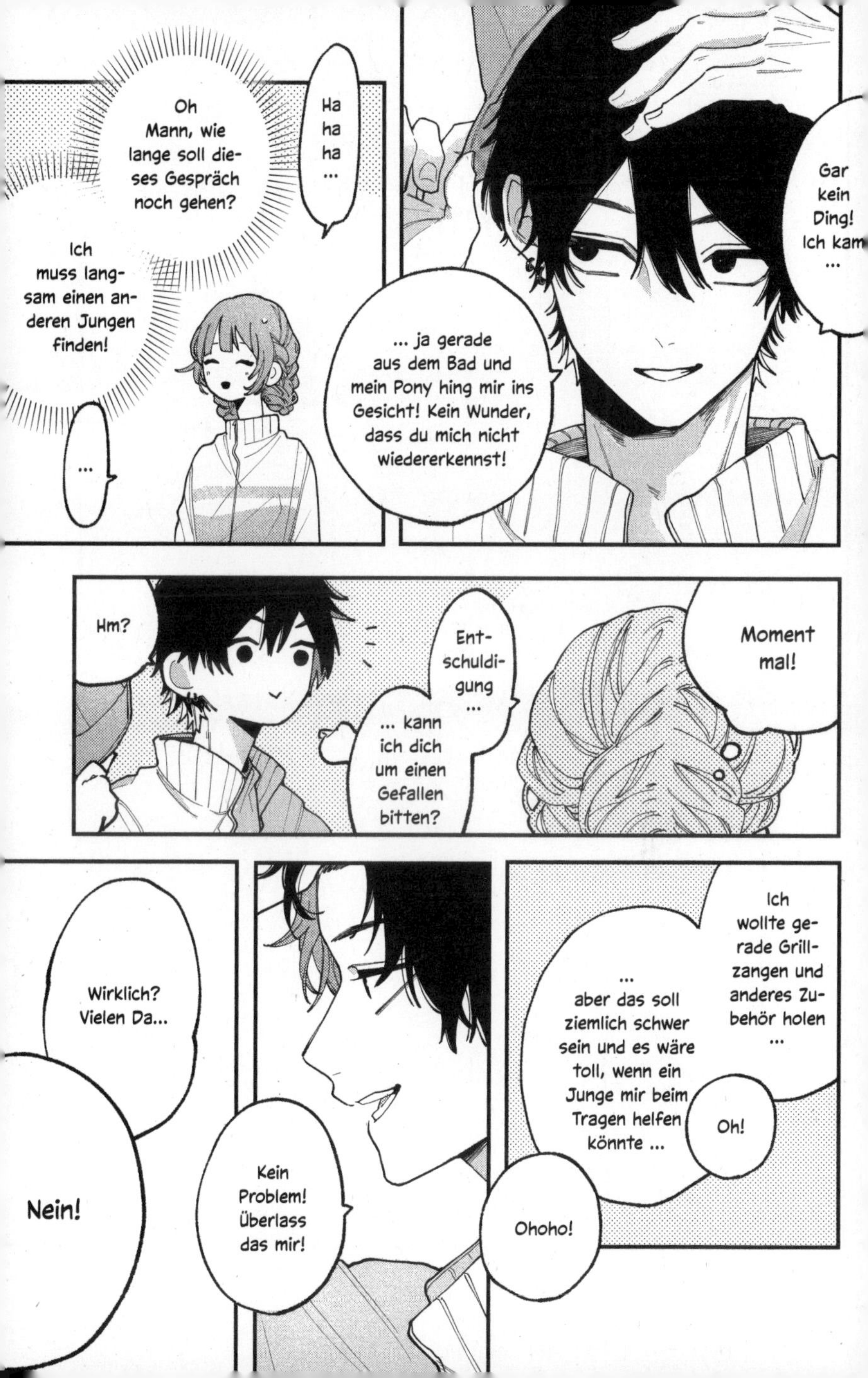
Gar kein Ding! Ich kam ...
... ja gerade aus dem Bad und mein Pony hing mir ins Gesicht! Kein Wunder, dass du mich nicht wiedererkennst!
Ha ha ha ...
Oh Mann, wie lange soll dieses Gespräch noch gehen?
Ich muss langsam einen anderen Jungen finden!
...
Moment mal!
Entschuldigung ...
... kann ich dich um einen Gefallen bitten?
Hm?
Ich wollte gerade Grillzangen und anderes Zubehör holen ...
... aber das soll ziemlich schwer sein und es wäre toll, wenn ein Junge mir beim Tragen helfen könnte ...
Oh!
Ohoho!
Kein Problem! Überlass das mir!
Wirklich? Vielen Da...
Nein!

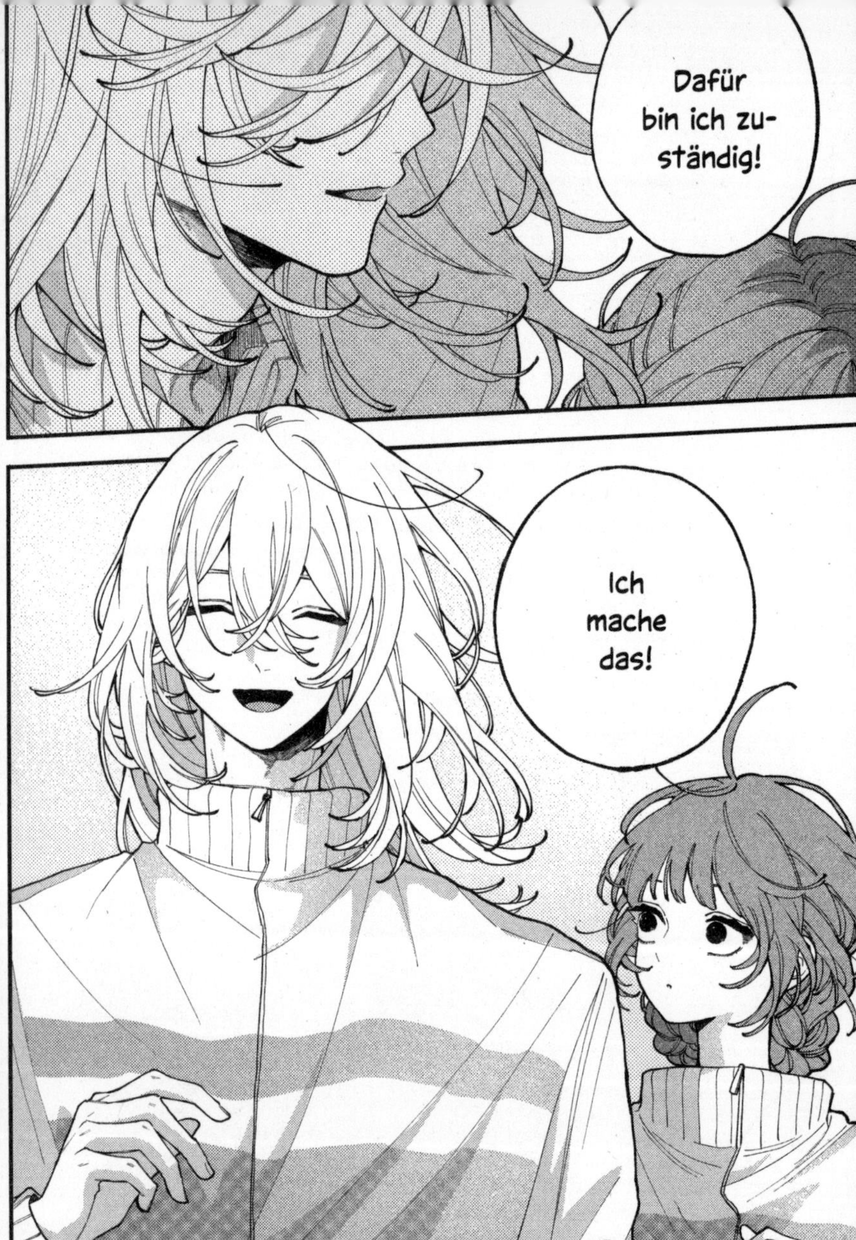
Dafür bin ich zuständig!
Ich mache das!

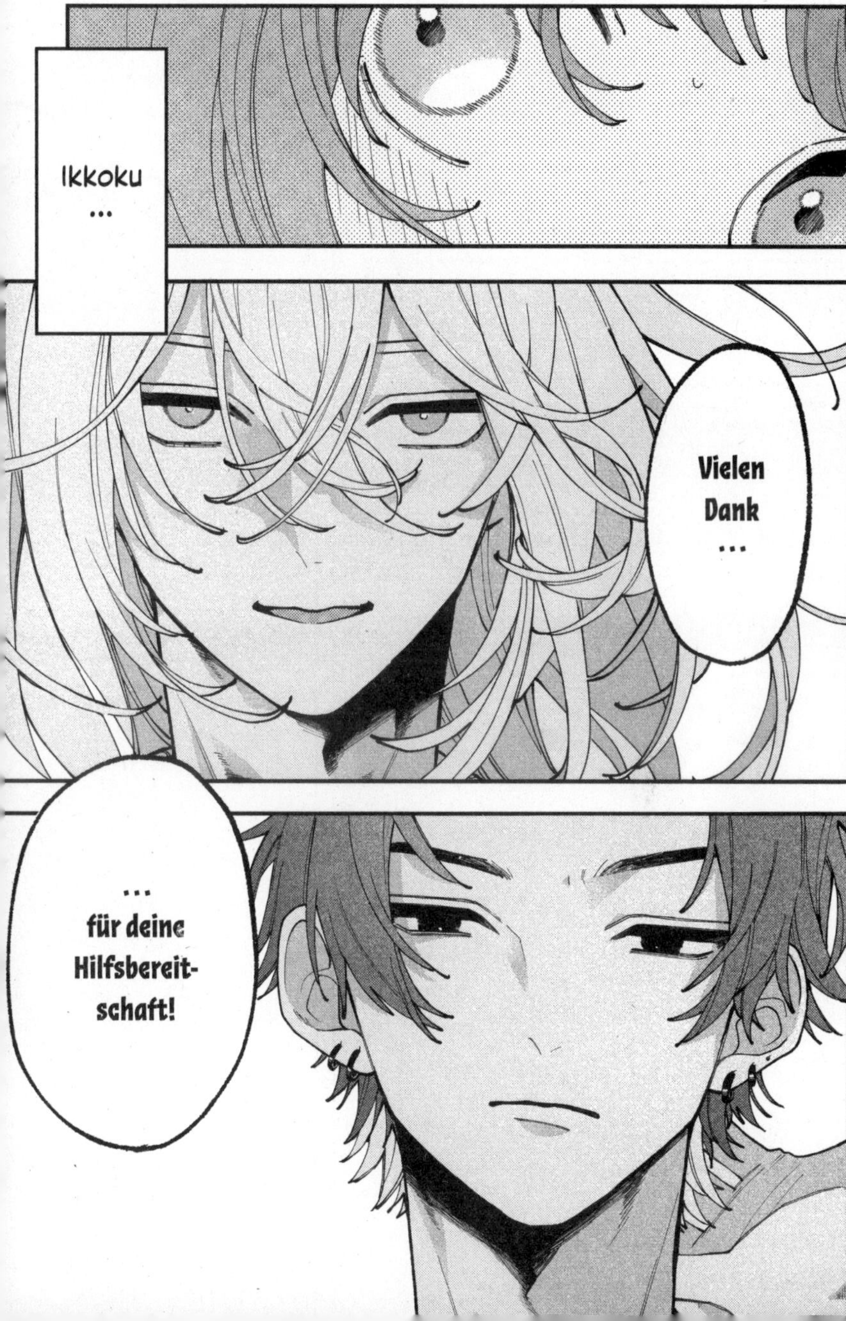
Ikkoku ...
Vielen Dank ...
... für deine Hilfsbereit-schaft!

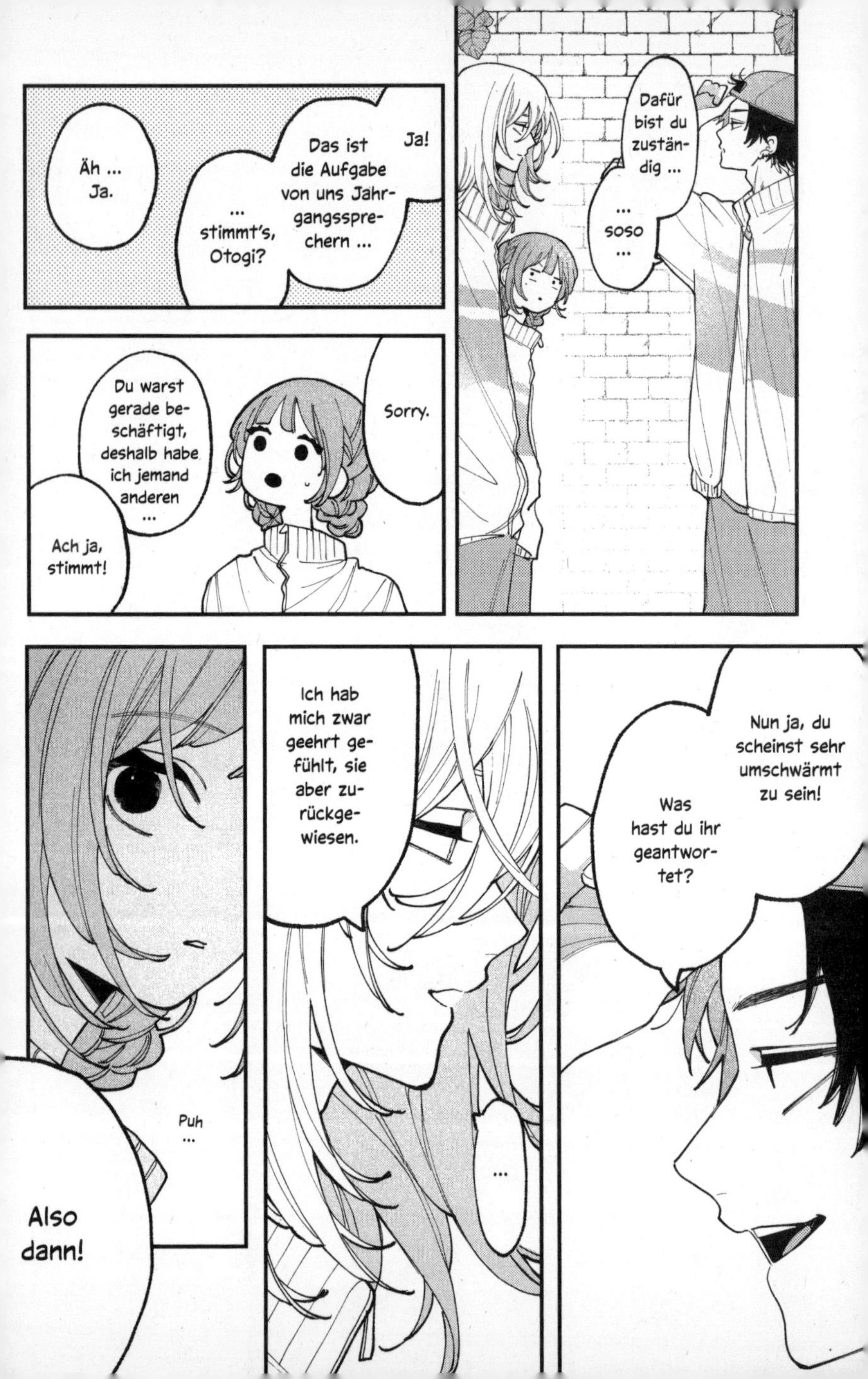
Dafür bist du zuständig ...
... soso ...
Ja!
Das ist die Aufgabe von uns Jahrgangssprechern ...
... stimmt's, Otogi?
Äh ... Ja.
Sorry.
Du warst gerade beschäftigt, deshalb habe ich jemand anderen ...
Ach ja, stimmt!
Nun ja, du scheinst sehr umschwärmt zu sein!
Was hast du ihr geantwortet?
Ich hab mich zwar geehrt gefühlt, sie aber zurückgewiesen.
...
Puh ...
Also dann!

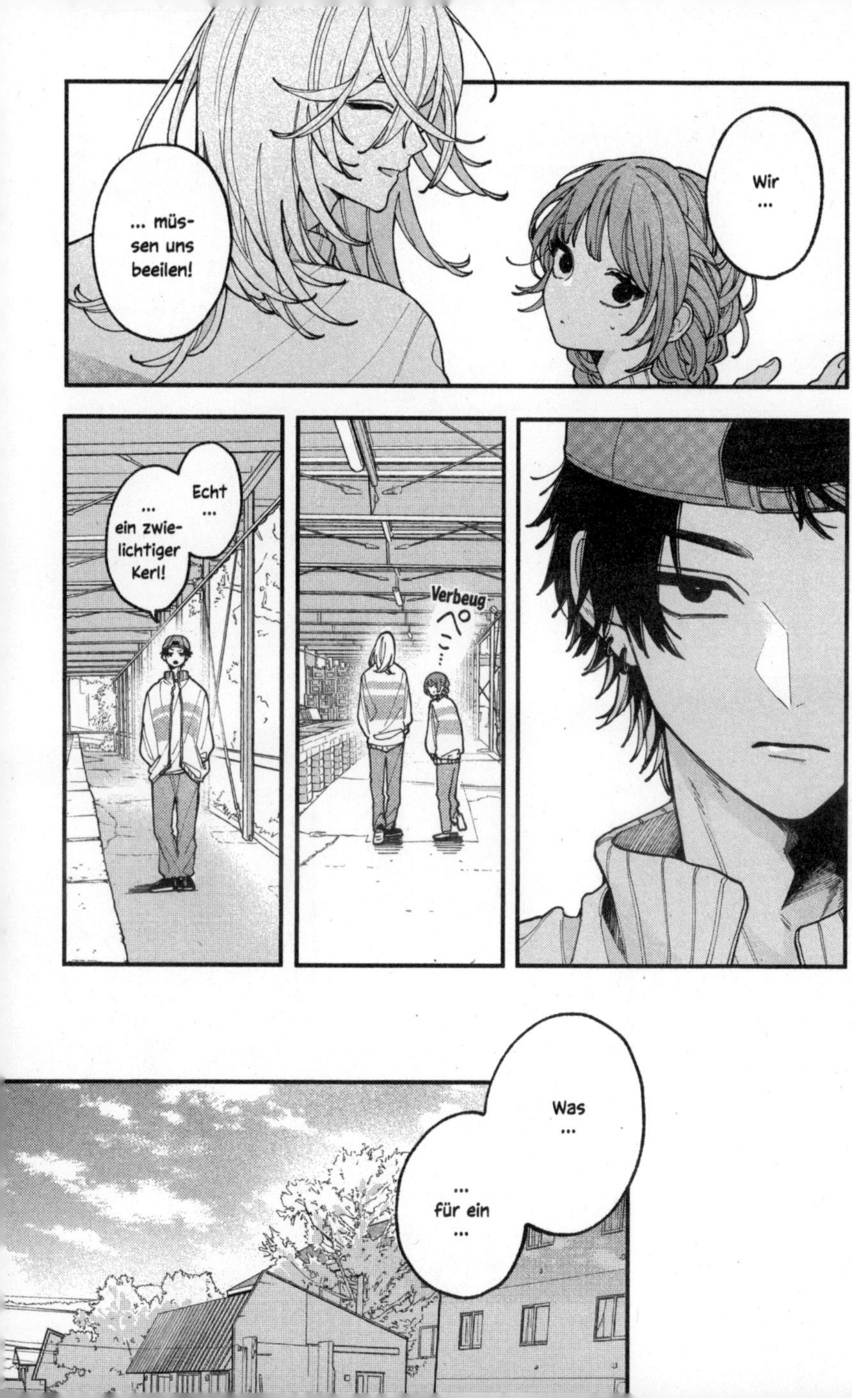

Wir ...
... müssen uns beeilen!
Verbeug
Echt ... ... ein zwielichtiger Kerl!
Was ...
... für ein ...

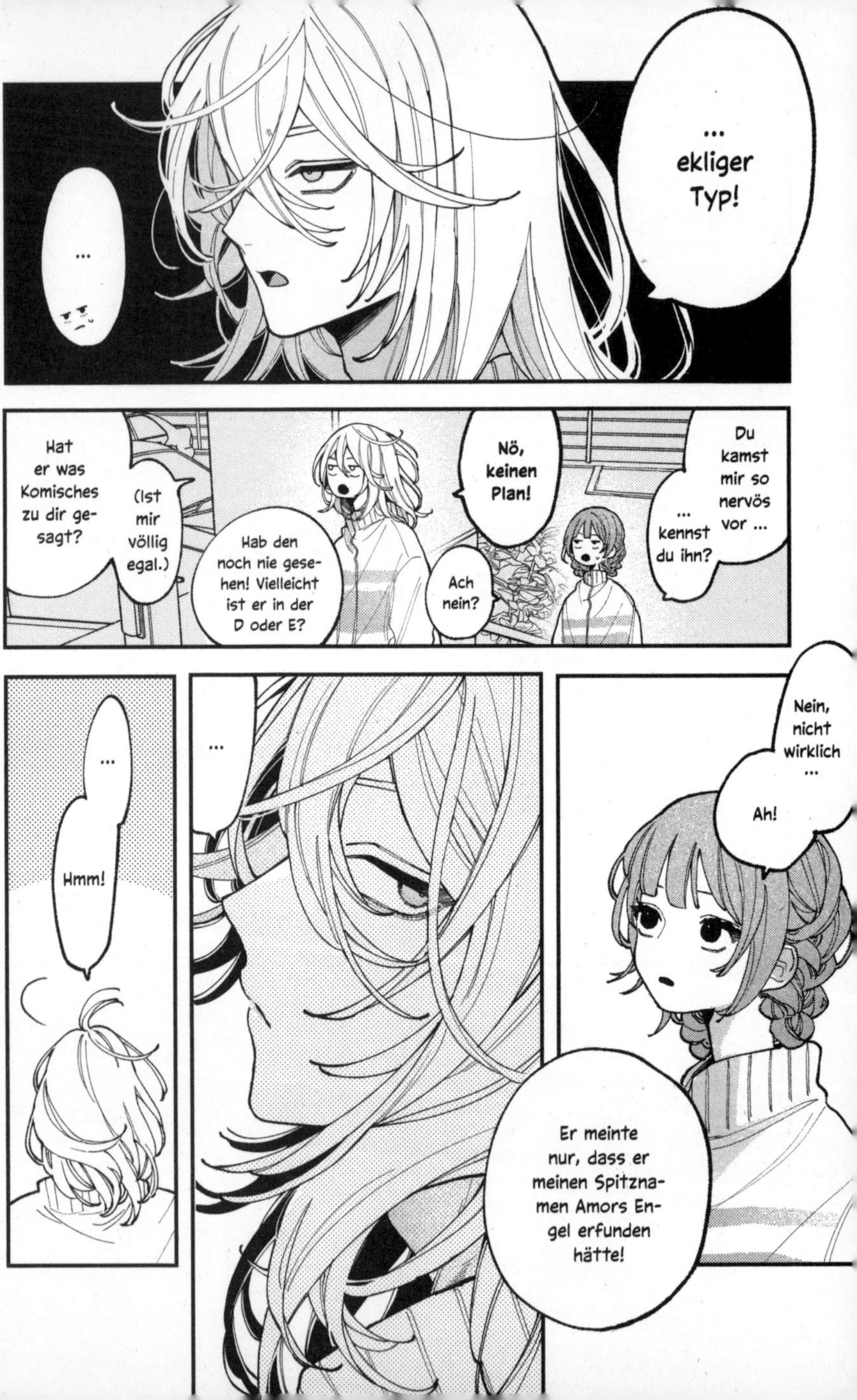

... ekliger Typ!
...
Du kamst mir so nervös vor ...
... kennst du ihn?
Nö, keinen Plan!
Ach nein?
Hab den noch nie gesehen! Vielleicht ist er in der D oder E?
(Ist mir völlig egal.)
Hat er was Komisches zu dir gesagt?
Nein, nicht wirklich ...
Ah!
Er meinte nur, dass er meinen Spitznamen Amors Engel erfunden hätte!
...
... Hmm!

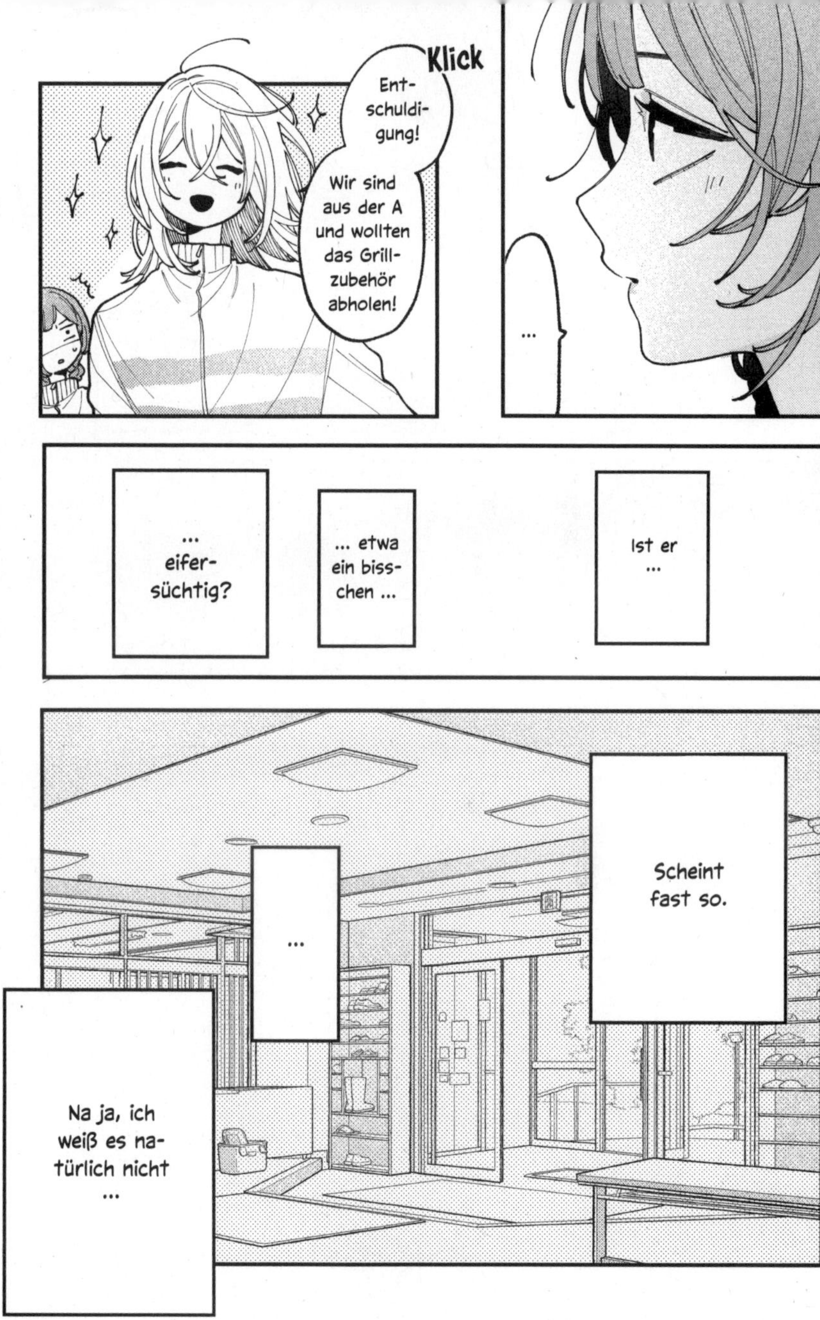
...
Klick
Entschuldigung!
Wir sind aus der A und wollten das Grillzubehör abholen!
Ist er ...
... etwa ein bisschen ...
... eifersüchtig?
Scheint fast so.
...
Na ja, ich weiß es natürlich nicht ...

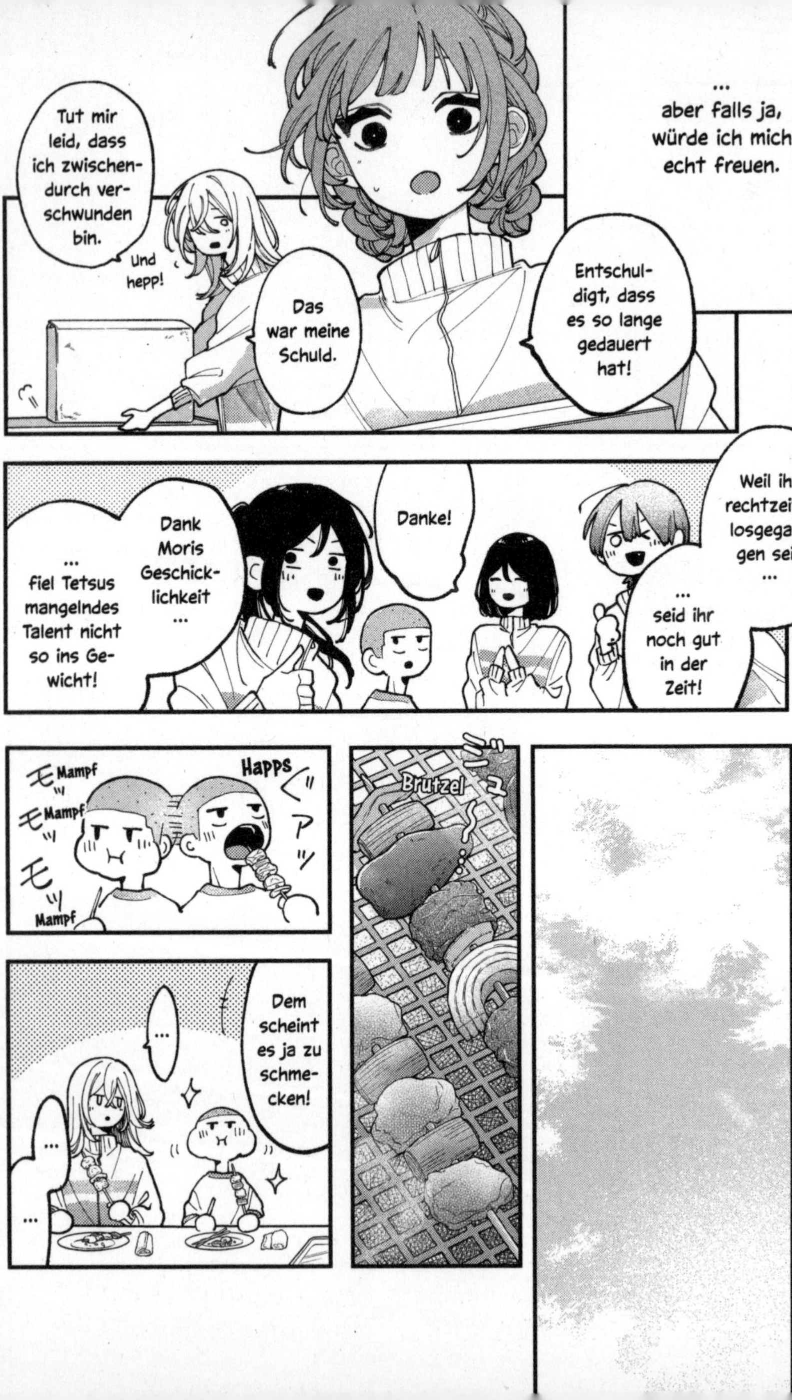
... aber falls ja, würde ich mich echt freuen.
Entschuldigt, dass es so lange gedauert hat!
Das war meine Schuld.
Tut mir leid, dass ich zwischendurch verschwunden bin.
Und hepp!
Weil ihr rechtzeitig losgegangen seid ...
... seid ihr noch gut in der Zeit!
Danke!
Dank Moris Geschicklichkeit ...
... fiel Tetsus mangelndes Talent nicht so ins Gewicht!
Brutzel
Happs
Mampf
Mampf
Mampf
Dem scheint es ja zu schmecken!
...
...
...

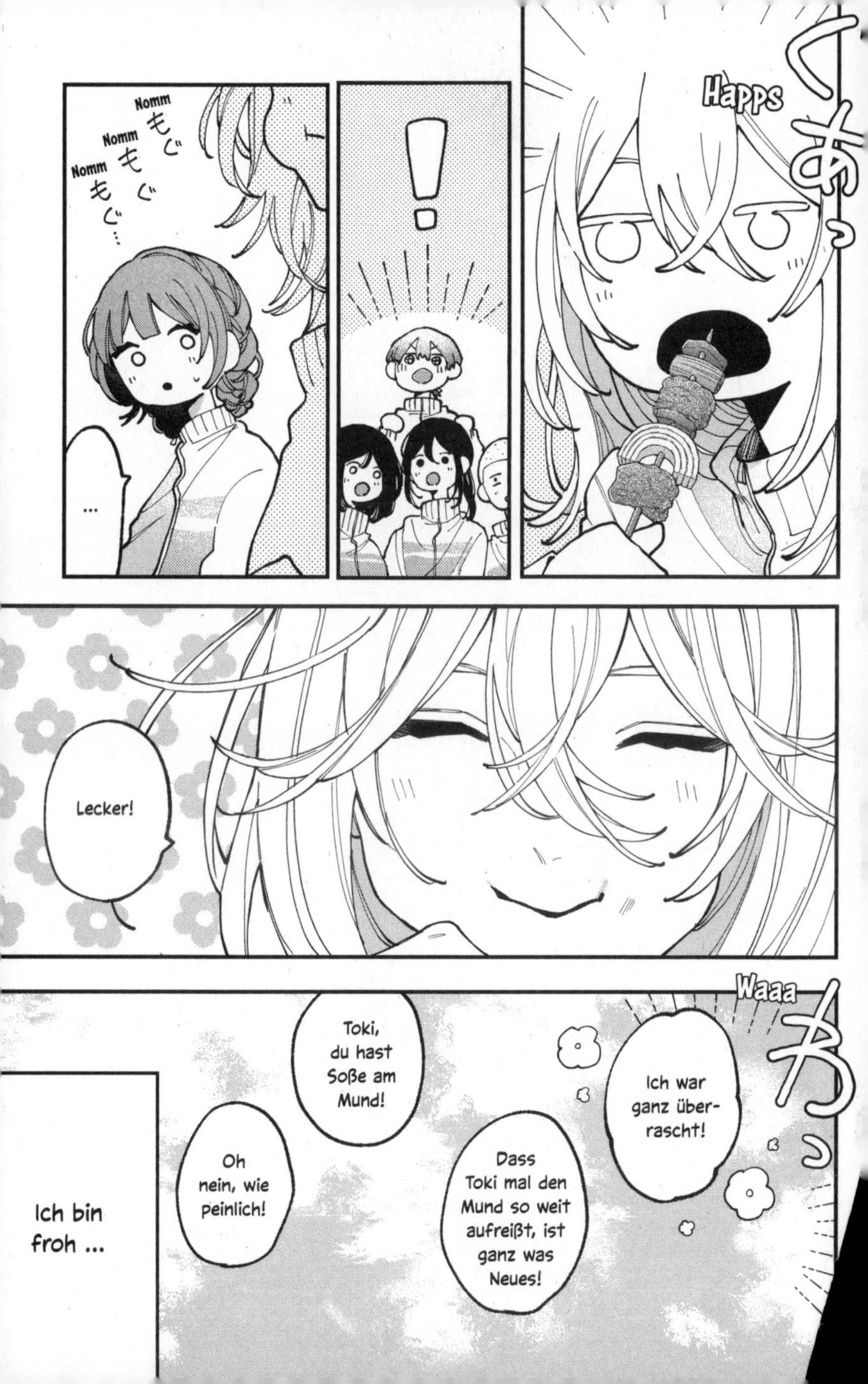
Happs
くあっ
!
Nomm Nomm Nomm
もぐ もぐ もぐ…
...
Lecker!
Waaa
わっ
Ich war ganz überrascht!
Dass Toki mal den Mund so weit aufreißt, ist ganz was Neues!
Toki, du hast Soße am Mund!
Oh nein, wie peinlich!
Ich bin froh ...

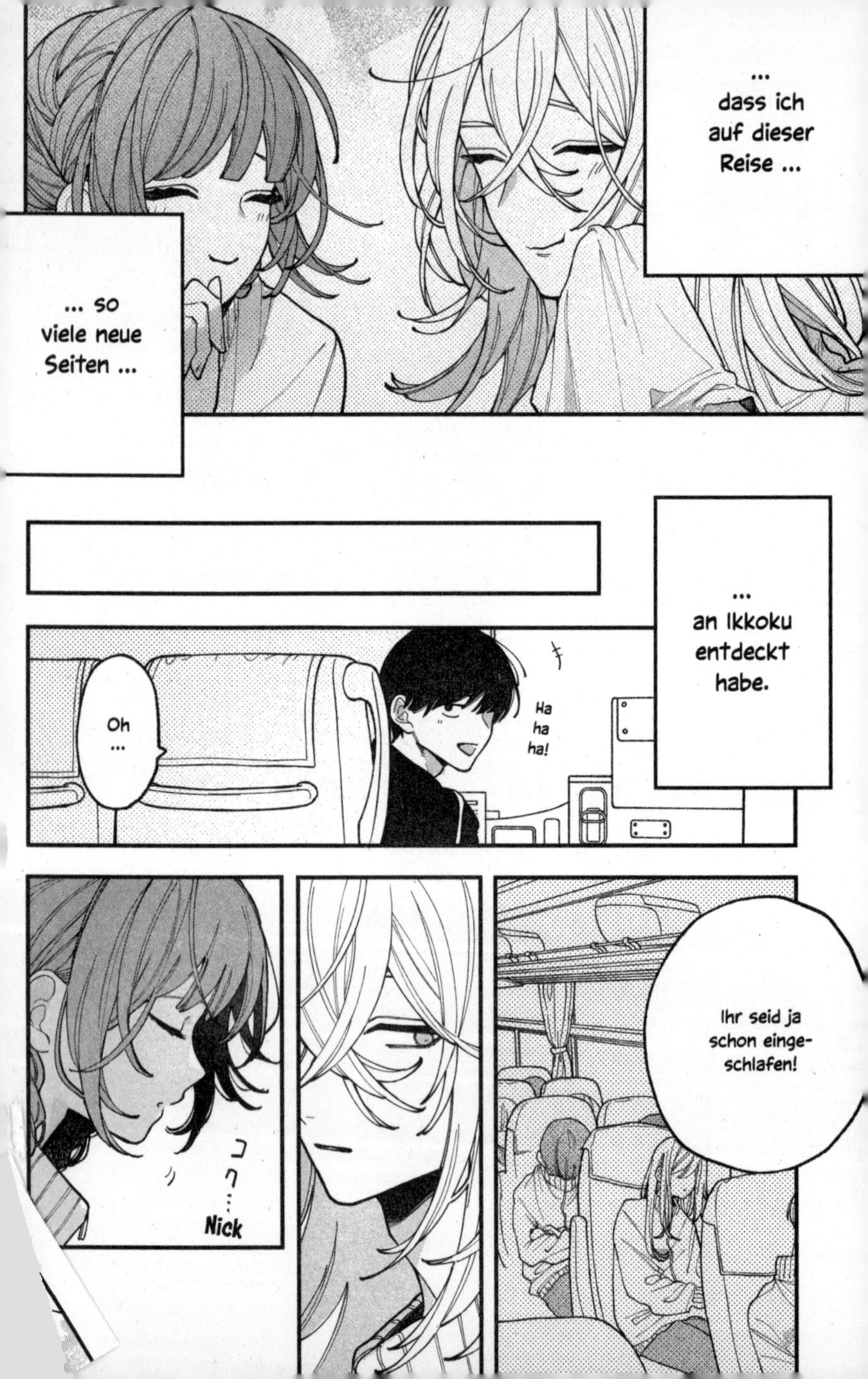
... dass ich auf dieser Reise ...
... so viele neue Seiten ...
... an Ikkoku entdeckt habe.
Ha ha ha!
Oh ...
Ihr seid ja schon einge-schlafen!
コク…
Nick

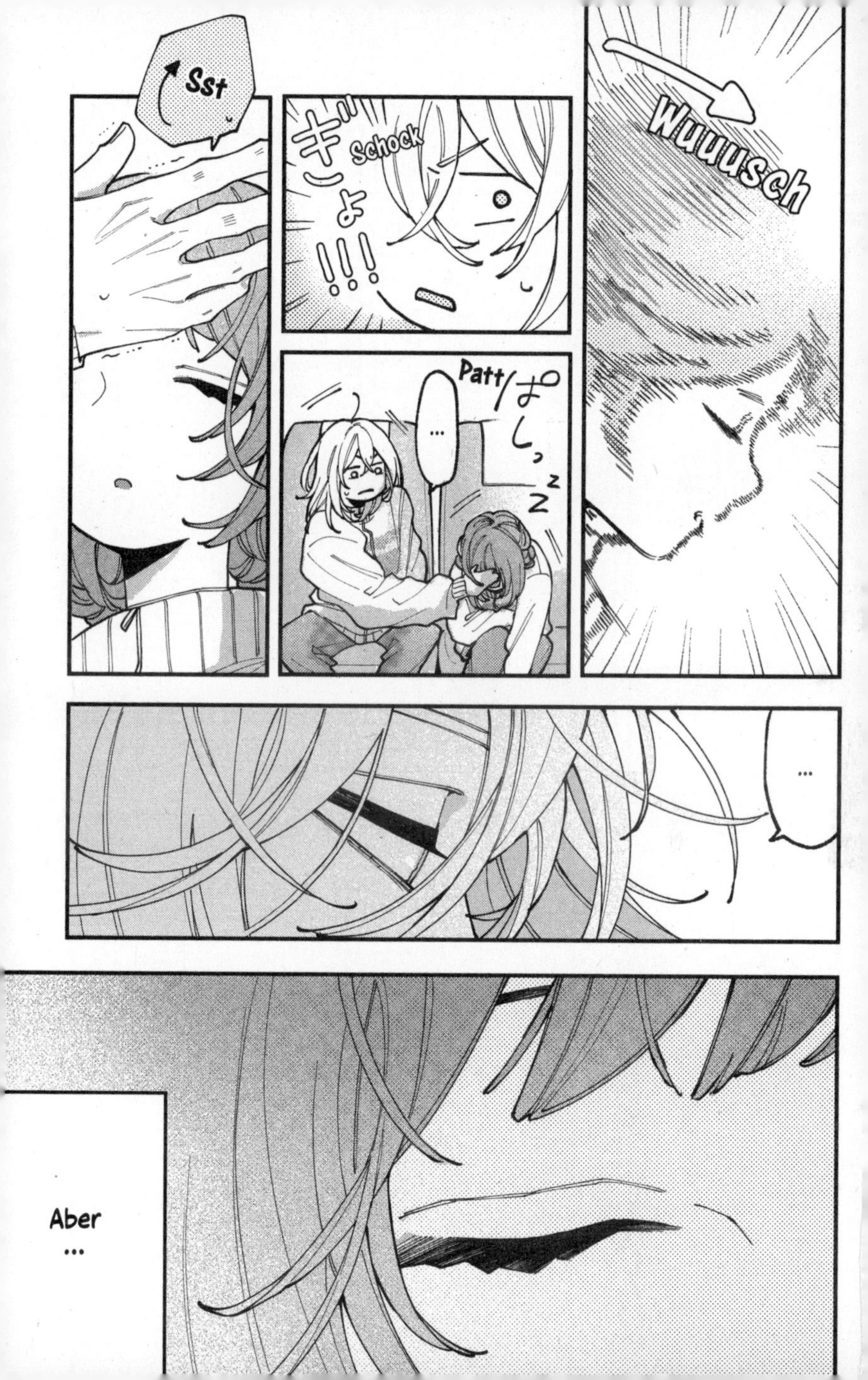
Wuuusch
ぎょ!!!
Schock
Patt
ぱしっ
...
z z
Sst
...
Aber ...

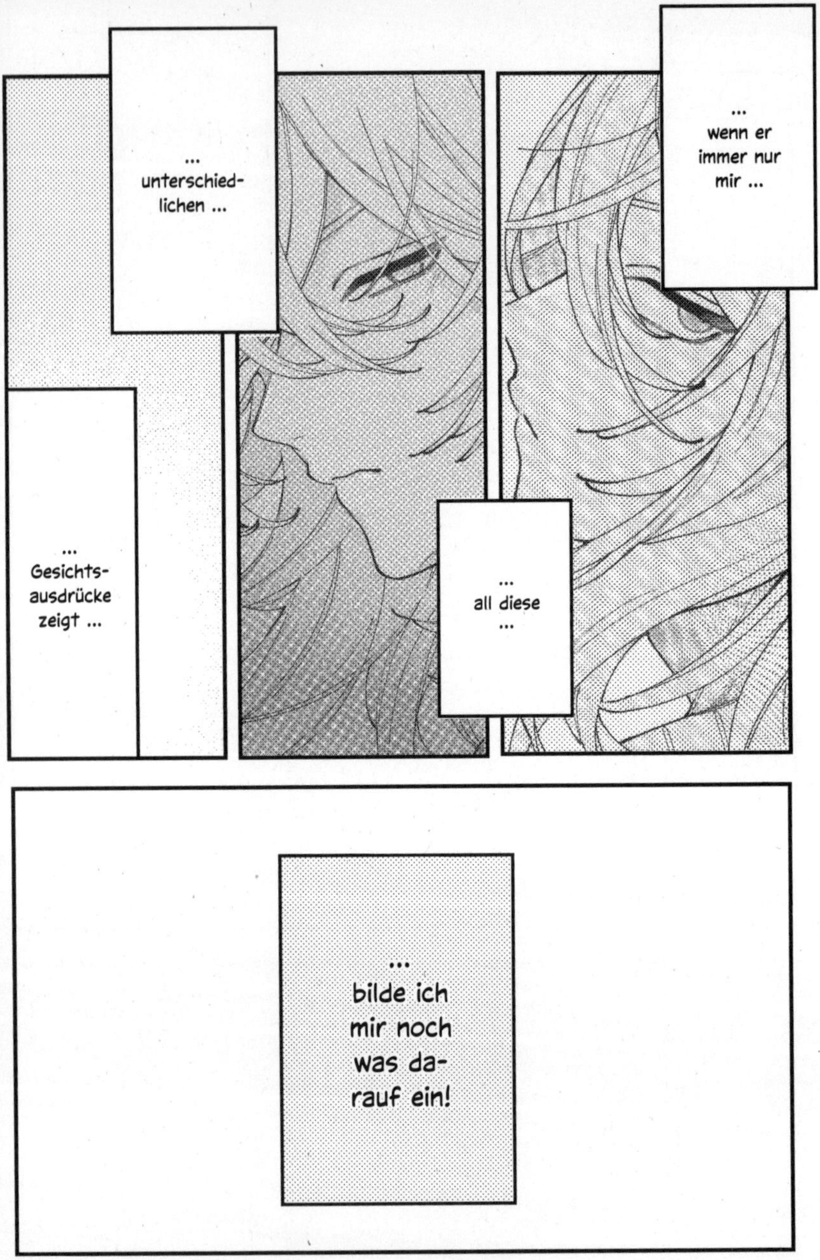
... wenn er immer nur mir ...
... all diese ...
... unterschied-lichen ...
... Gesichts-ausdrücke zeigt ...
... bilde ich mir noch was da-rauf ein!

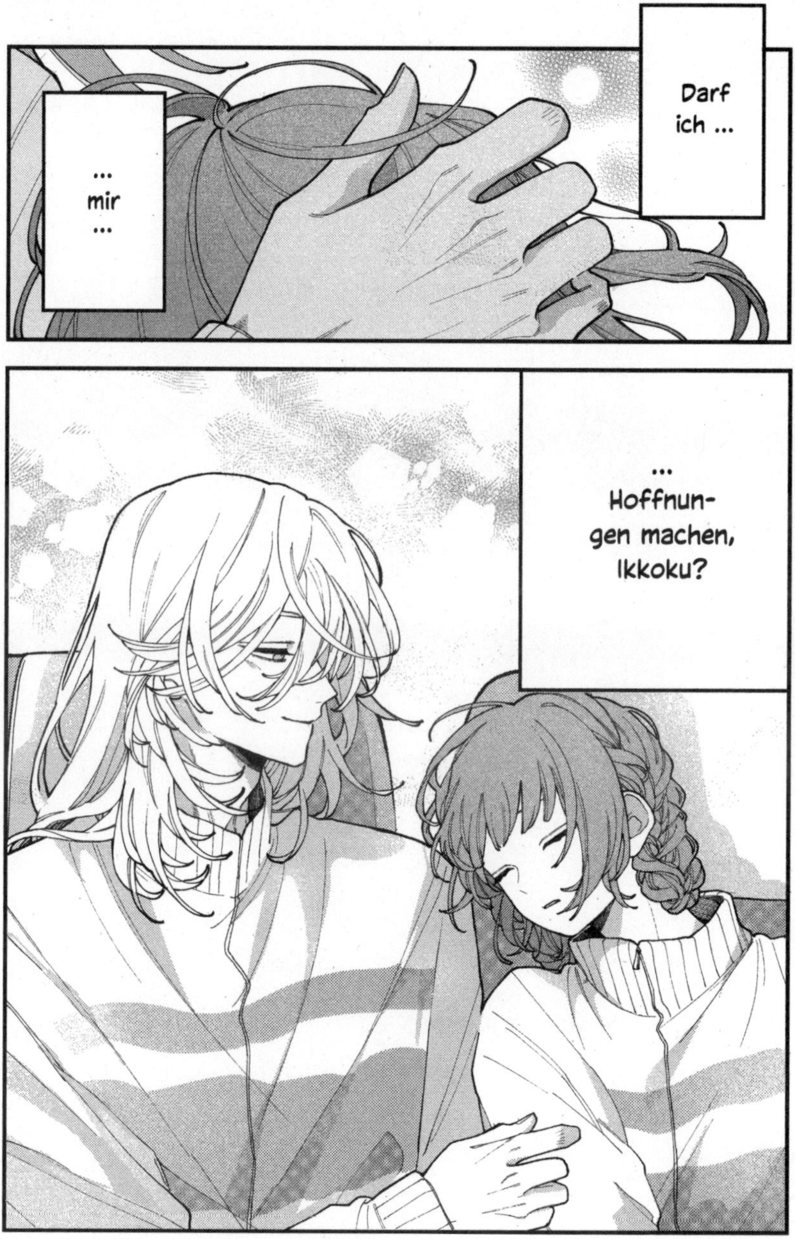
Darf ich ...
... mir ...
... Hoffnun-gen machen, Ikkoku?

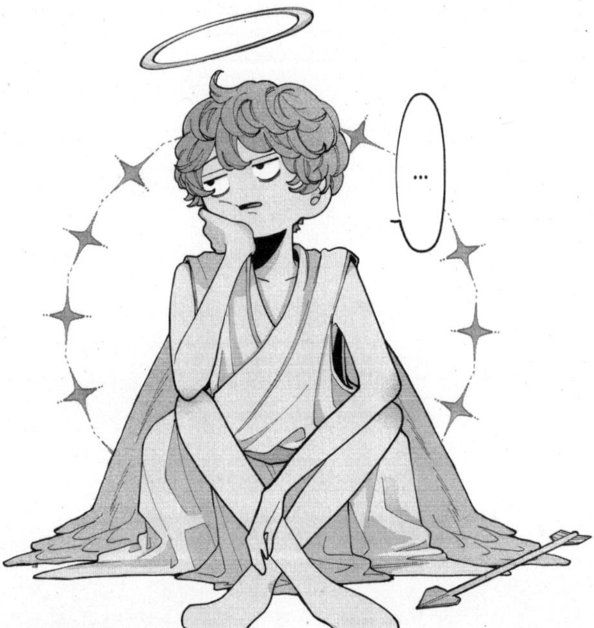

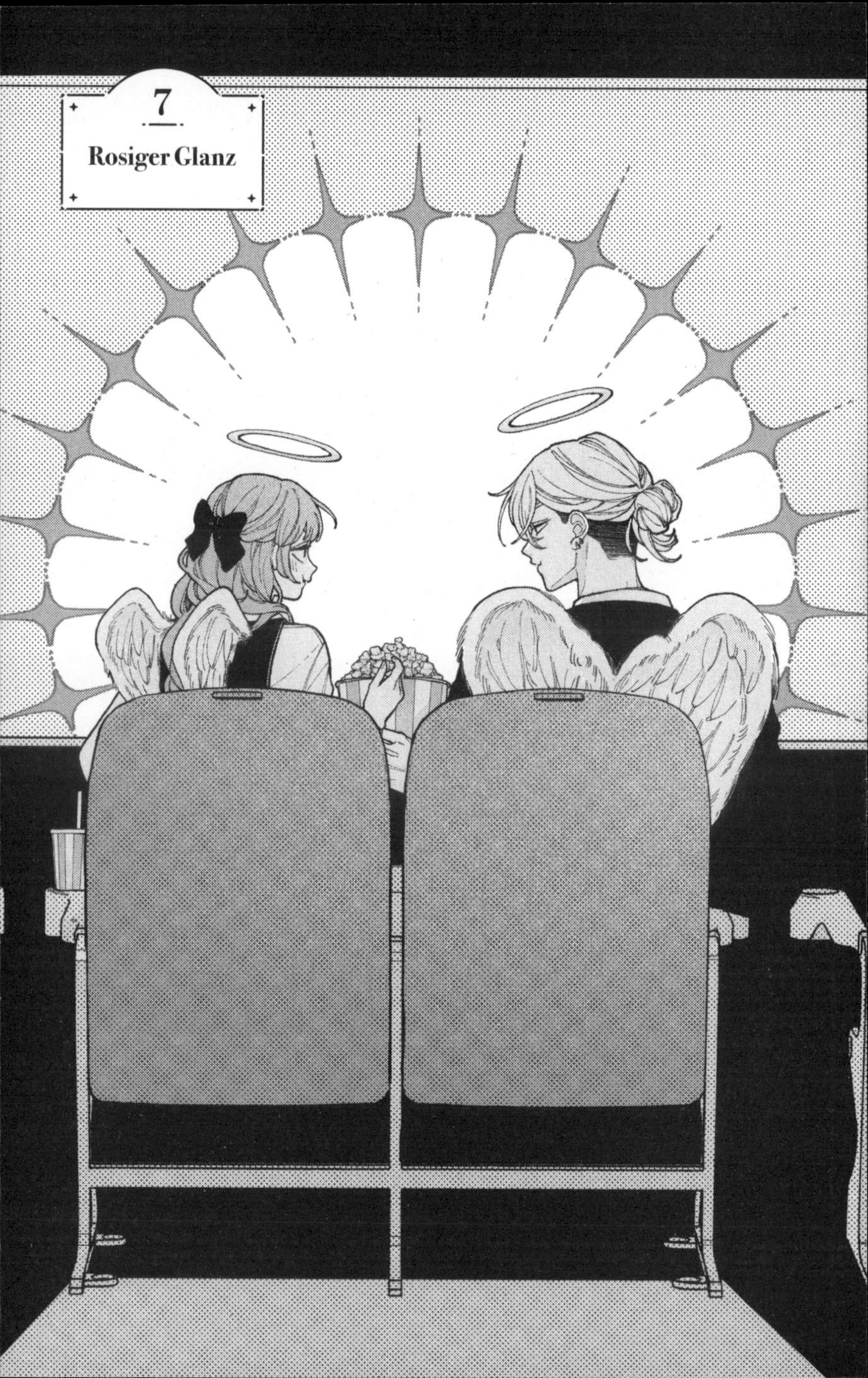
7
Rosiger Glanz

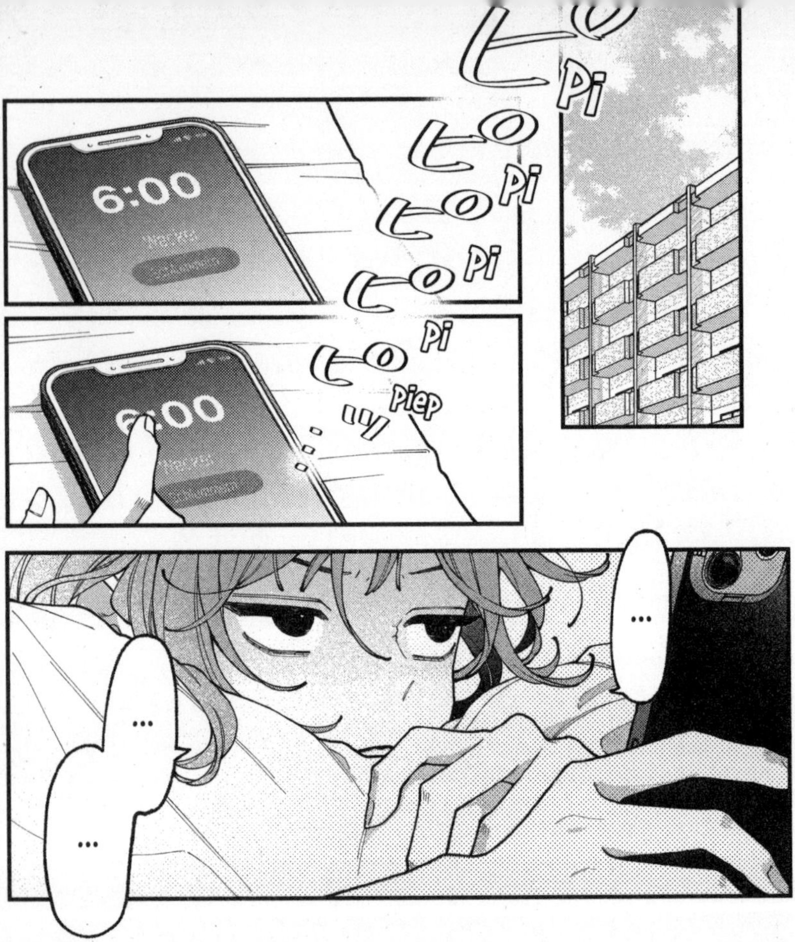

Falsche Engel, wahre Liebe?

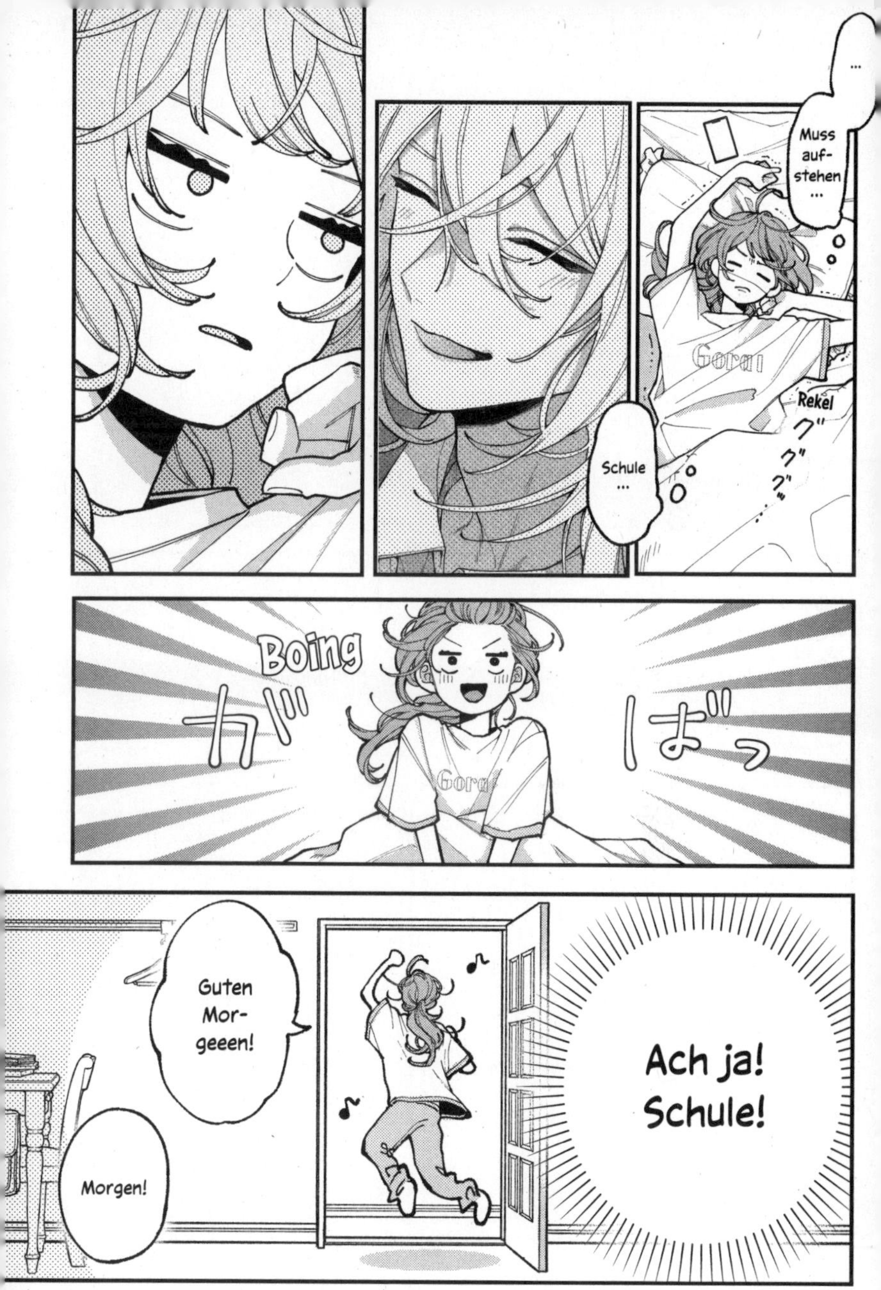
...
Muss auf-stehen ...
Rekel
Schule ...
Boing
Ach ja! Schule!
Guten Mor-geeen!
Morgen!

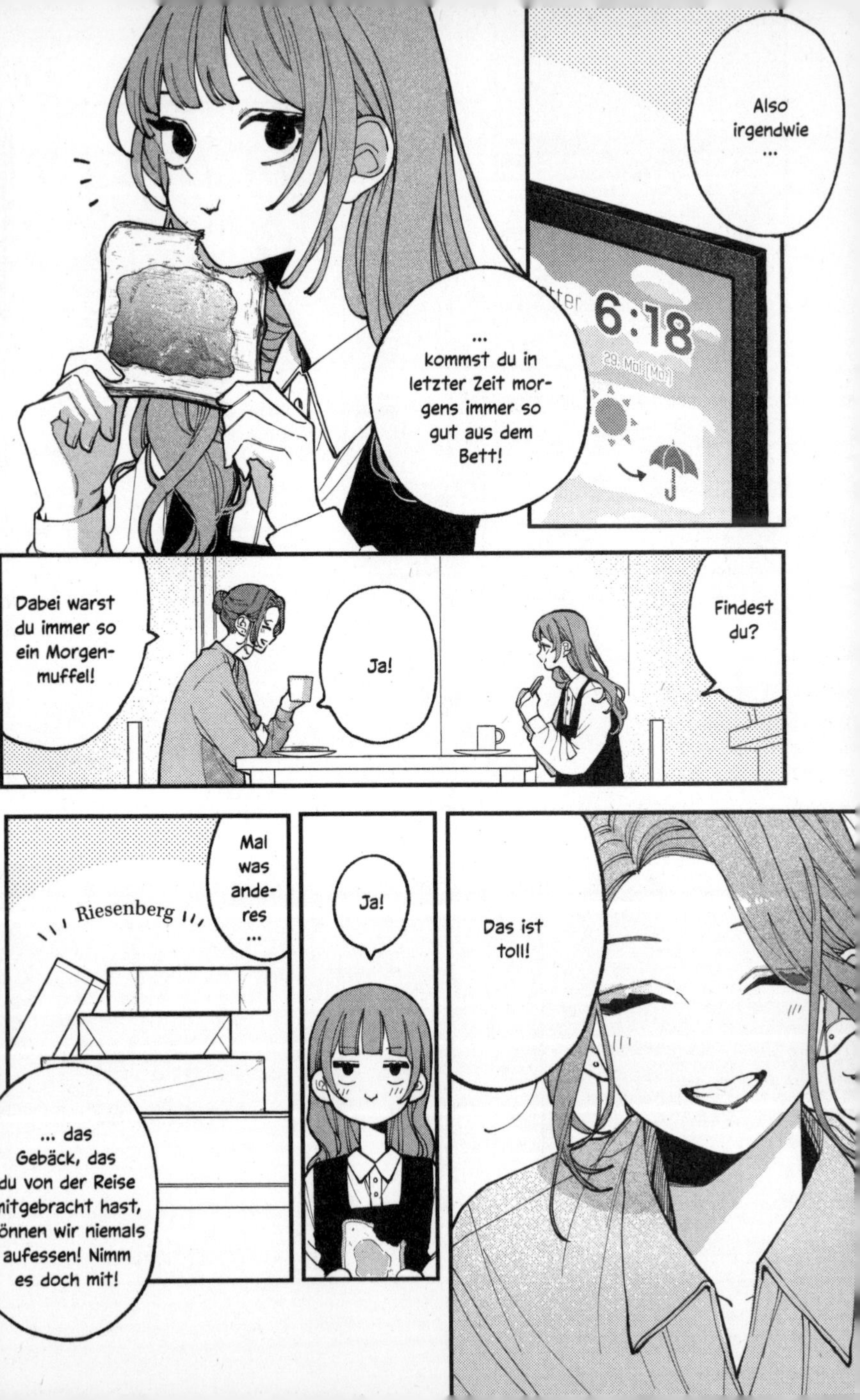
Also irgendwie ...
6:18
29. Mai (Mo)
... kommst du in letzter Zeit morgens immer so gut aus dem Bett!
Findest du?
Ja!
Dabei warst du immer so ein Morgenmuffel!
Das ist toll!
Ja!
Mal was anderes ...
Riesenberg
... das Gebäck, das du von der Reise mitgebracht hast, können wir niemals aufessen! Nimm es doch mit!

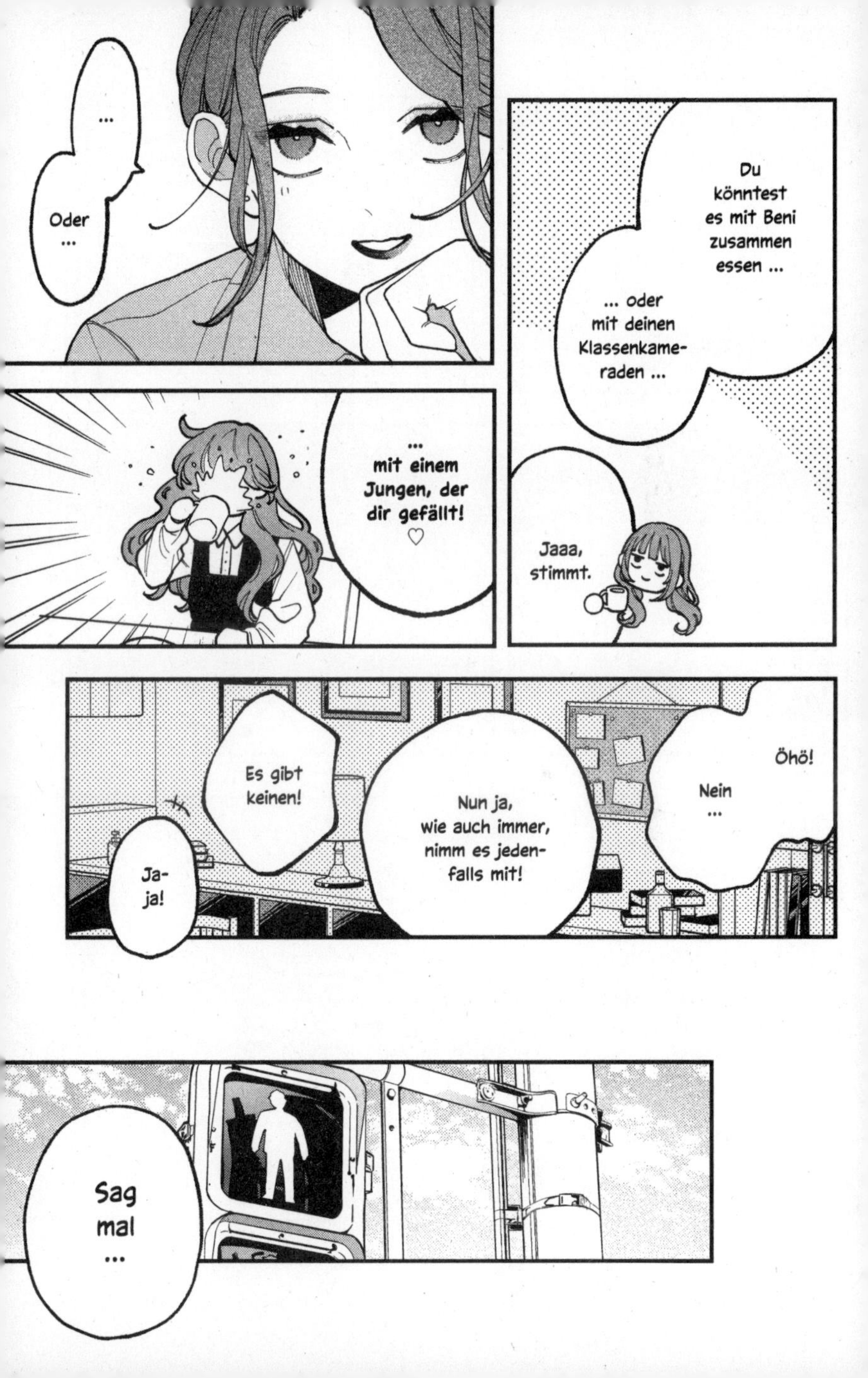
Du könntest es mit Beni zusammen essen ...
... oder mit deinen Klassenkame-raden ...
Jaaa, stimmt.
...
Oder ...
... mit einem Jungen, der dir gefällt! ♡
Öhö!
Nein ...
Es gibt keinen!
Nun ja, wie auch immer, nimm es jeden-falls mit!
Ja-ja!
Sag mal ...

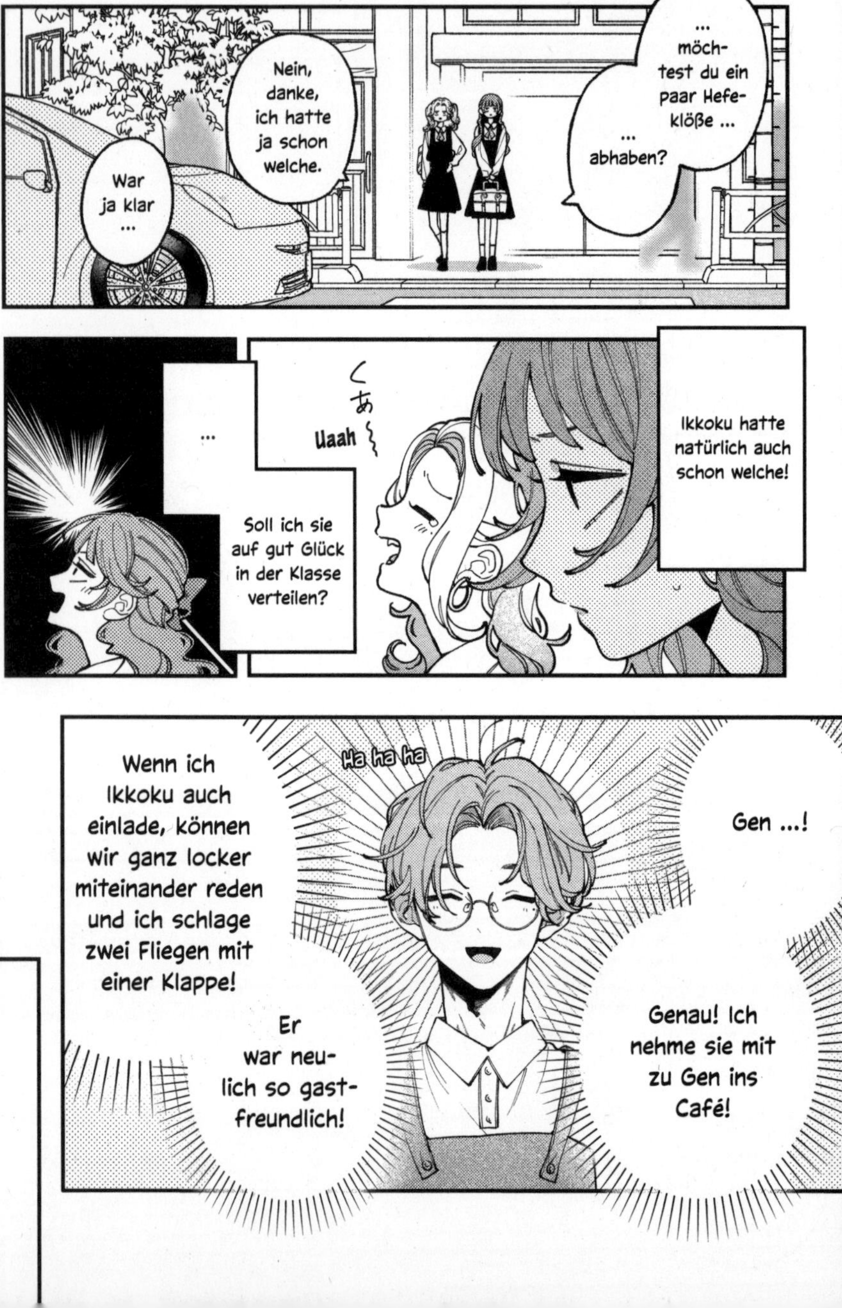

... möchtest du ein paar Hefeklöße ...
... abhaben?
Nein, danke, ich hatte ja schon welche.
War ja klar ...
Ikkoku hatte natürlich auch schon welche!
くあ～
Uaah
Soll ich sie auf gut Glück in der Klasse verteilen?
...
Gen ...!
Ha ha ha
Genau! Ich nehme sie mit zu Gen ins Café!
Er war neulich so gastfreundlich!
Wenn ich Ikkoku auch einlade, können wir ganz locker miteinander reden und ich schlage zwei Fliegen mit einer Klappe!

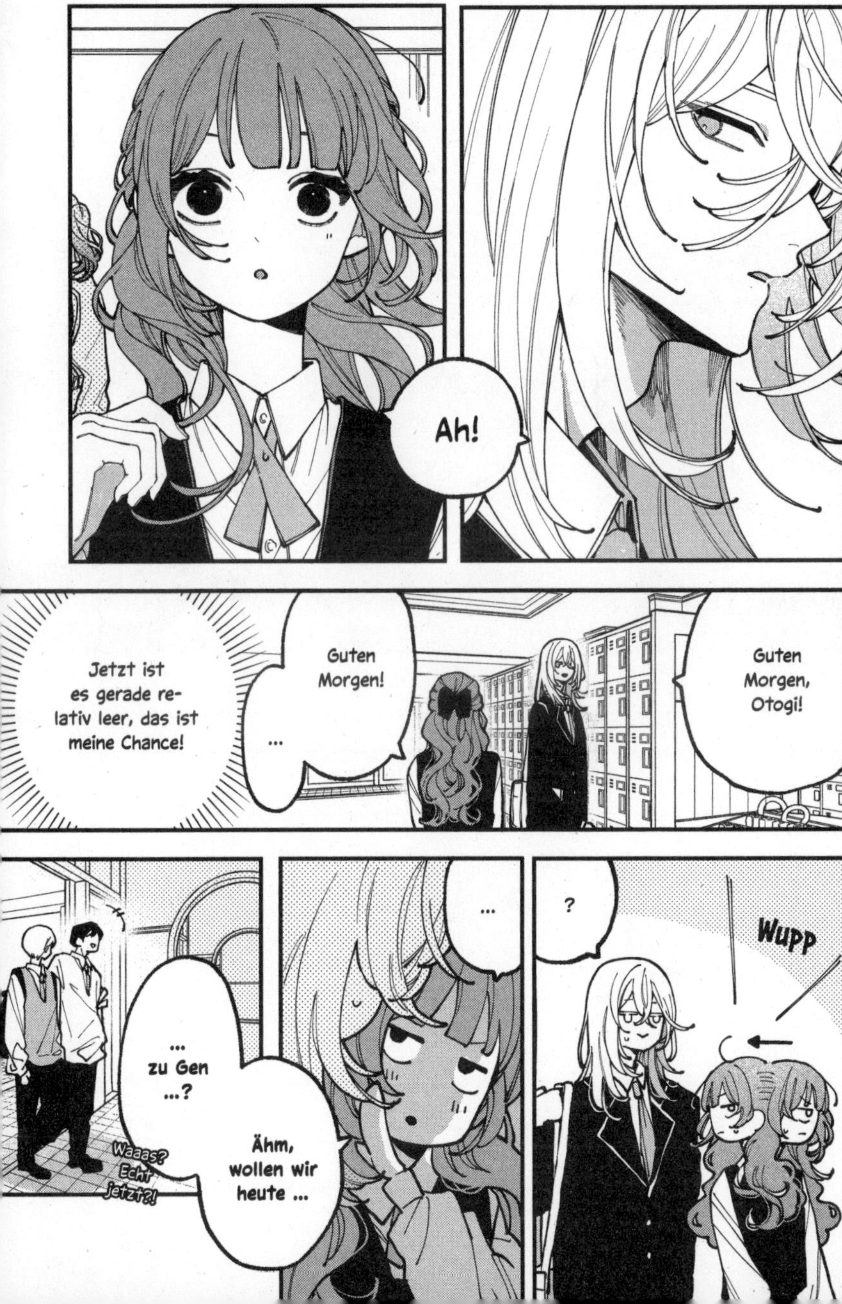
Ah!
Guten Morgen, Otogi!
Guten Morgen!
...
Jetzt ist es gerade relativ leer, das ist meine Chance!
Wupp
?
...
Ähm, wollen wir heute ...
... zu Gen ...?
Waaas? Echt jetzt?!

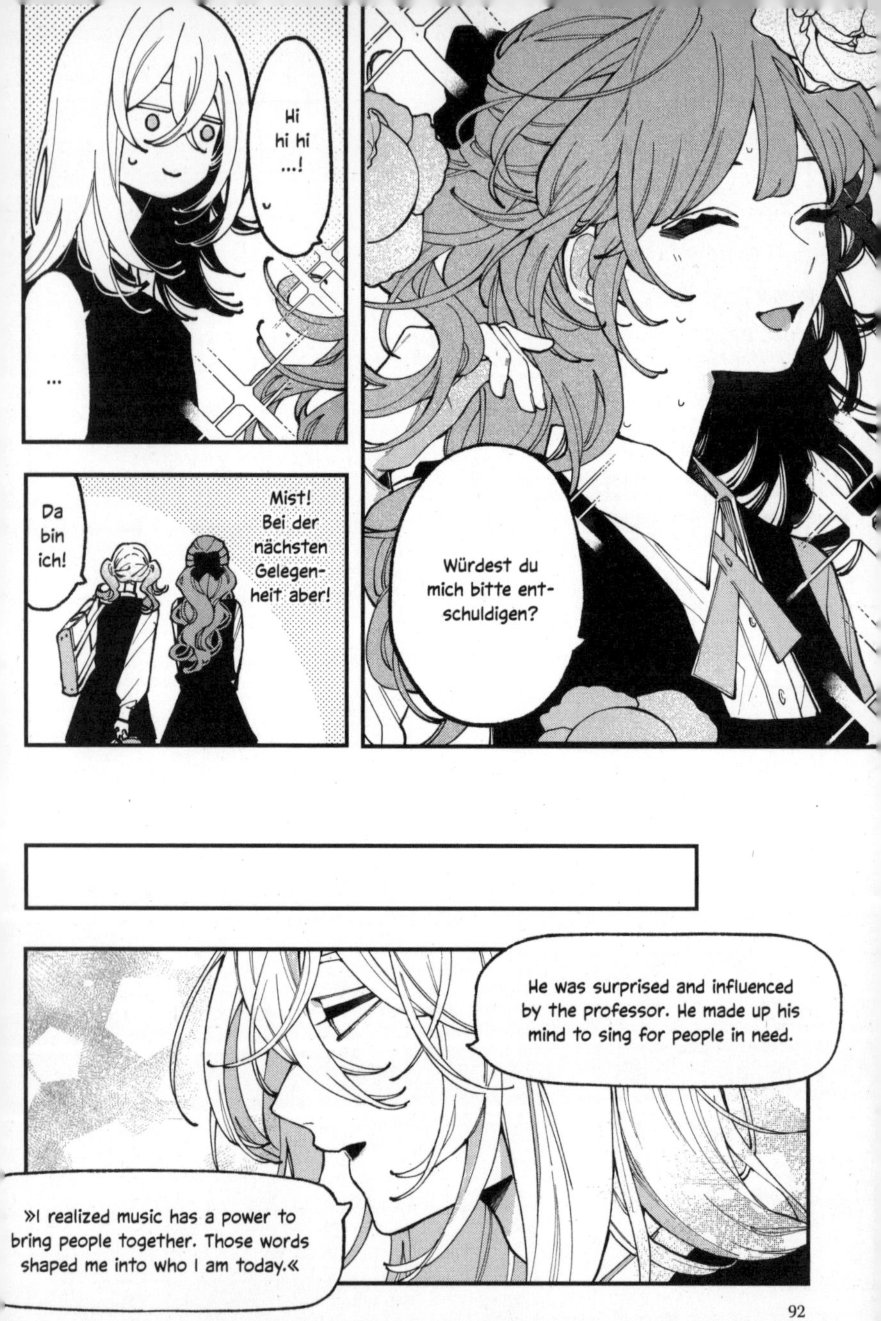
Hi hi hi ...!
...
Würdest du mich bitte ent-schuldigen?
Mist! Bei der nächsten Gelegen-heit aber!
Da bin ich!
He was surprised and influenced by the professor. He made up his mind to sing for people in need.
»I realized music has a power to bring people together. Those words shaped me into who I am today.«

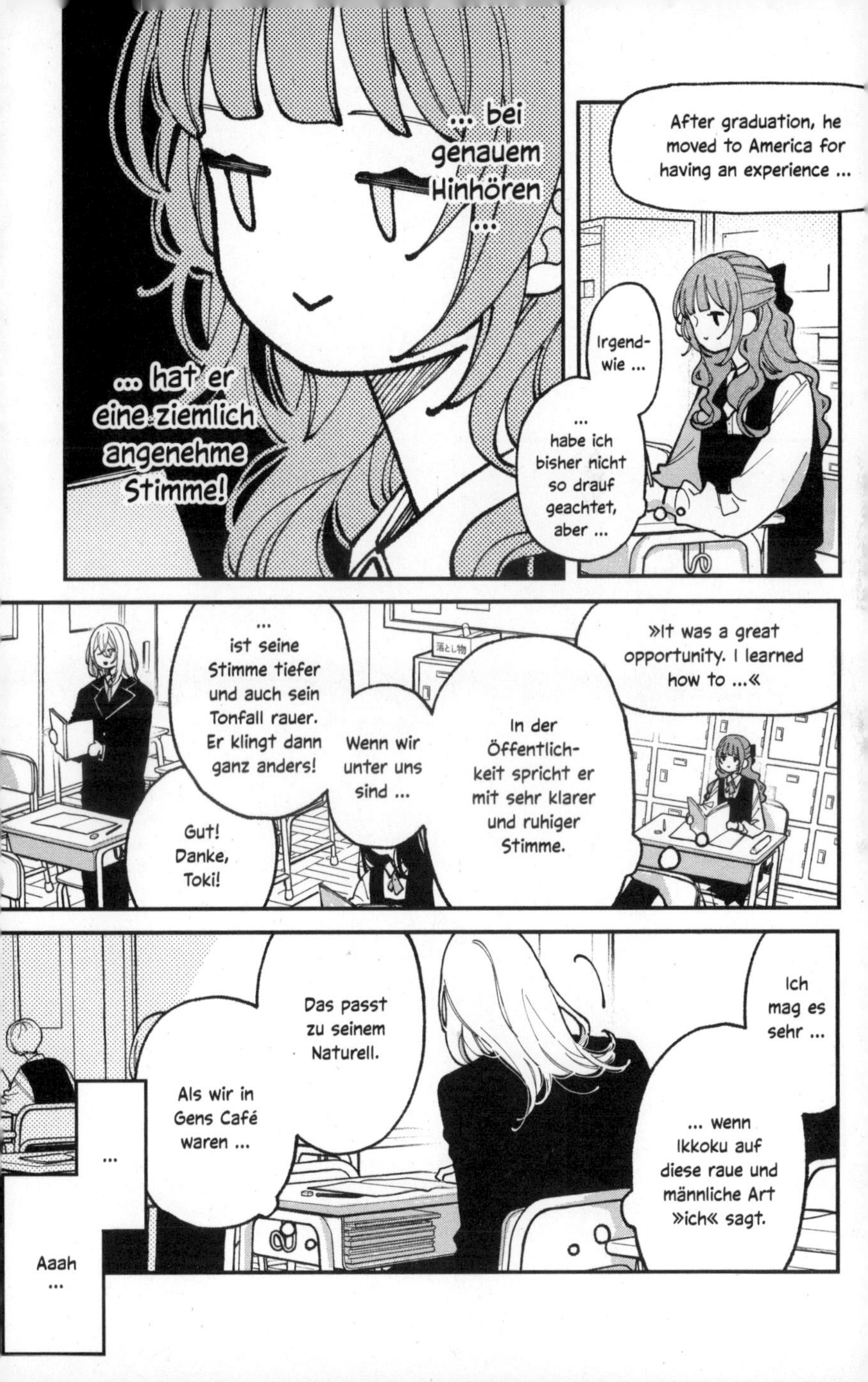
After graduation, he moved to America for having an experience ...
Irgend-wie ...
... habe ich bisher nicht so drauf geachtet, aber ...
... bei genauem Hinhören ...
... hat er eine ziemlich angenehme Stimme!
»It was a great opportunity. I learned how to ...«
落とし物
In der Öffentlichkeit spricht er mit sehr klarer und ruhiger Stimme.
Wenn wir unter uns sind ...
... ist seine Stimme tiefer und auch sein Tonfall rauer. Er klingt dann ganz anders!
Gut! Danke, Toki!
Ich mag es sehr ...
... wenn Ikkoku auf diese raue und männliche Art »ich« sagt.
Das passt zu seinem Naturell.
Als wir in Gens Café waren ...
...
Aaah ...

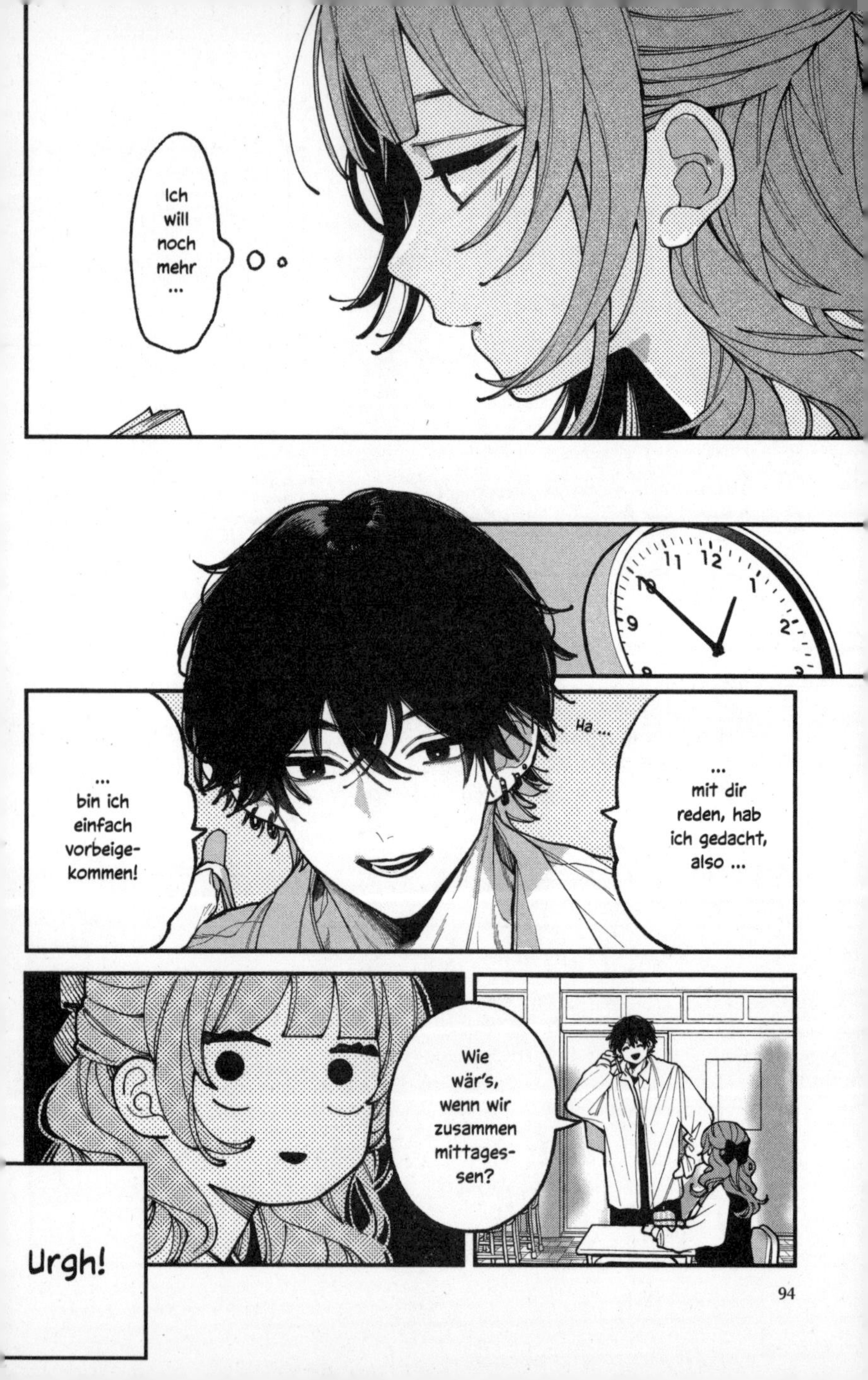
Ich will noch mehr …
Ha …
… mit dir reden, hab ich gedacht, also …
… bin ich einfach vorbeige-kommen!
Wie wär's, wenn wir zusammen mittages-sen?
Urgh!

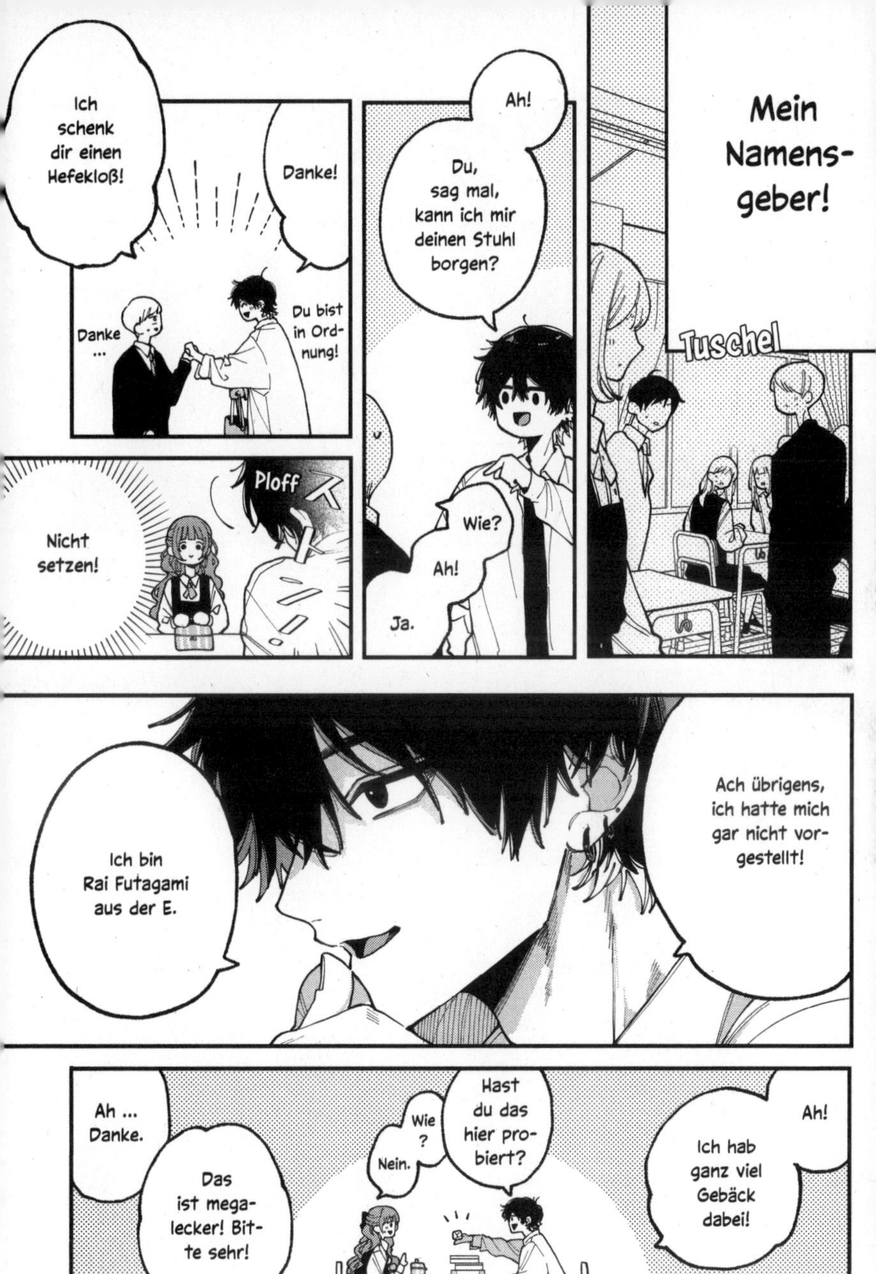
Mein Namensgeber!
Tuschel
Ah!
Du, sag mal, kann ich mir deinen Stuhl borgen?
Wie?
Ah!
Ja.
Danke!
Ich schenk dir einen Hefekloß!
Du bist in Ordnung!
Danke ...
Ploff
Nicht setzen!
Ach übrigens, ich hatte mich gar nicht vorgestellt!
Ich bin Rai Futagami aus der E.
Ah!
Ich hab ganz viel Gebäck dabei!
Hast du das hier probiert?
Wie?
Nein.
Das ist mega-lecker! Bitte sehr!
Ah ... Danke.

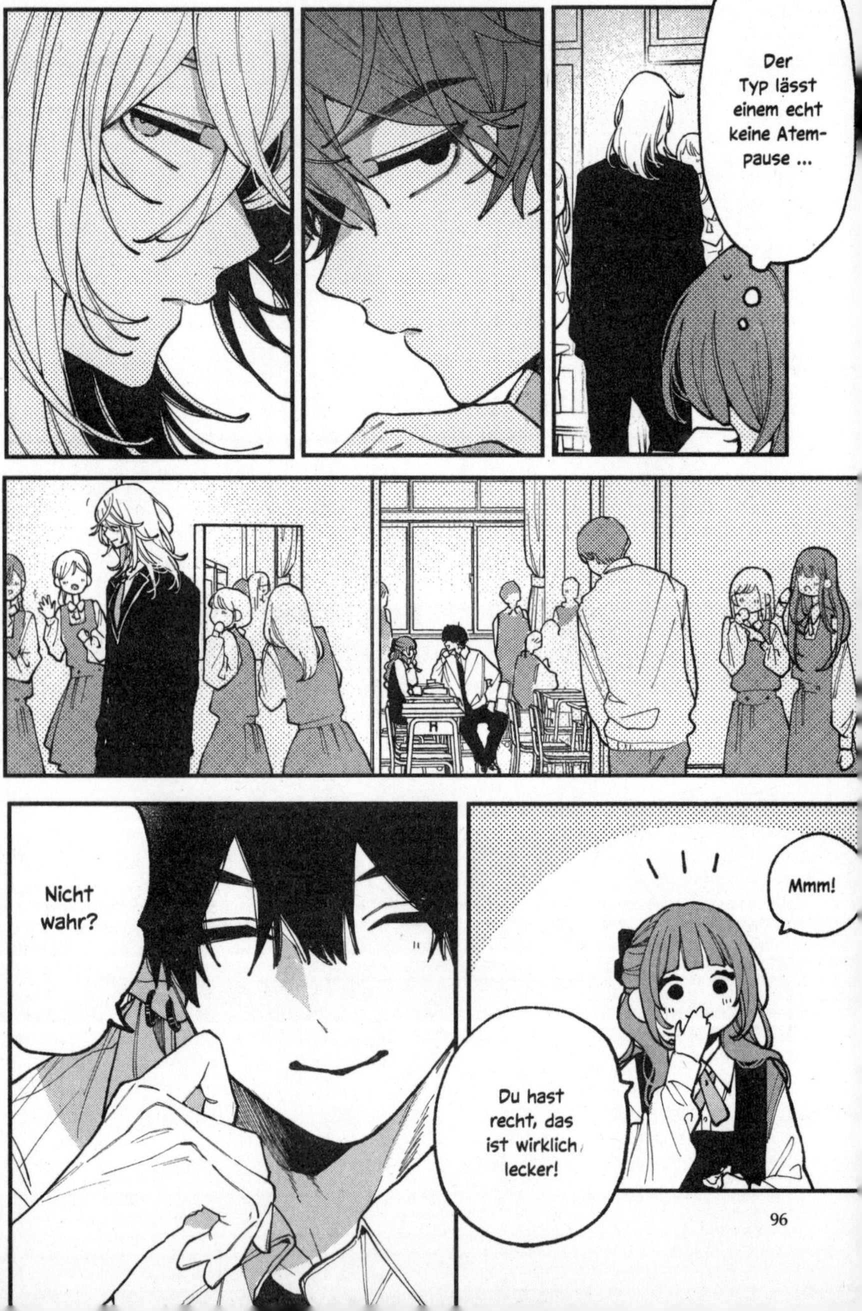
Der Typ lässt einem echt keine Atem-pause ...
Mmm!
Du hast recht, das ist wirklich lecker!
Nicht wahr?

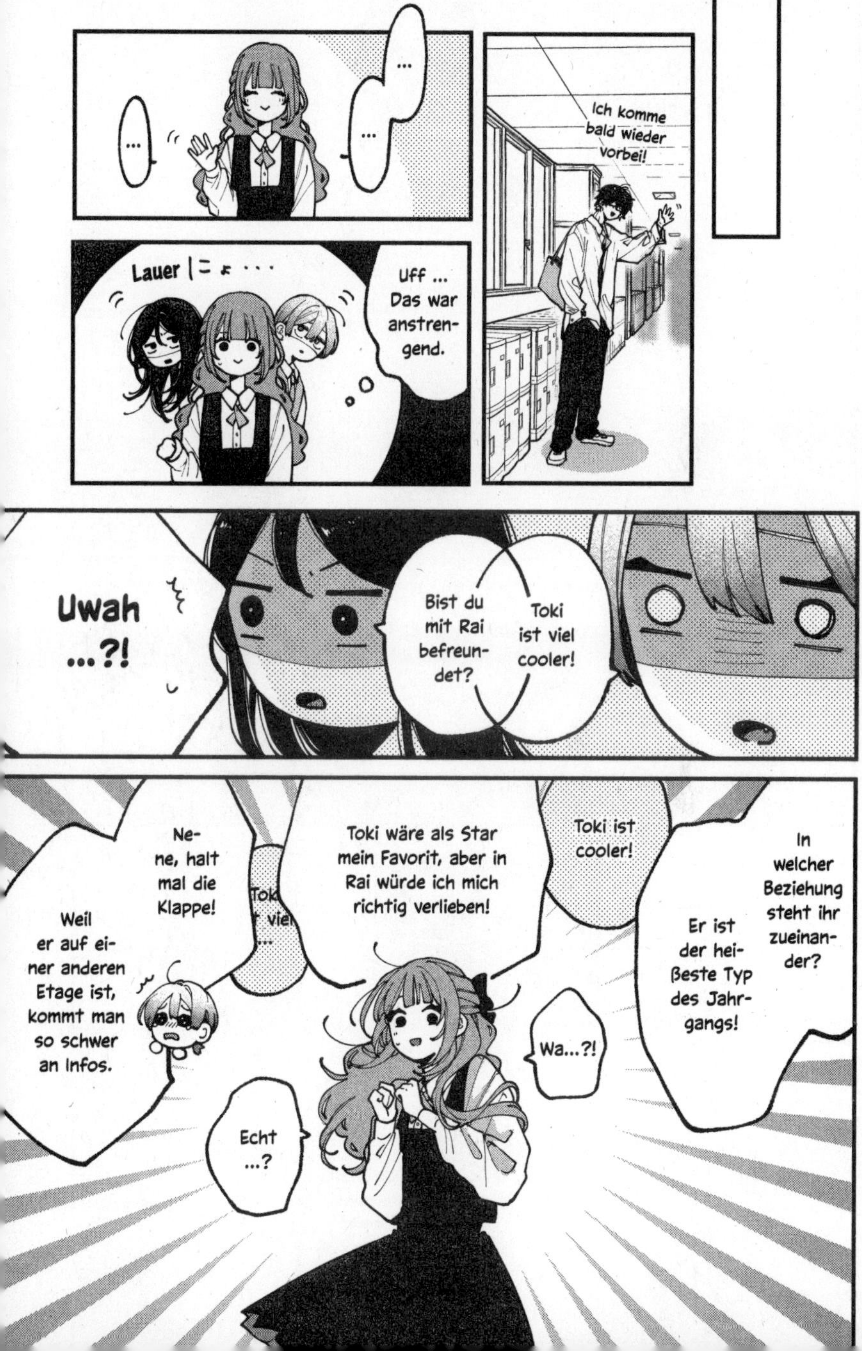
Ich komme bald wieder vorbei!
...
...
...
Uff ... Das war anstrengend.
Lauer
Toki ist viel cooler!
Bist du mit Rai befreundet?
Uwah ...?!
In welcher Beziehung steht ihr zueinander?
Er ist der heißeste Typ des Jahrgangs!
Toki ist cooler!
Toki wäre als Star mein Favorit, aber in Rai würde ich mich richtig verlieben!
Nene, halt mal die Klappe!
Weil er auf einer anderen Etage ist, kommt man so schwer an Infos.
Wa...?!
Echt ...?

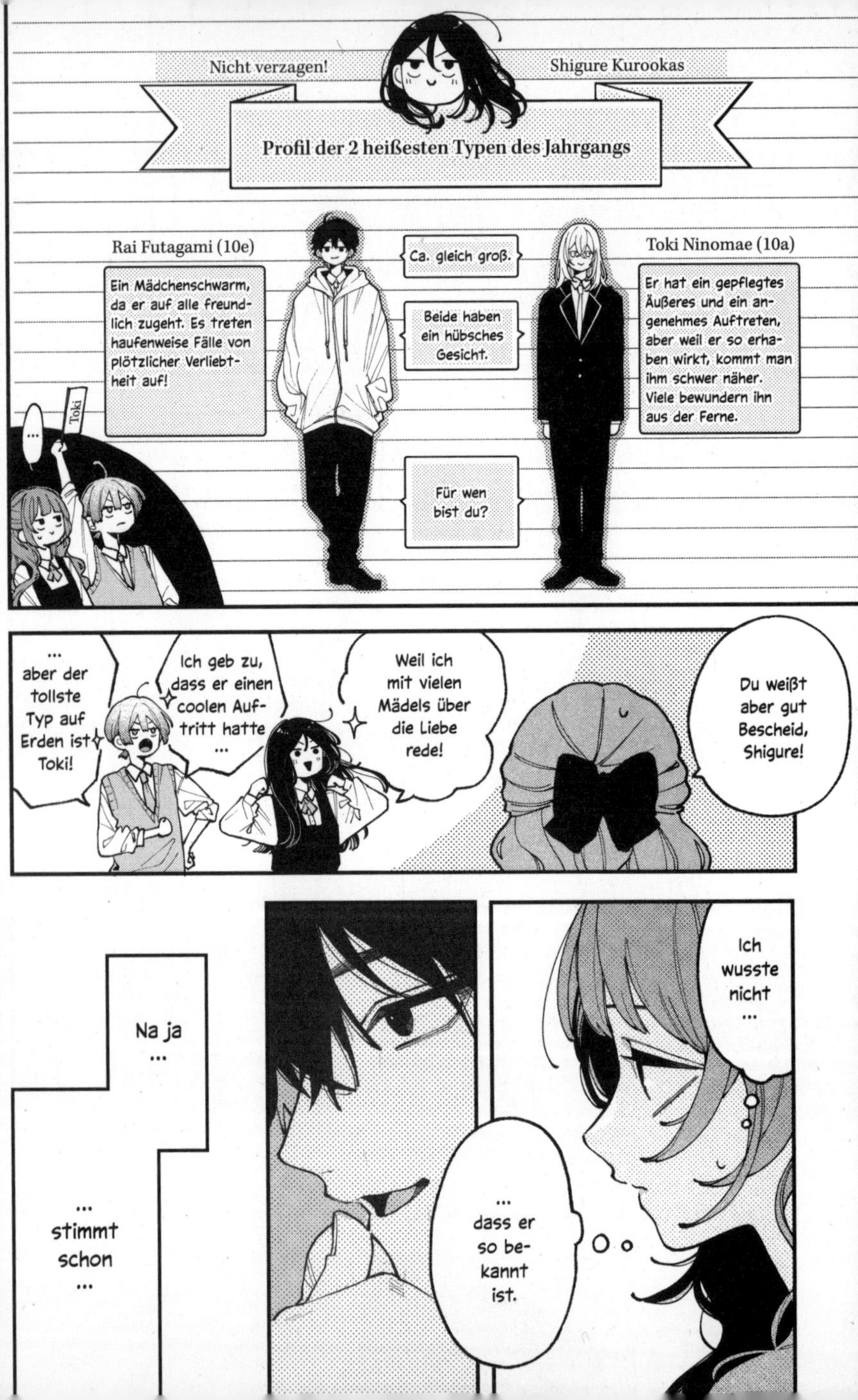
Nicht verzagen!
Shigure Kurookas
Profil der 2 heißesten Typen des Jahrgangs
Toki Ninomae (10a)
Er hat ein gepflegtes Äußeres und ein angenehmes Auftreten, aber weil er so erhaben wirkt, kommt man ihm schwer näher. Viele bewundern ihn aus der Ferne.
Ca. gleich groß.
Beide haben ein hübsches Gesicht.
Für wen bist du?
Rai Futagami (10e)
Ein Mädchenschwarm, da er auf alle freundlich zugeht. Es treten haufenweise Fälle von plötzlicher Verliebtheit auf!
Toki
...
Du weißt aber gut Bescheid, Shigure!
Weil ich mit vielen Mädels über die Liebe rede!
Ich geb zu, dass er einen coolen Auftritt hatte ...
... aber der tollste Typ auf Erden ist Toki!
Ich wusste nicht ...
... dass er so bekannt ist.
Na ja ...
... stimmt schon ...

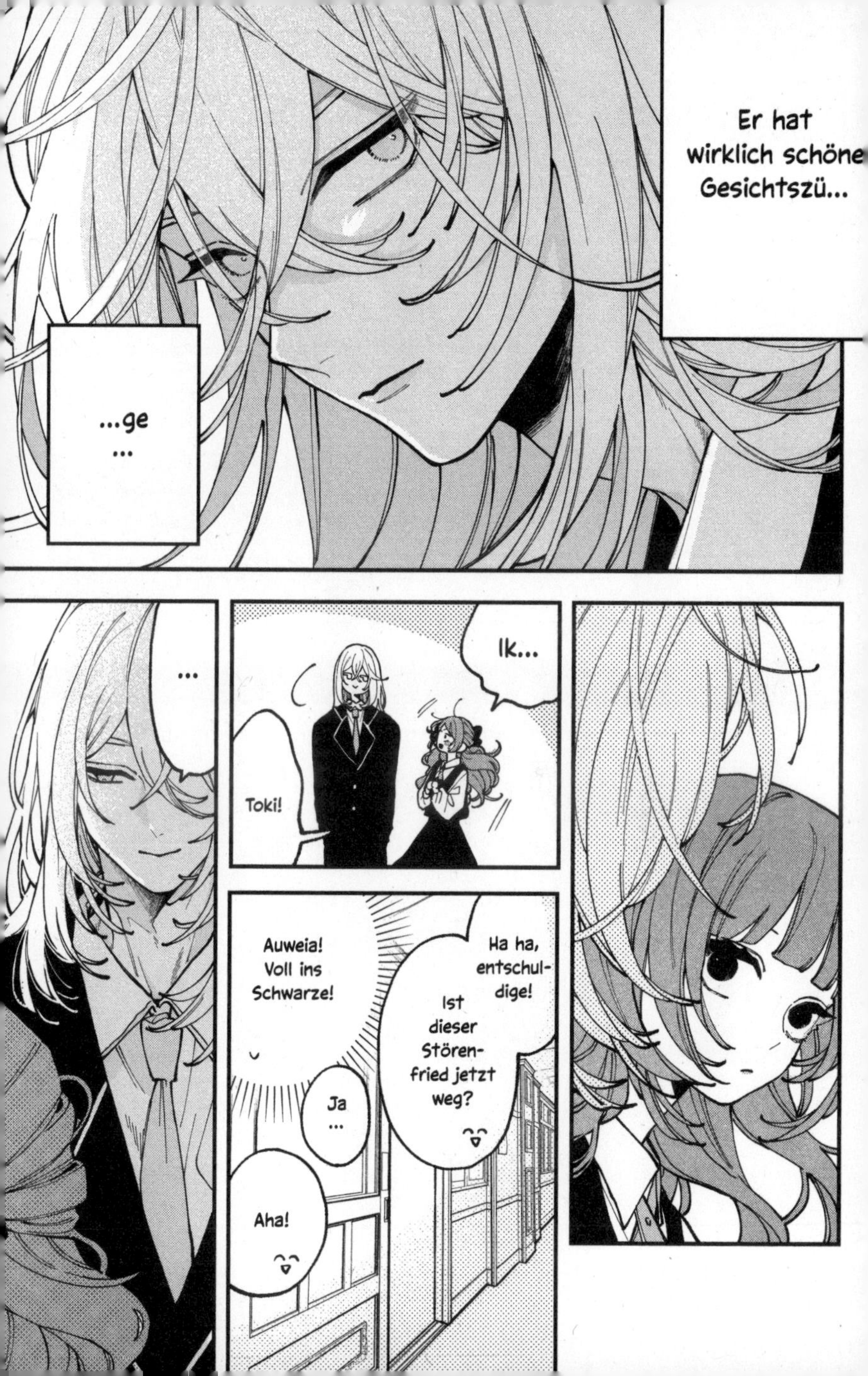

Er hat wirklich schöne Gesichtszü...
...ge ...
Ik...
Toki!
Ha ha, entschul-dige!
Auweia! Voll ins Schwarze!
Ist dieser Stören-fried jetzt weg?
Ja ...
Aha!
...

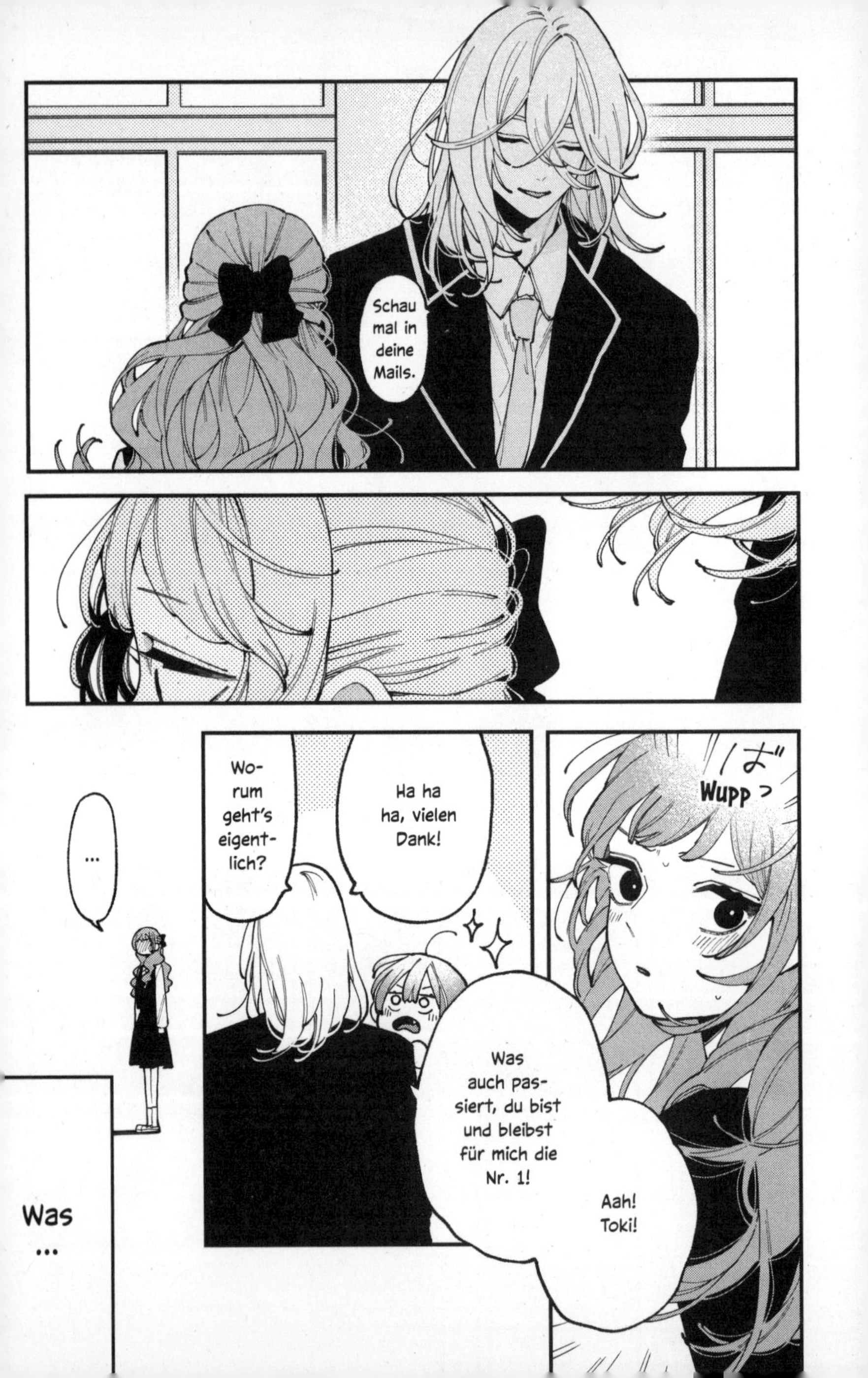
Schau mal in deine Mails.
Wupp
Aah! Toki!
Was auch passiert, du bist und bleibst für mich die Nr. 1!
Ha ha ha, vielen Dank!
Worum geht's eigentlich?
...
Was ...

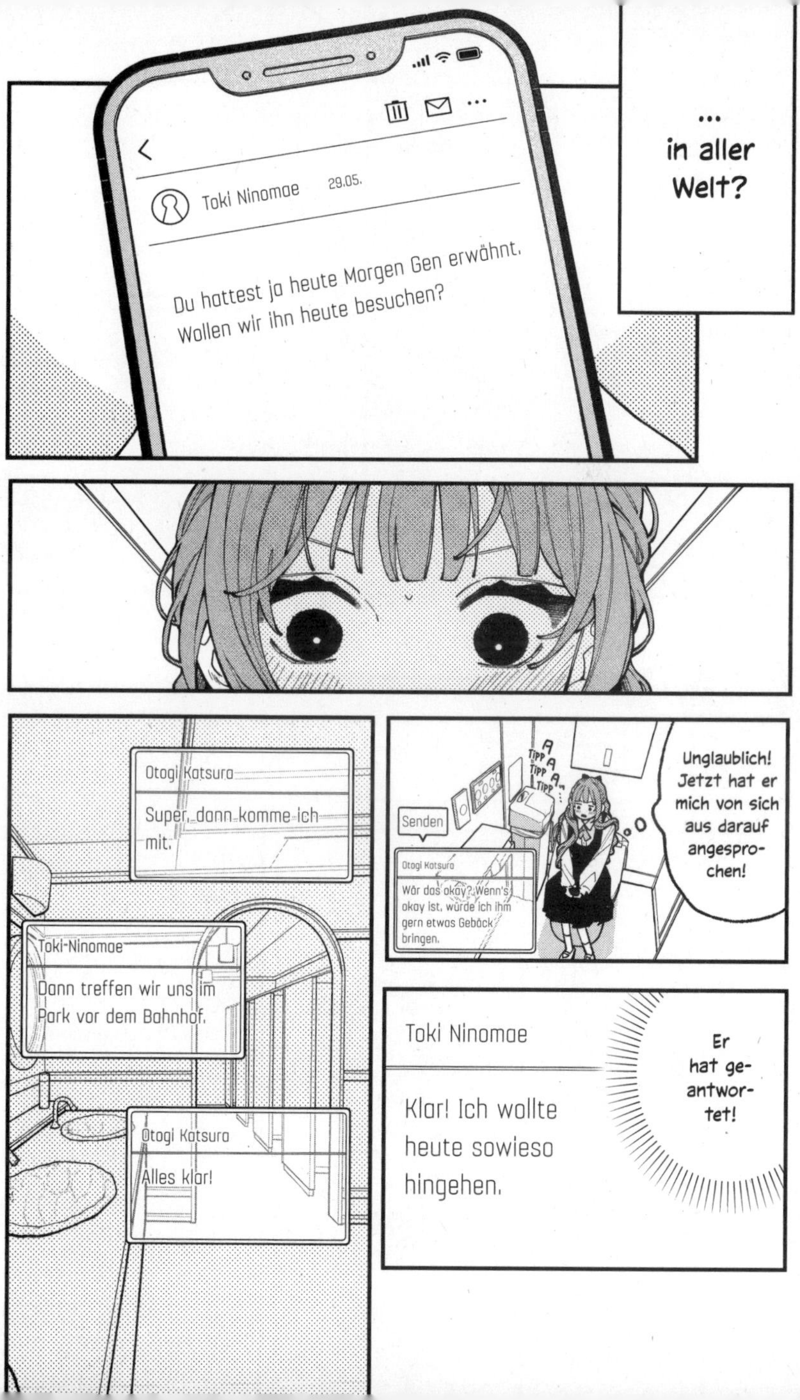

...
in aller Welt?
Toki Ninomae 29.05.
Du hattest ja heute Morgen Gen erwähnt. Wollen wir ihn heute besuchen?
Unglaublich! Jetzt hat er mich von sich aus darauf angesprochen!
TIPP A TIPP A TIPP A...
Senden
Otogi Katsura
Wär das okay? Wenn's okay ist, würde ich ihm gern etwas Gebäck bringen.
Er hat geantwortet!
Toki Ninomae
Klar! Ich wollte heute sowieso hingehen.
Otogi Katsura
Super, dann komme ich mit.
Toki Ninomae
Dann treffen wir uns im Park vor dem Bahnhof.
Otogi Katsura
Alles klar!

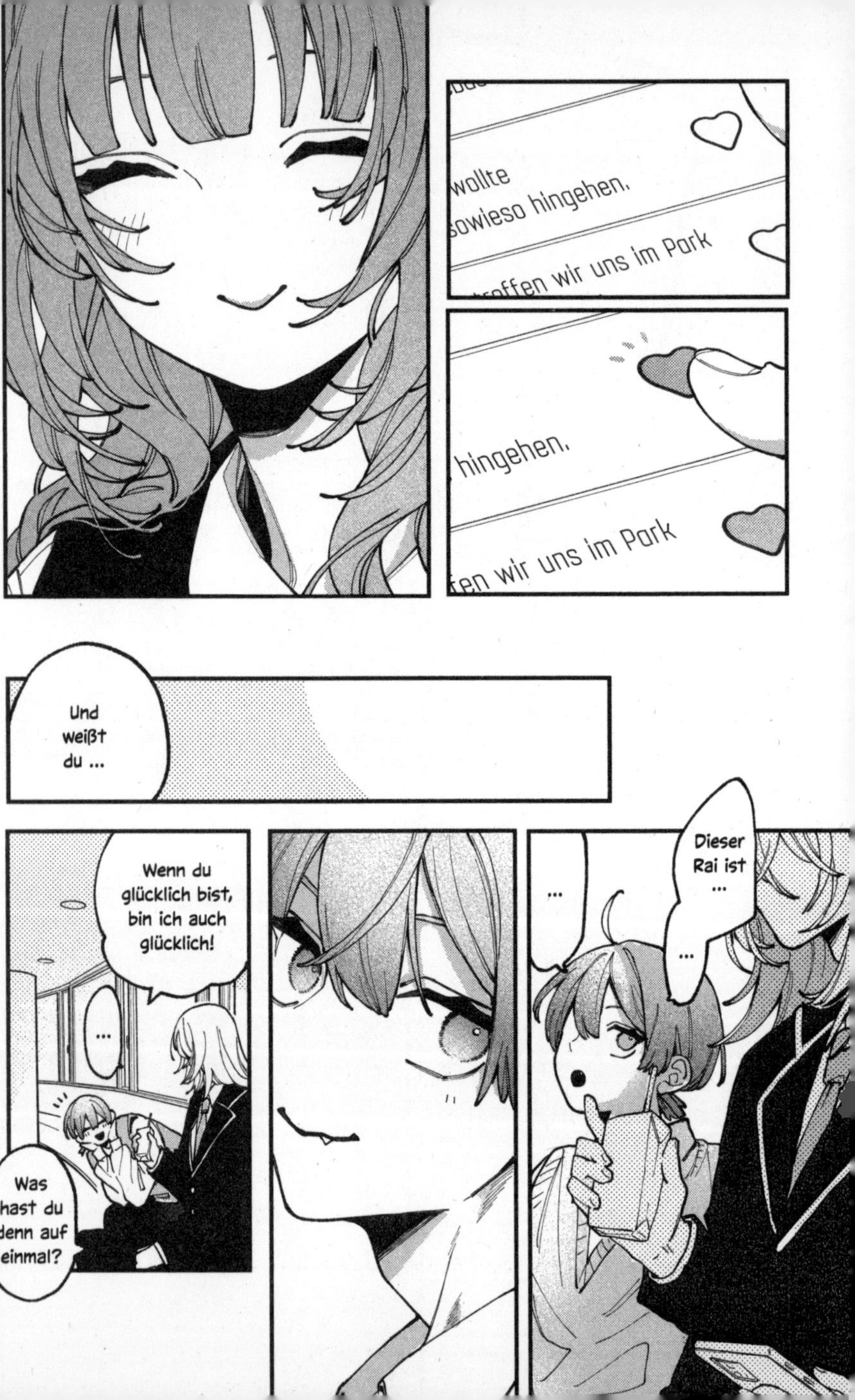

wollte
sowieso hingehen,
wir uns im Park
hingehen,
wir uns im Park
Und weißt du ...
Dieser Rai ist ...
...
...
Wenn du glücklich bist, bin ich auch glücklich!
...
Was hast du denn auf einmal?

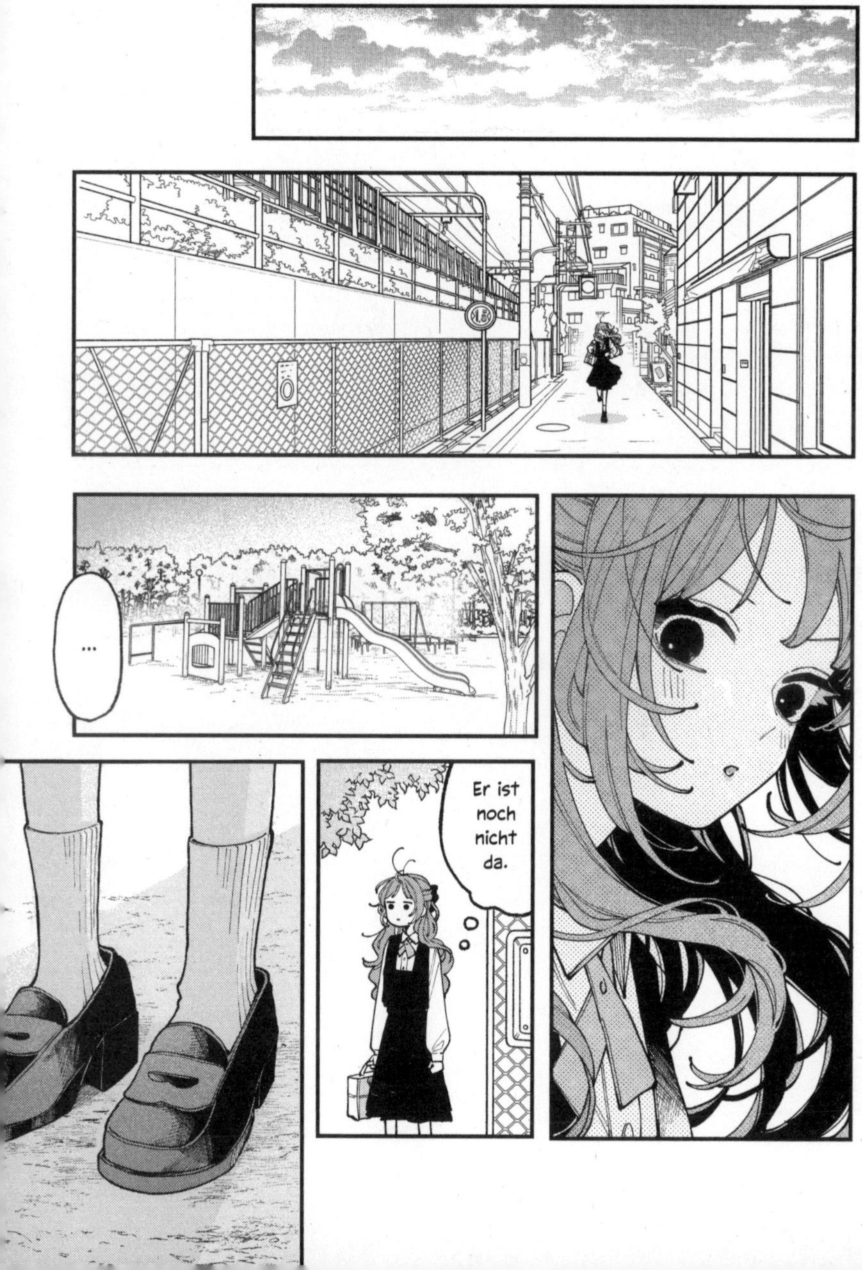

...
Er ist noch nicht da.

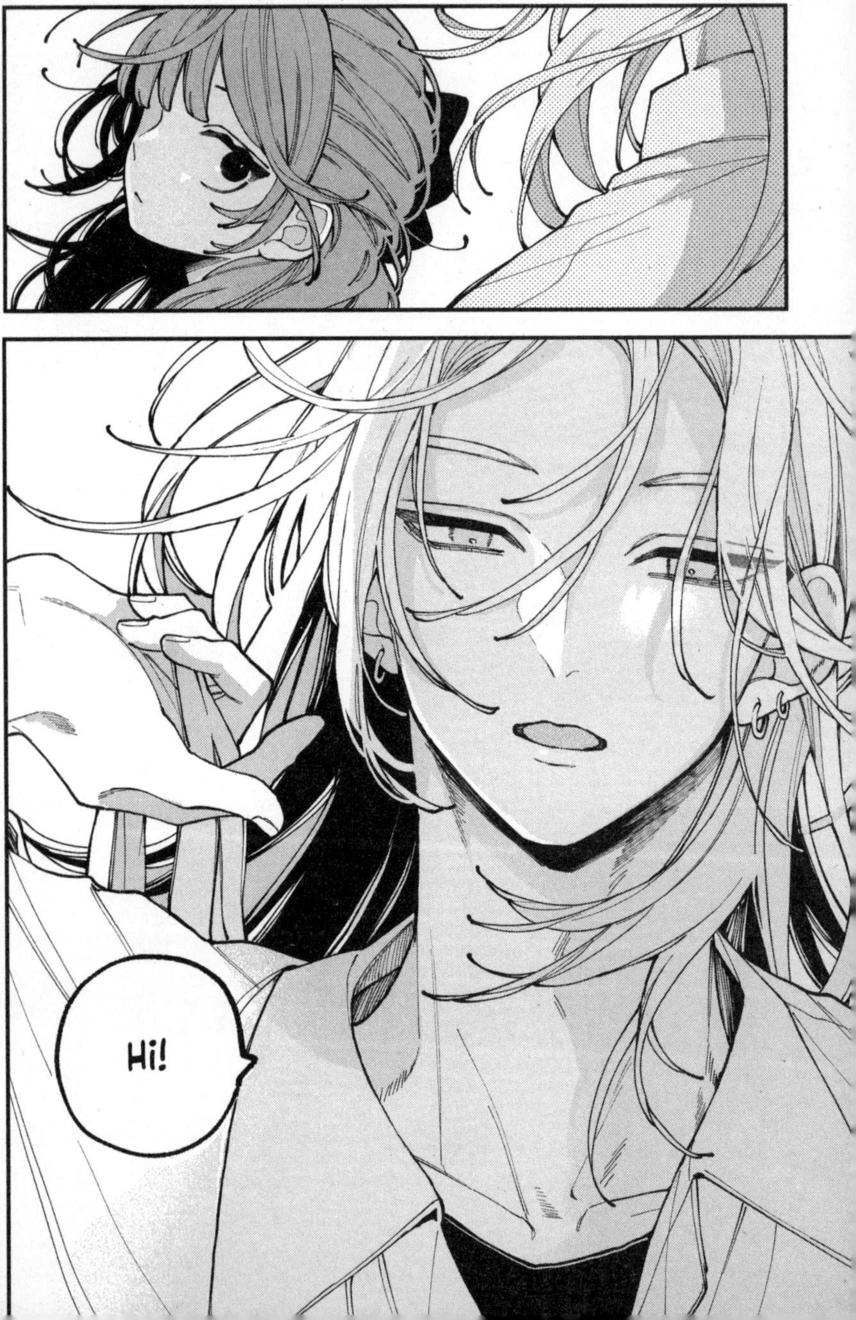
Hi!

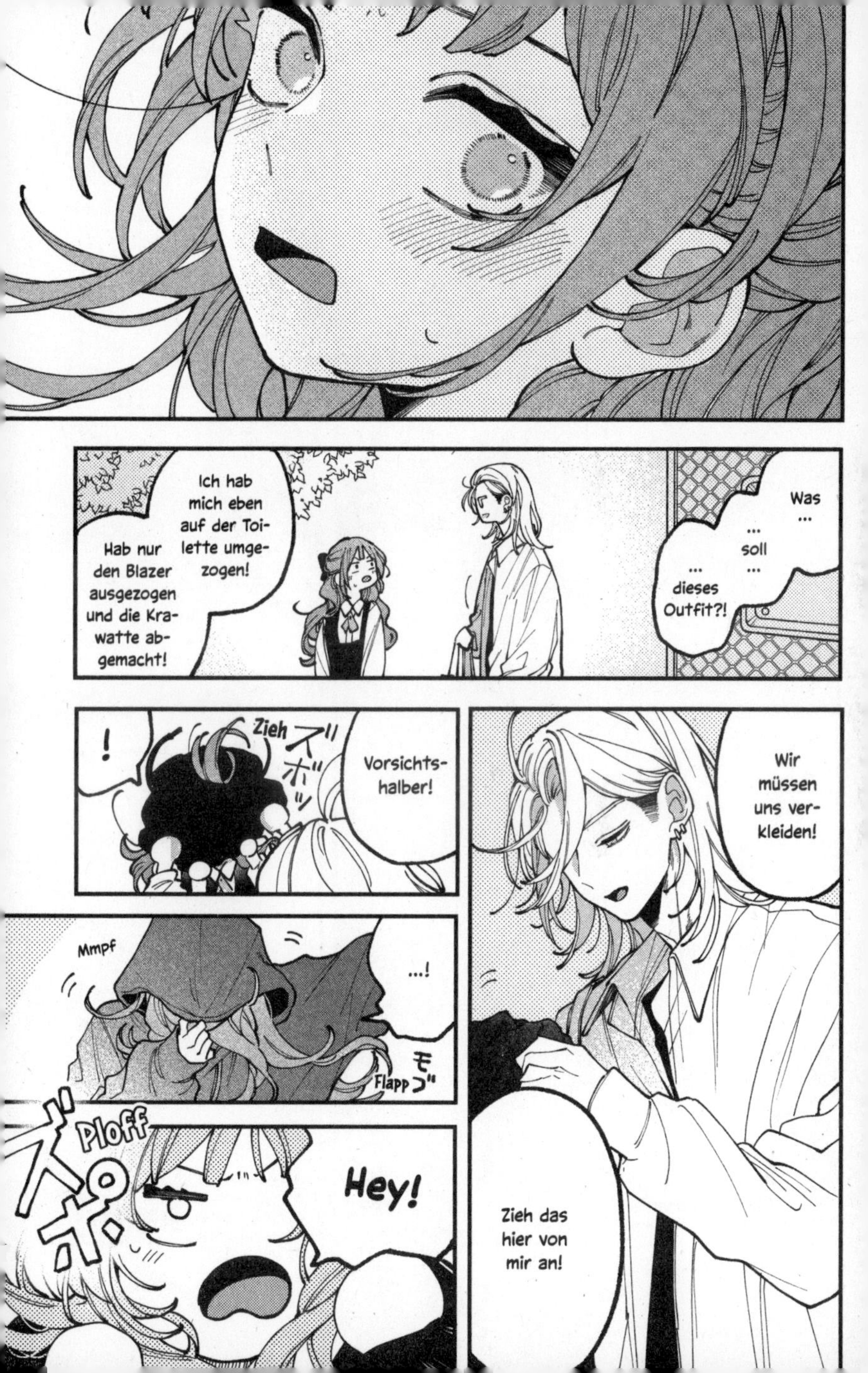

Was ... soll ... dieses Outfit?!
Ich hab mich eben auf der Toilette umgezogen!
Hab nur den Blazer ausgezogen und die Krawatte abgemacht!
Wir müssen uns verkleiden!
Vorsichtshalber!
Zieh
!
...!
Mmpf
Flapp
Zieh das hier von mir an!
Hey!
Ploff

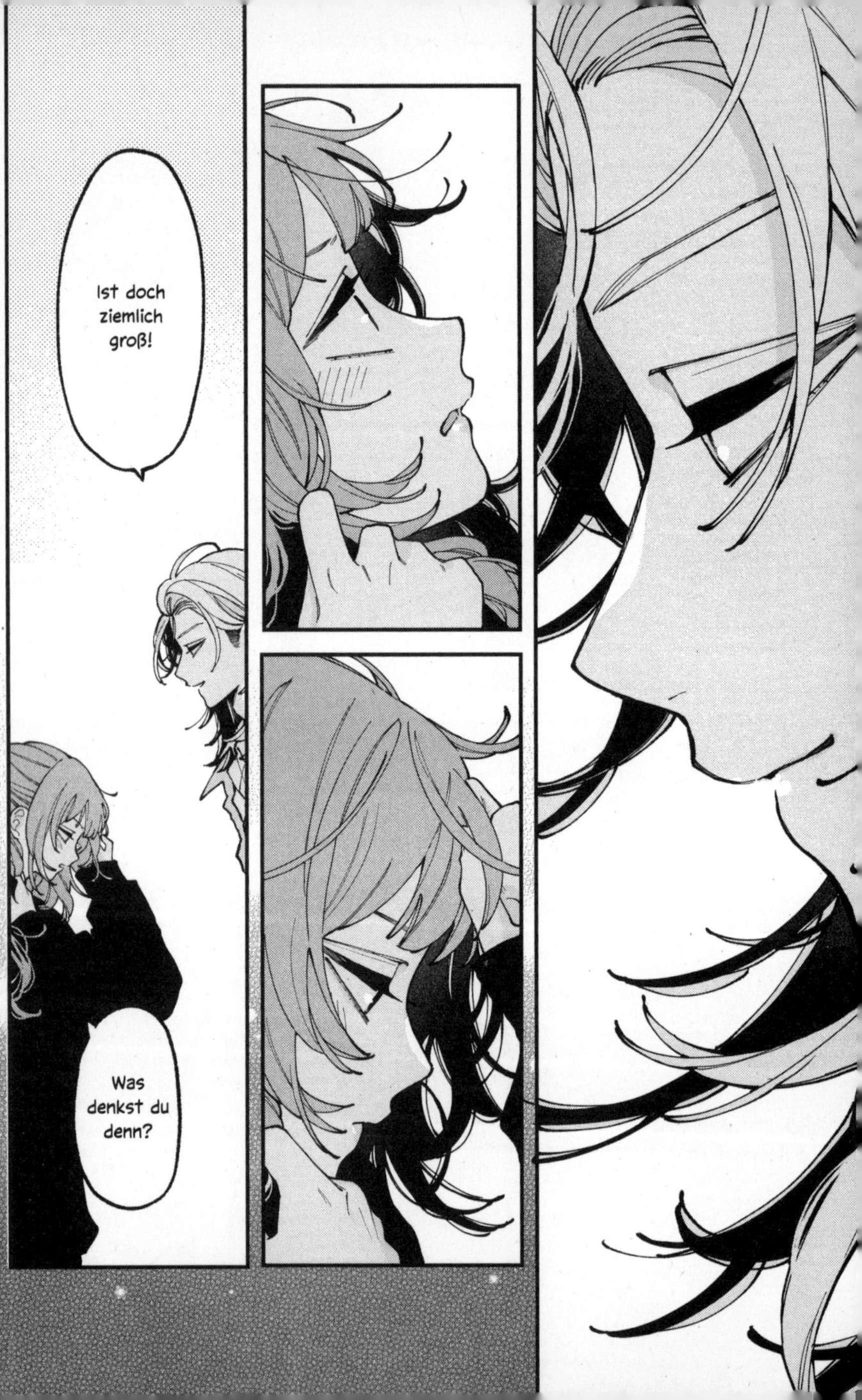
Ist doch ziemlich groß!
Was denkst du denn?

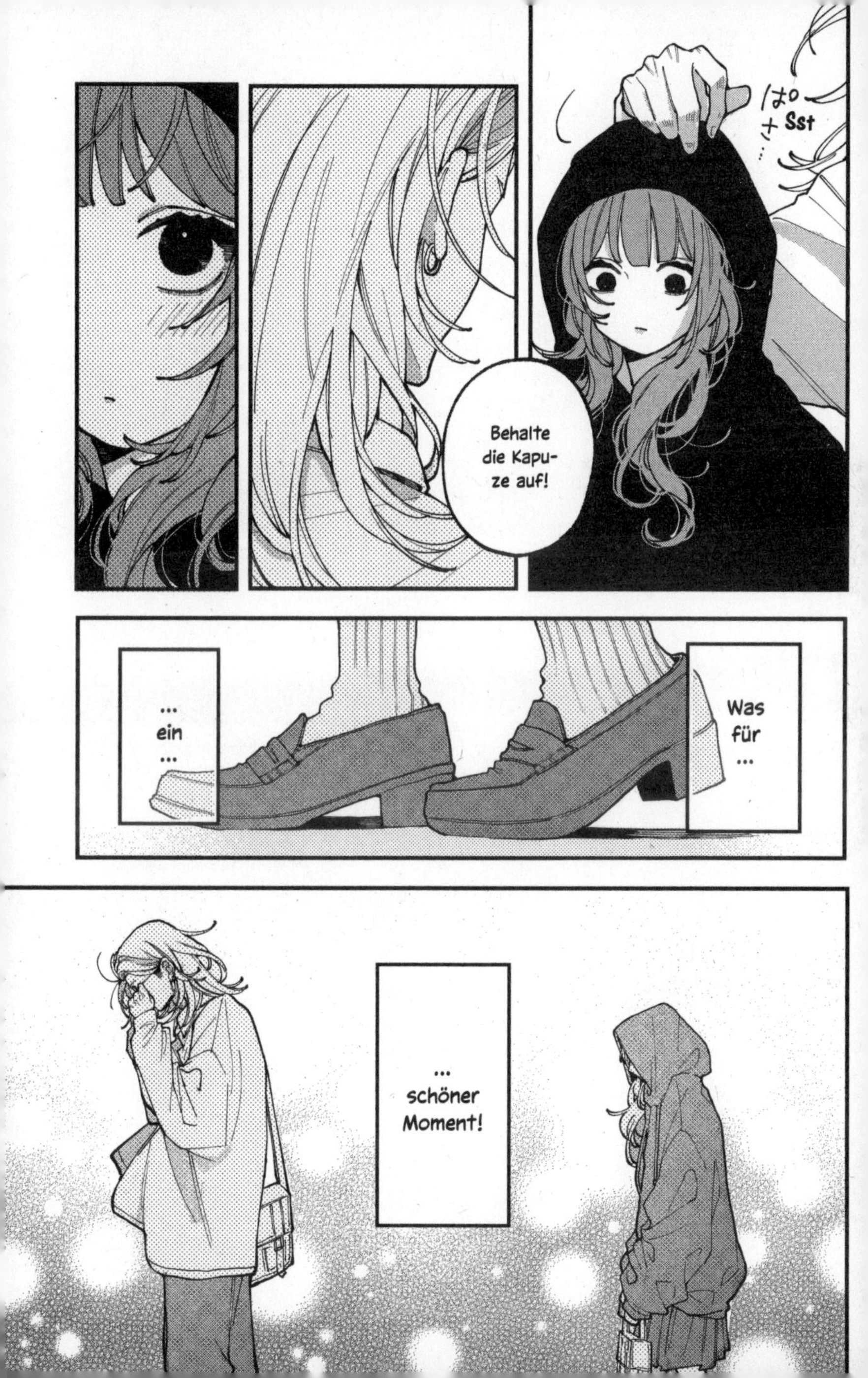

ぱさ…
Sst
Behalte die Kapuze auf!
Was für ...
... ein ...
... schöner Moment!

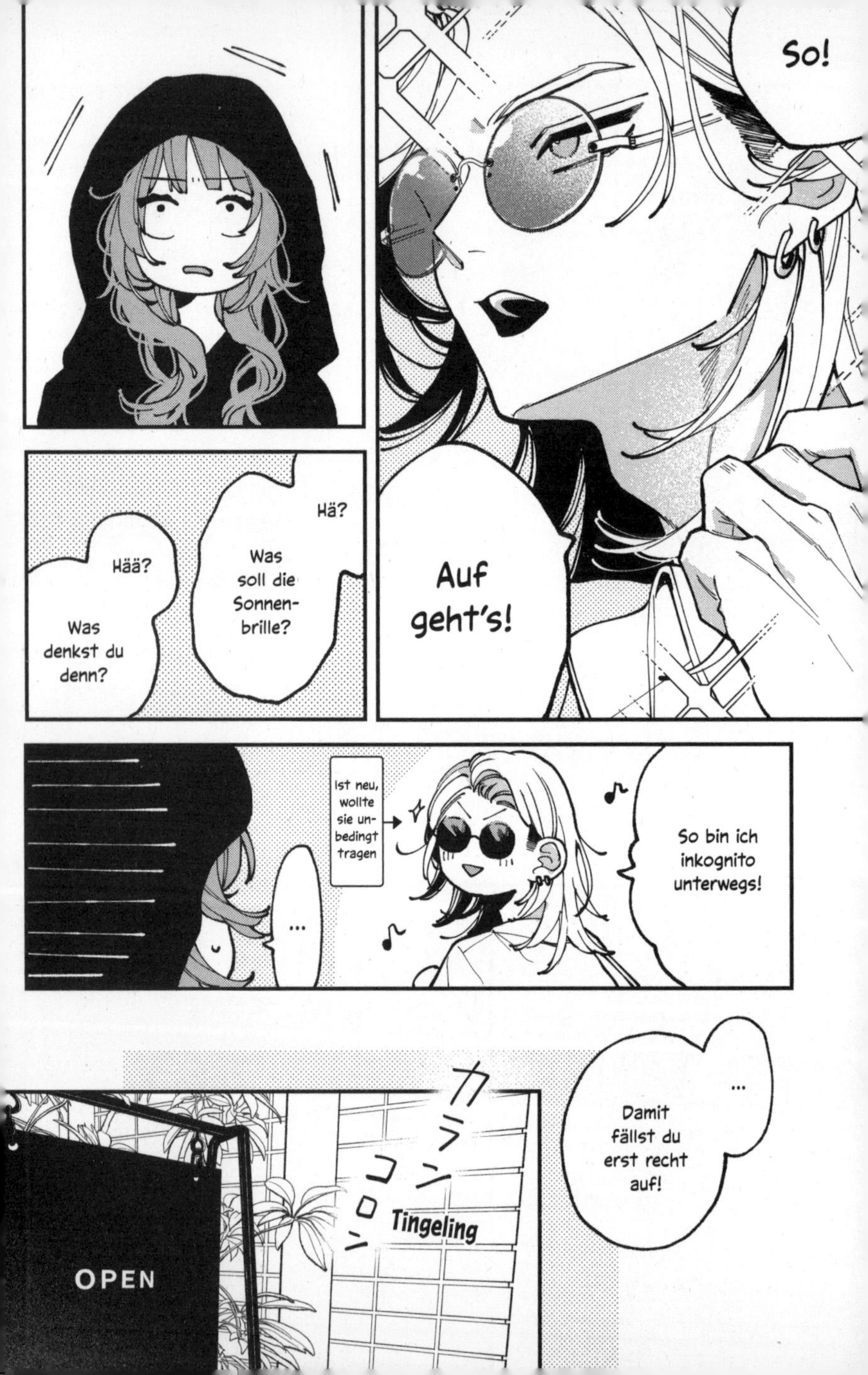

So!
Auf geht's!
Hä? Was soll die Sonnenbrille?
Häää? Was denkst du denn?
So bin ich inkognito unterwegs!
Ist neu, wollte sie unbedingt tragen
...
... Damit fällst du erst recht auf!
カランコロン
Tingeling
OPEN

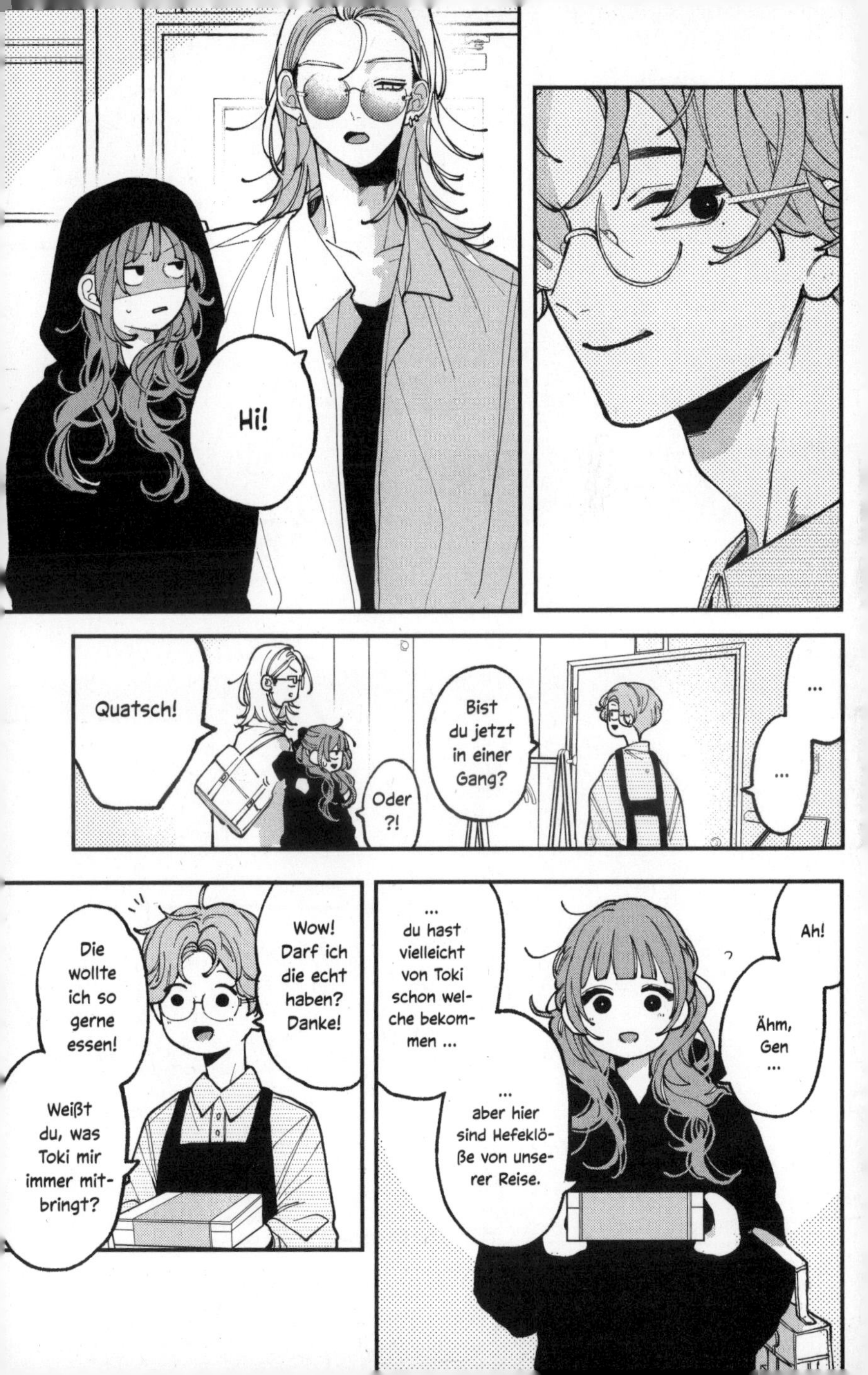
Hi!
... ...
Bist du jetzt in einer Gang?
Oder ?!
Quatsch!
Ah!
Ähm, Gen ...
... du hast vielleicht von Toki schon welche bekommen ...
... aber hier sind Hefeklöße von unserer Reise.
Wow! Darf ich die echt haben? Danke!
Die wollte ich so gerne essen!
Weißt du, was Toki mir immer mitbringt?

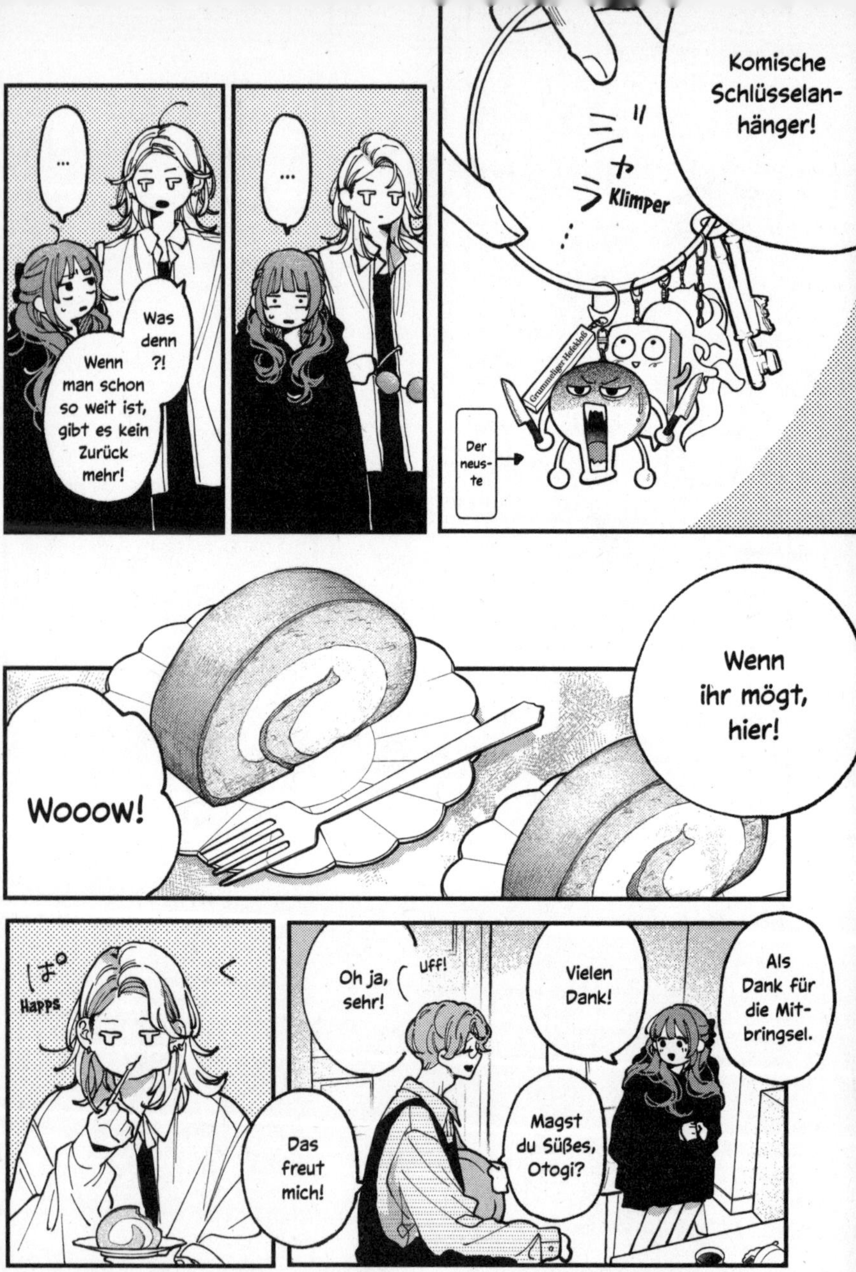
Komische Schlüsselanhänger!
Klimper
Grummeliger Hefekloß
Der neuste
...
...
Was denn ?!
Wenn man schon so weit ist, gibt es kein Zurück mehr!
Wenn ihr mögt, hier!
Wooow!
Als Dank für die Mitbringsel.
Vielen Dank!
Magst du Süßes, Otogi?
Oh ja, sehr!
Uff!
Das freut mich!
Happs

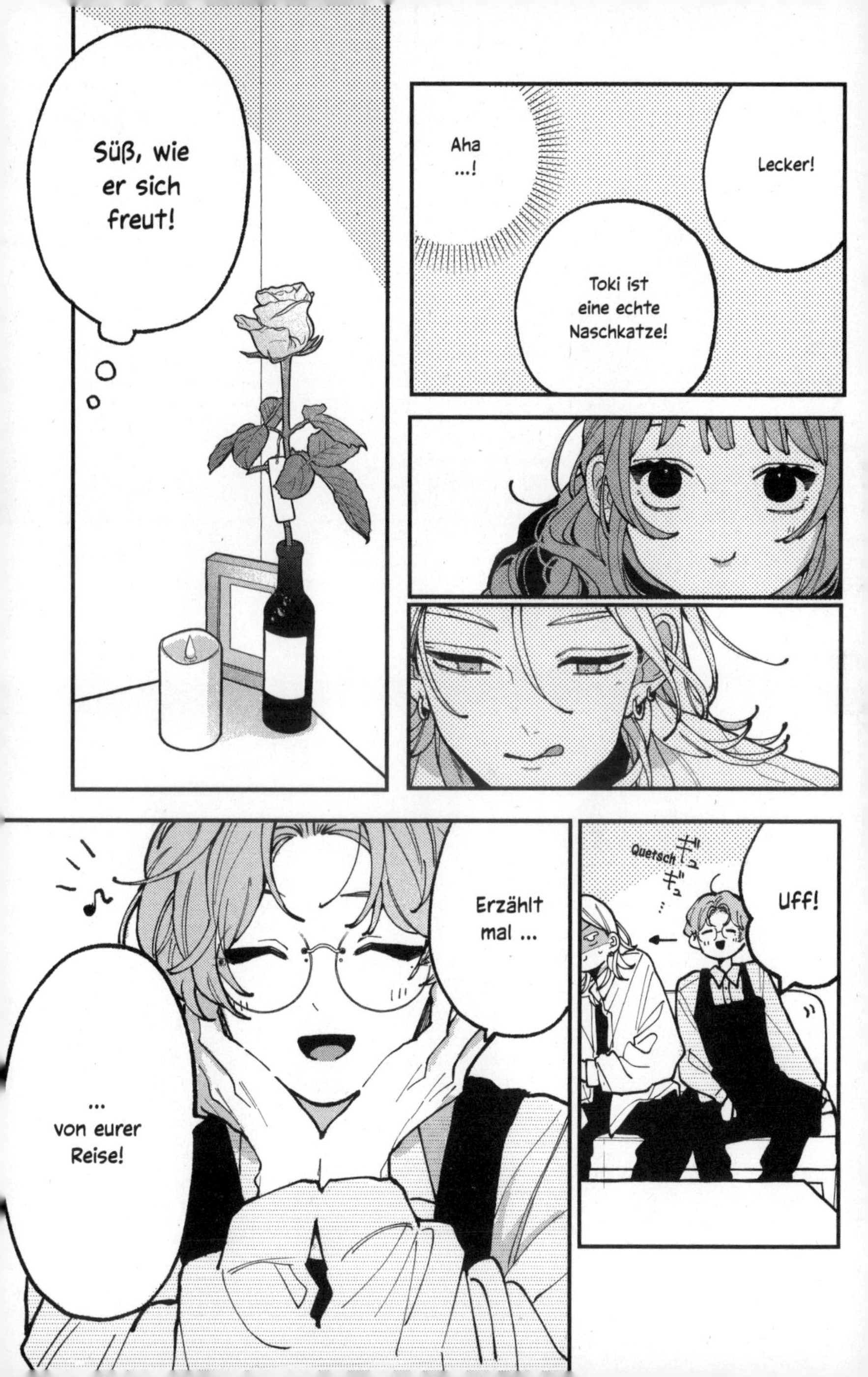
Lecker!
Toki ist eine echte Naschkatze!
Aha ...!
Süß, wie er sich freut!
Uff!
Quetsch
Erzählt mal ...
... von eurer Reise!

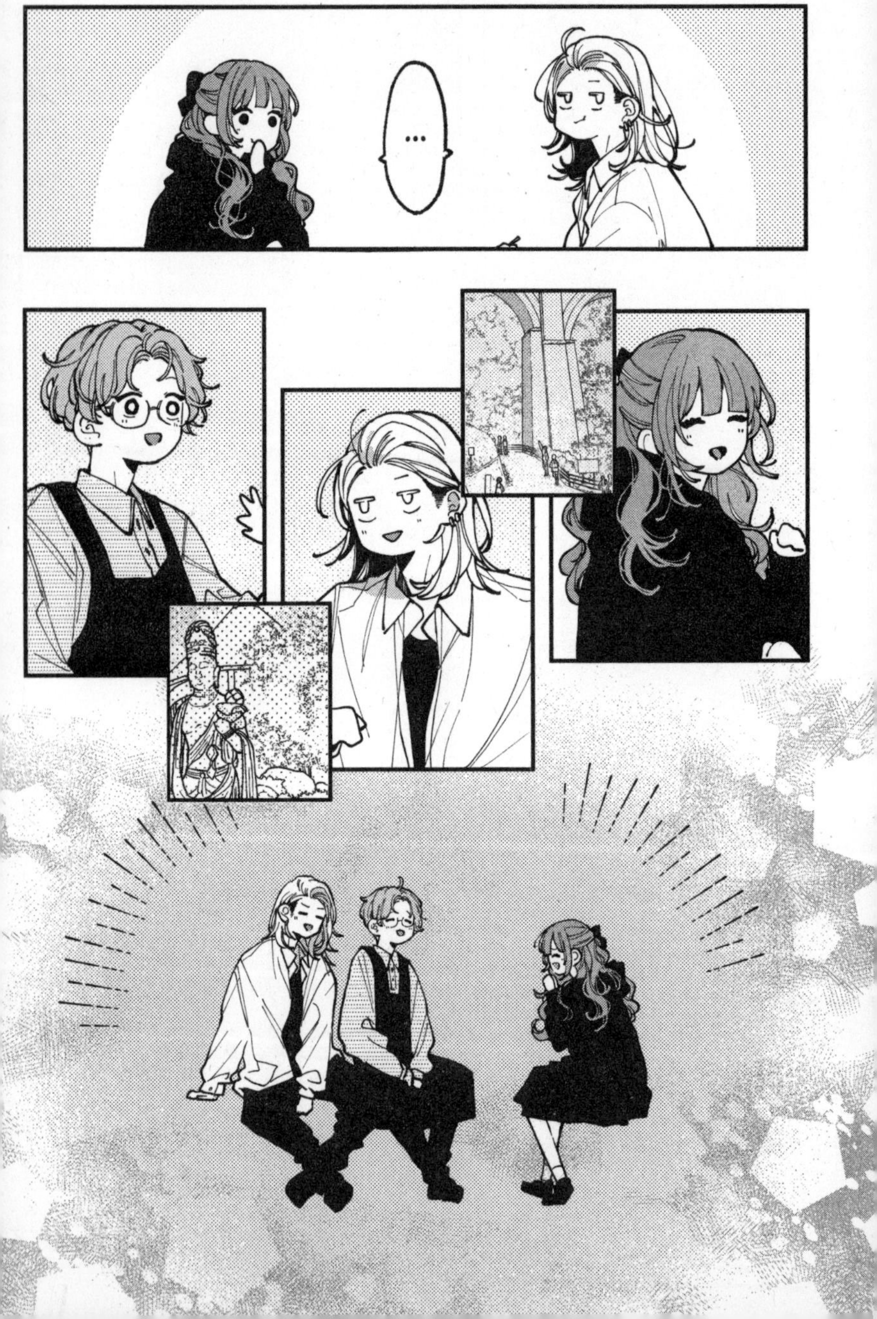

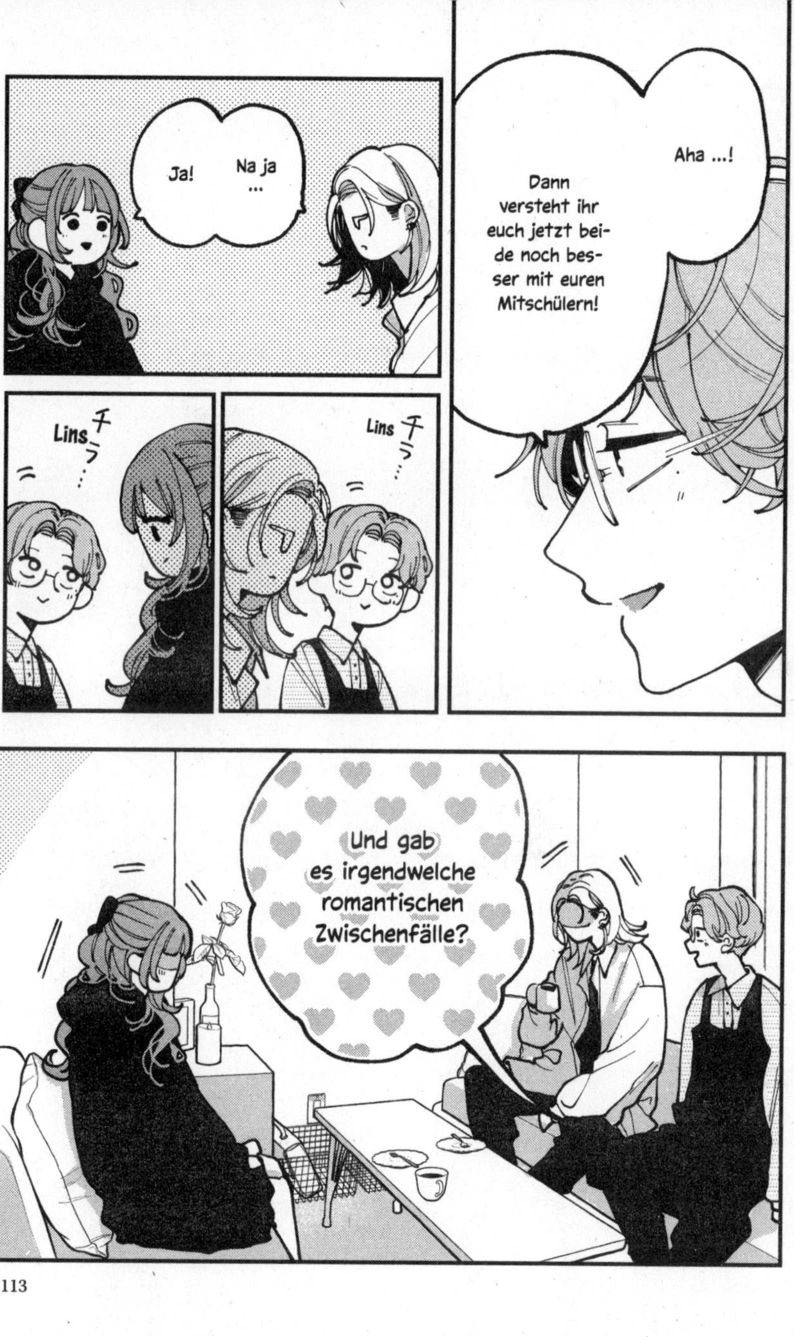
Aha ...!
Dann versteht ihr euch jetzt beide noch besser mit euren Mitschülern!
Na ja ...
Ja!
Lins チラ…
Lins チラ…
Und gab es irgendwelche romantischen Zwischenfälle?

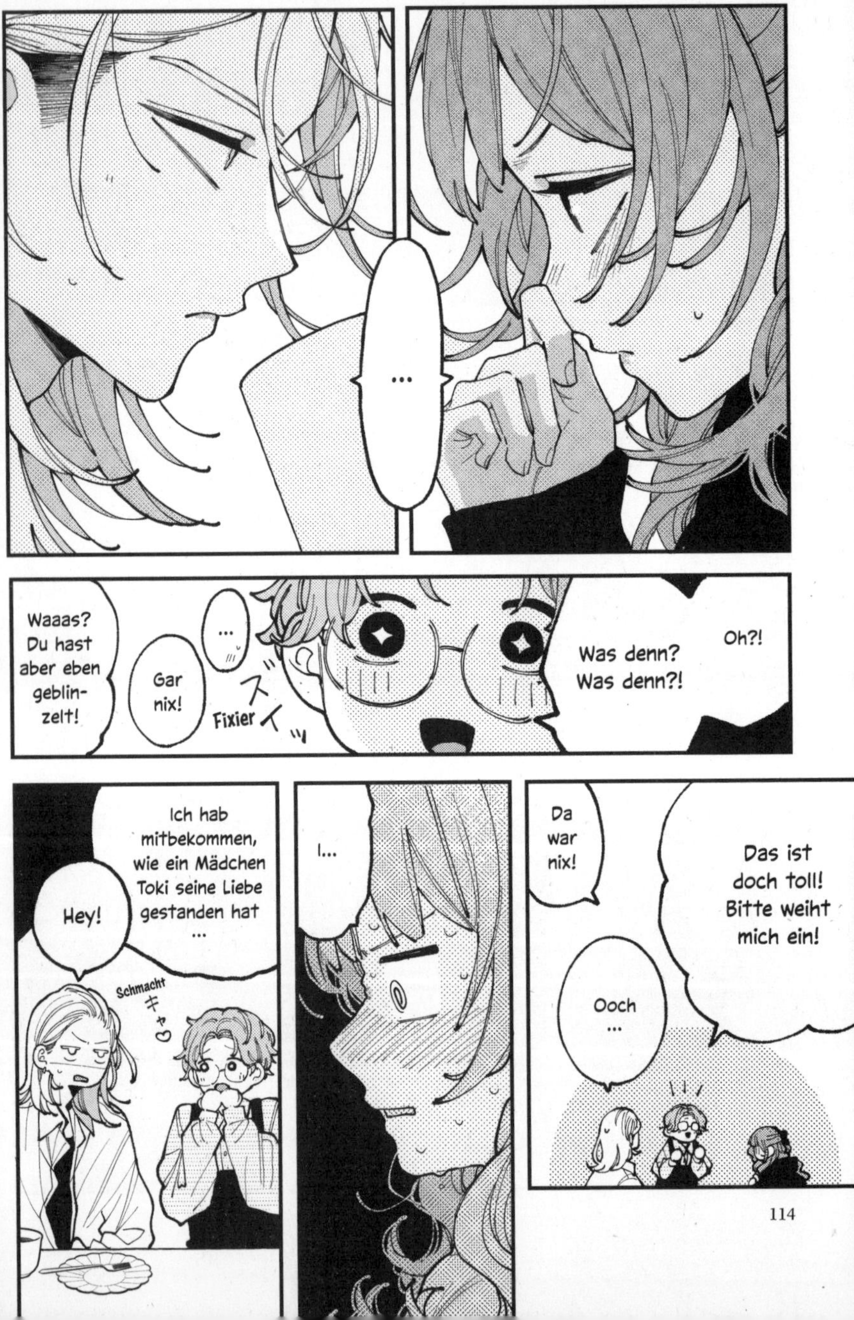
…
Oh?!
Was denn? Was denn?!
Fixier
…
Gar nix!
Waaas? Du hast aber eben geblinzelt!
Das ist doch toll! Bitte weiht mich ein!
Da war nix!
Ooch …
I…
Ich hab mitbekommen, wie ein Mädchen Toki seine Liebe gestanden hat …
Hey!
Schmacht

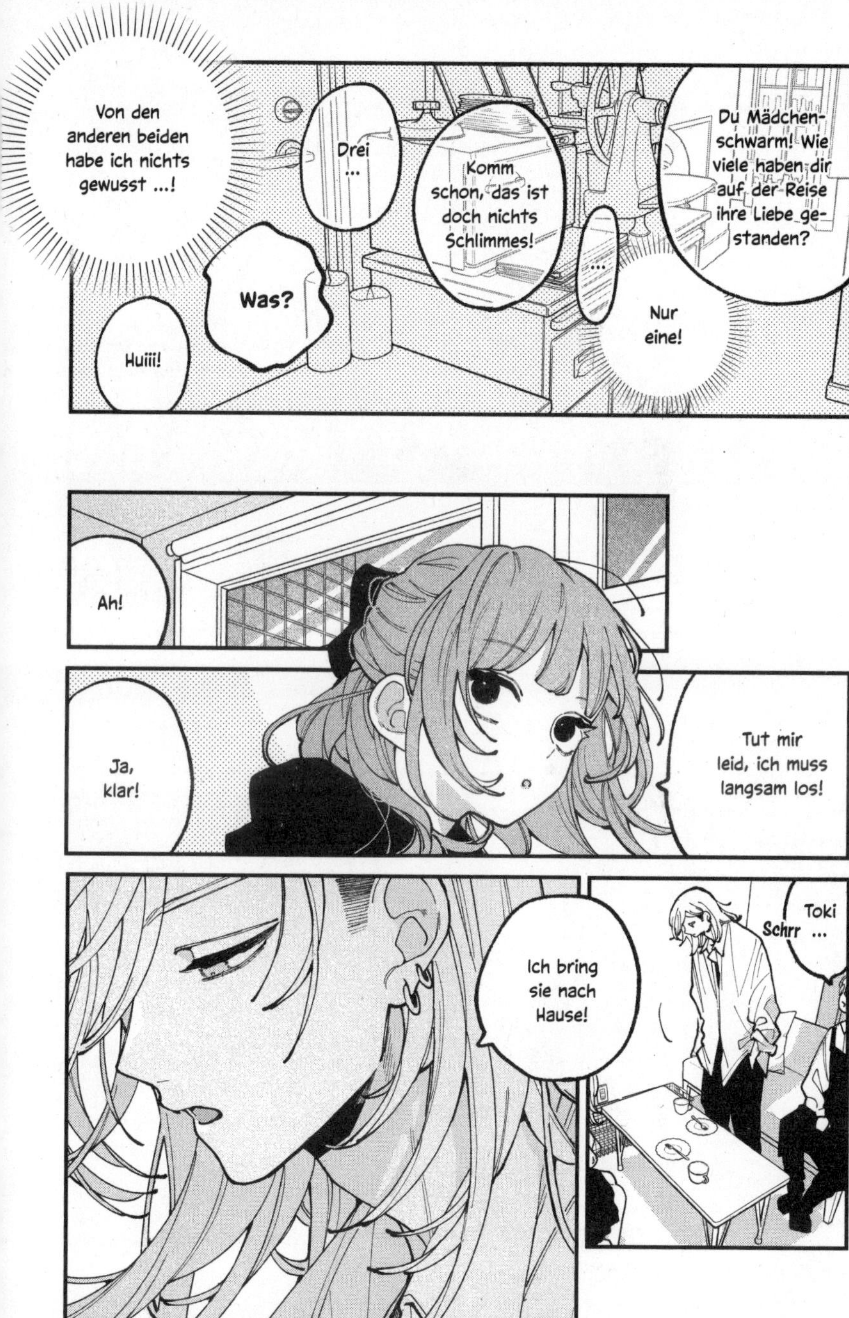
Du Mädchen-schwarm! Wie viele haben dir auf der Reise ihre Liebe ge-standen?
Nur eine!
...
Komm schon, das ist doch nichts Schlimmes!
Drei ...
Was?
Huiii!
Von den anderen beiden habe ich nichts gewusst ...!
Ah!
Tut mir leid, ich muss langsam los!
Ja, klar!
Toki
Schrr ...
Ich bring sie nach Hause!

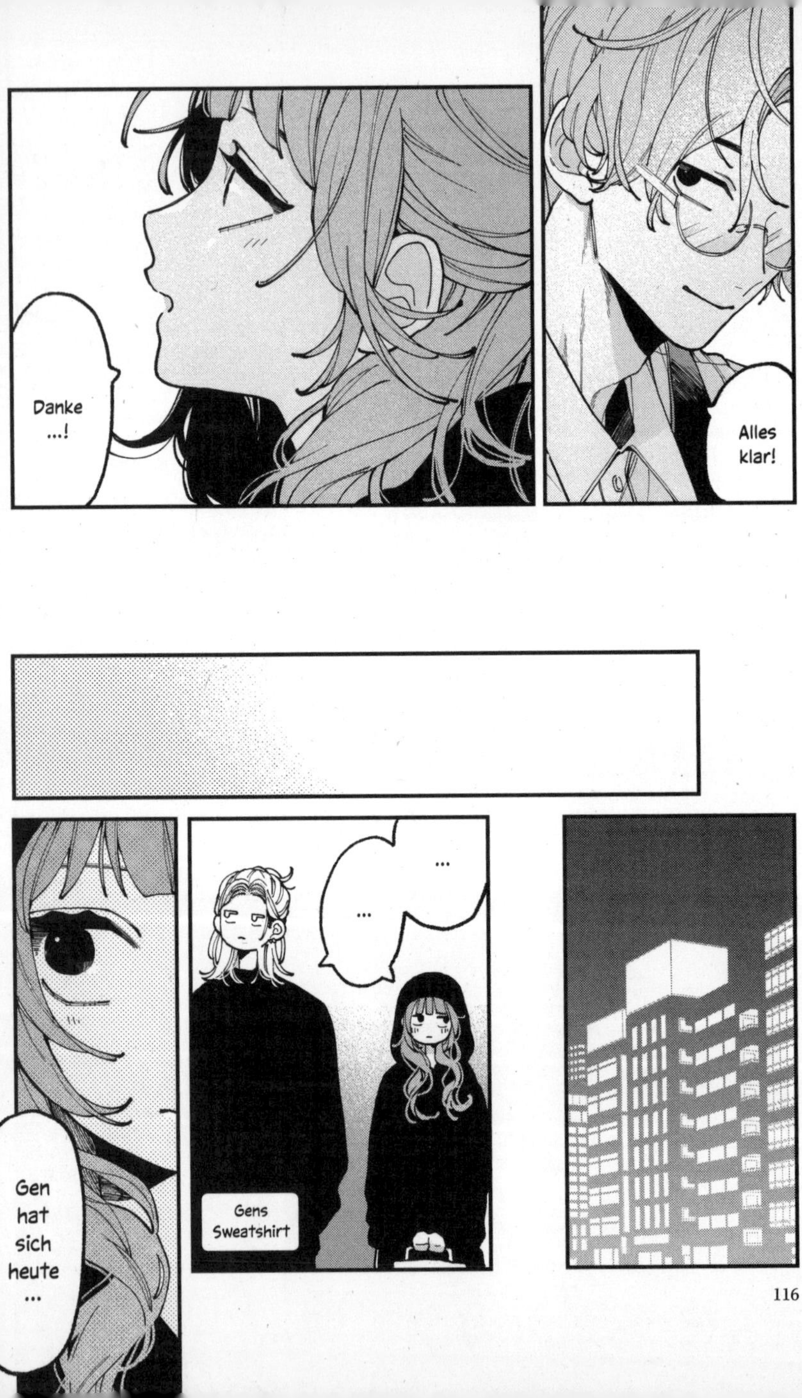

Alles klar!
Danke ...!
...
...
Gens Sweatshirt
Gen hat sich heute ...

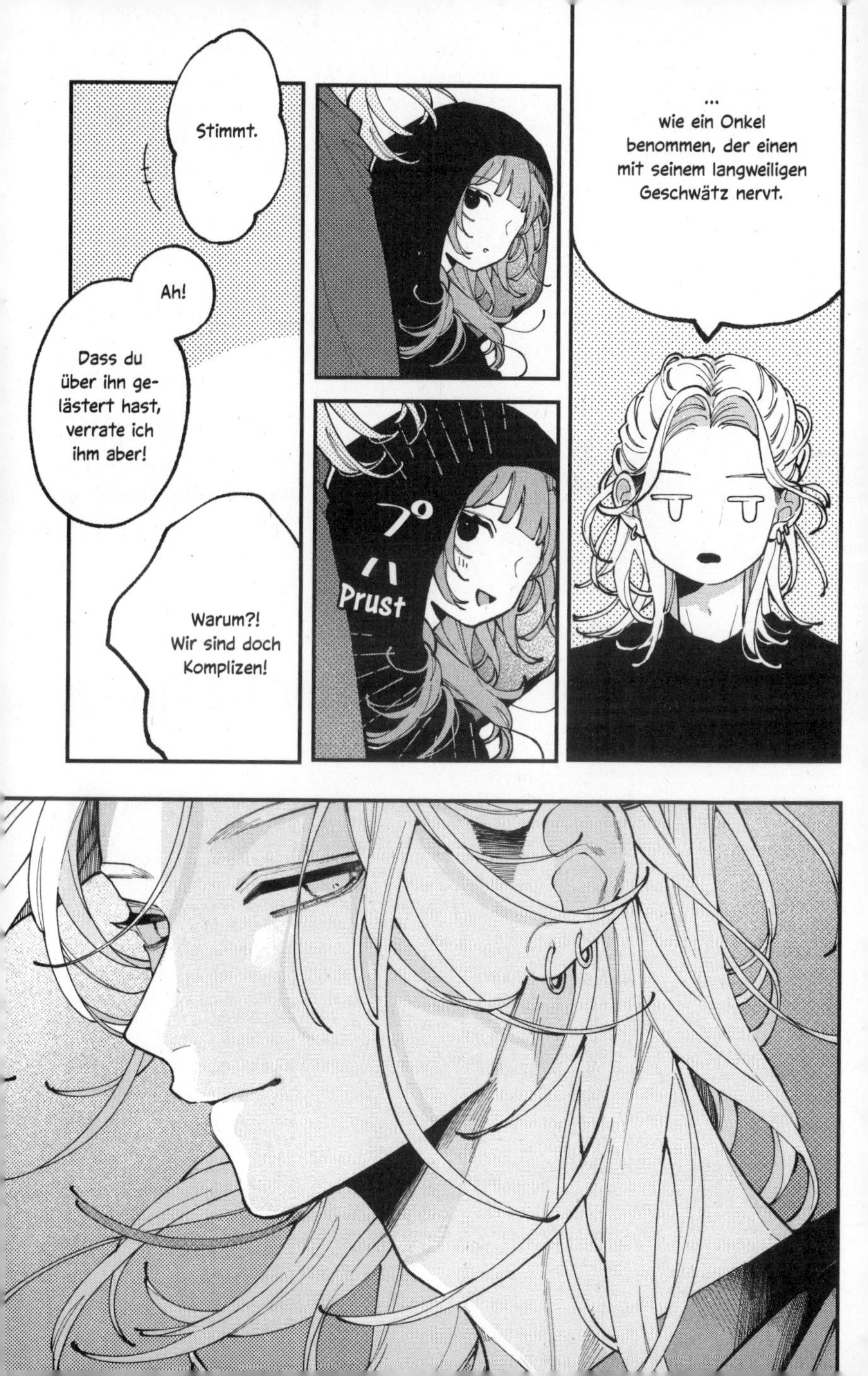
...
wie ein Onkel benommen, der einen mit seinem langweiligen Geschwätz nervt.
Prust
Stimmt.
Ah!
Dass du über ihn gelästert hast, verrate ich ihm aber!
Warum?! Wir sind doch Komplizen!

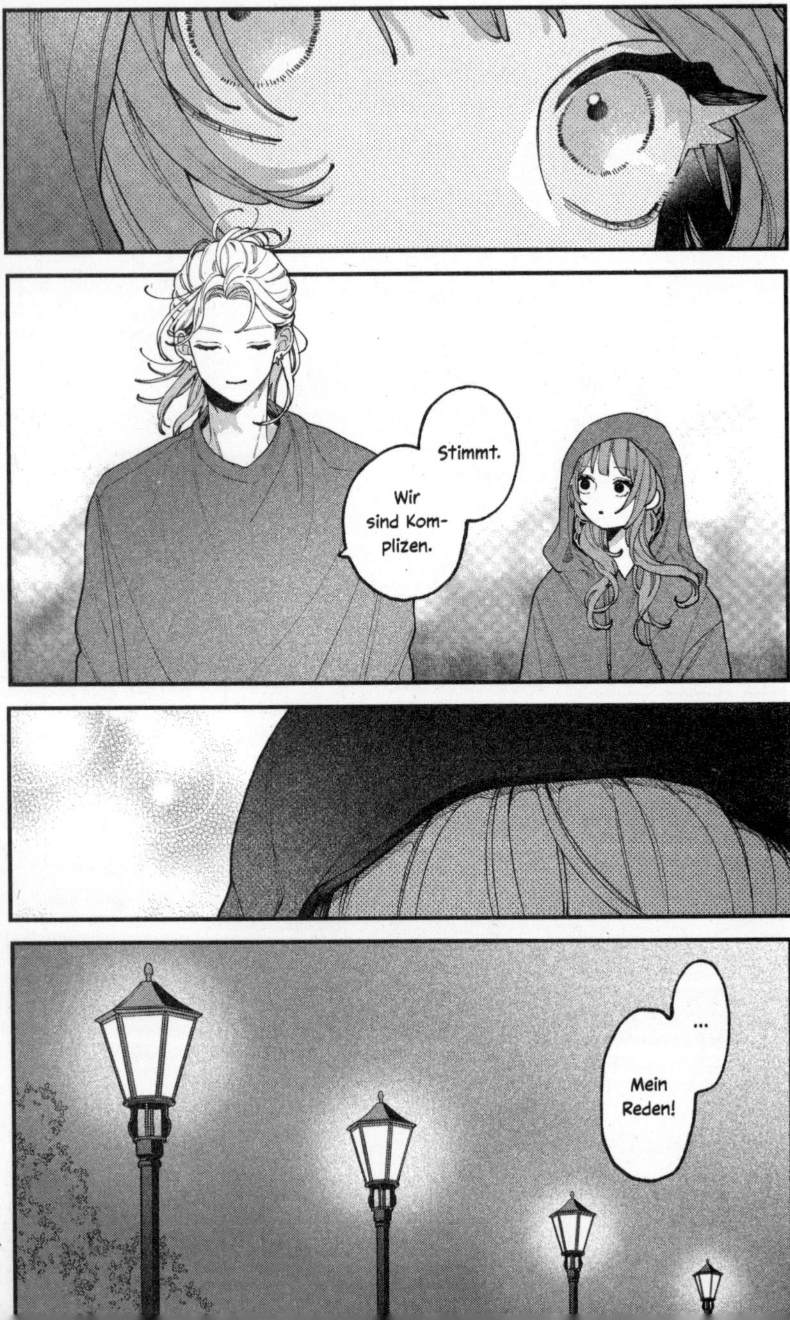
Stimmt.
Wir sind Kom-plizen.
... Mein Reden!

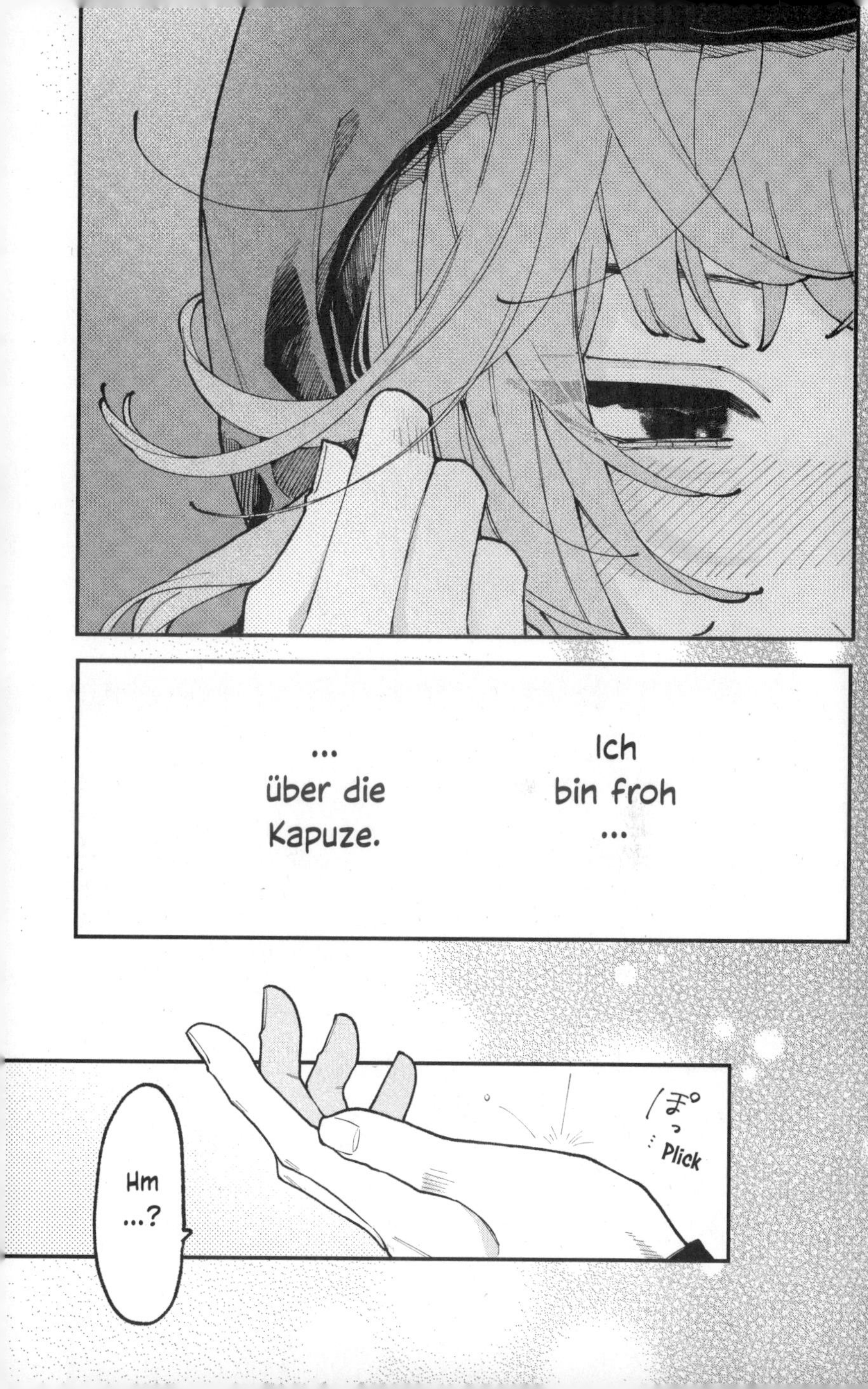
Ich bin froh ...
... über die Kapuze.
ぽっ
Plick
Hm ...?

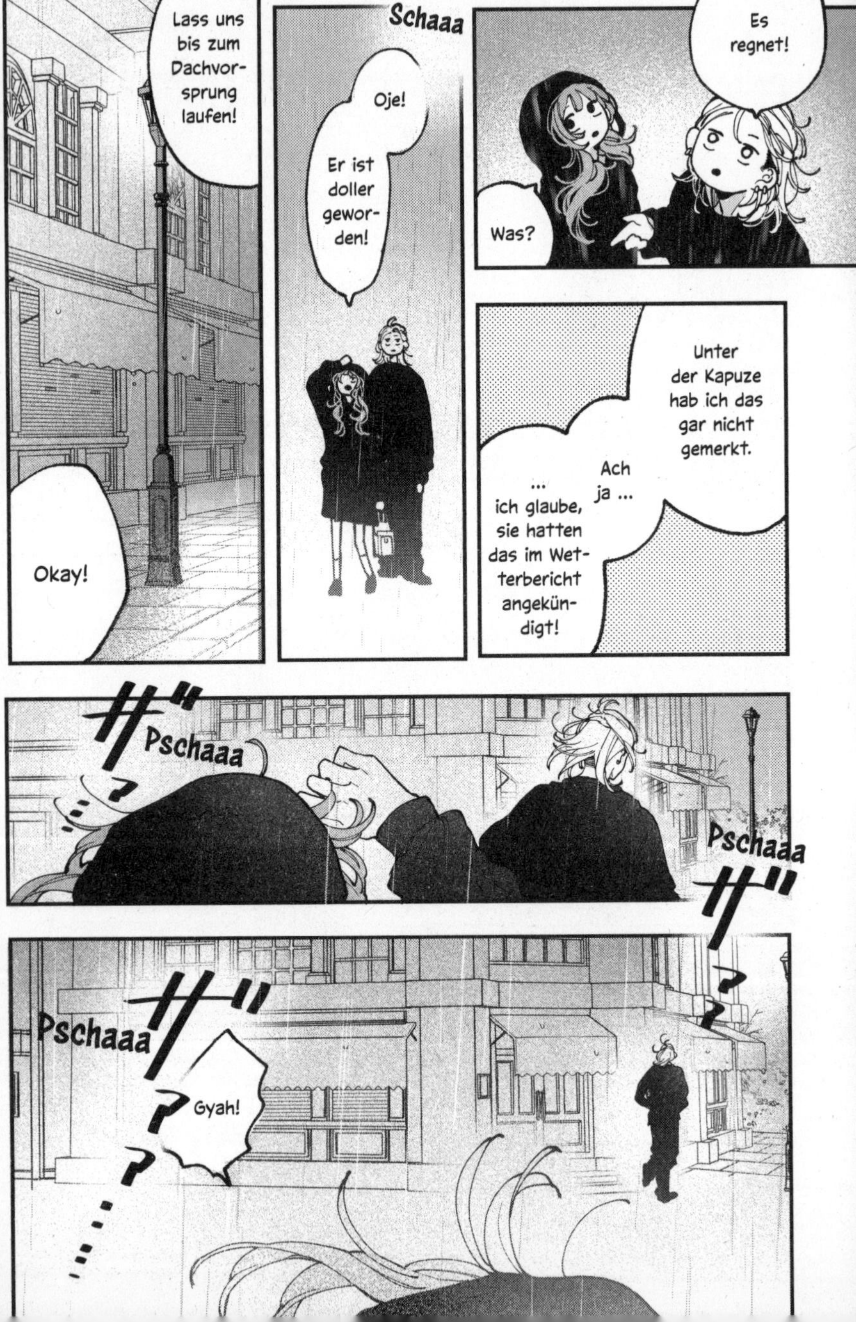
Es regnet!
Was?
Schaaa
Oje!
Er ist doller geworden!
Lass uns bis zum Dachvorsprung laufen!
Okay!
Unter der Kapuze hab ich das gar nicht gemerkt.
Ach ja ...
... ich glaube, sie hatten das im Wetterbericht angekündigt!
Pschaaa
Pschaaa
Pschaaa
Gyah!

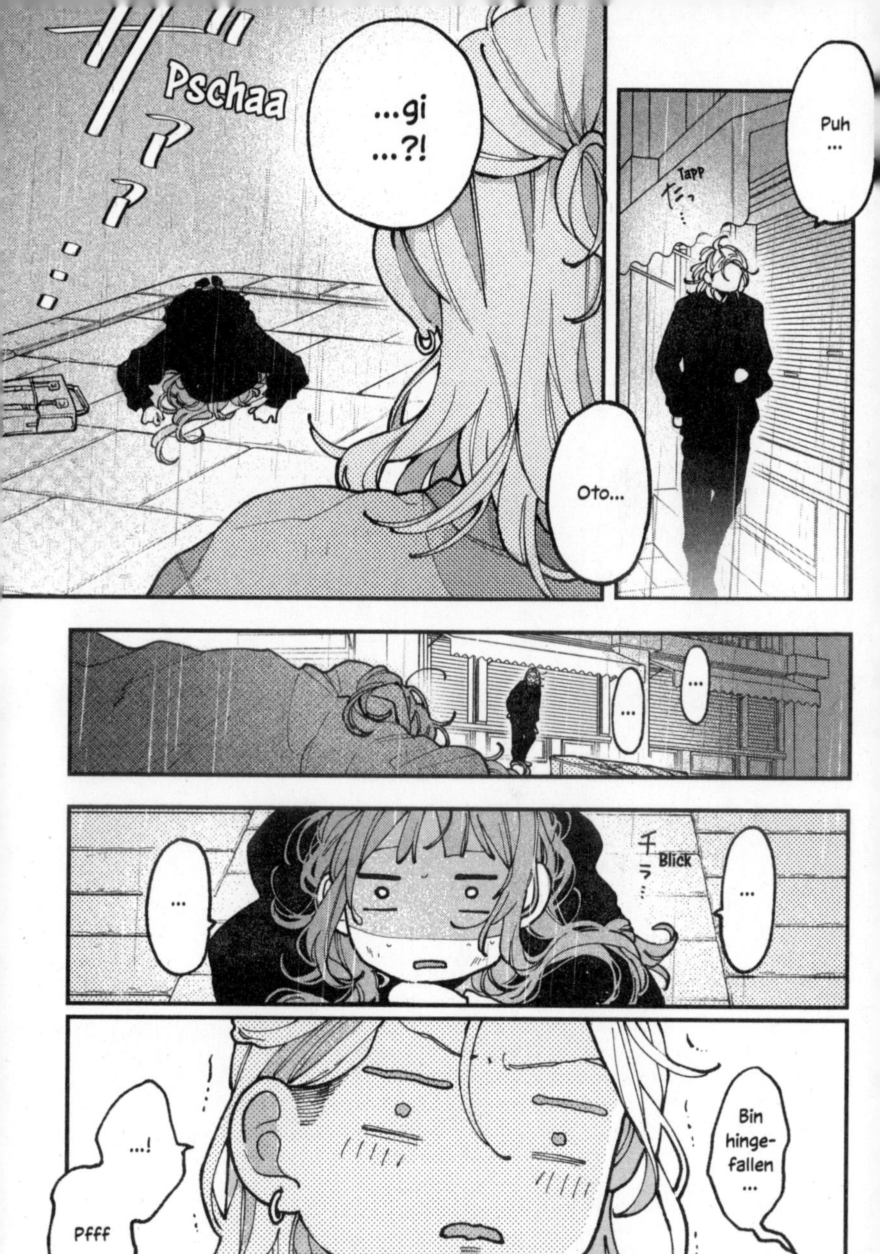
Puh ...
Tapp
Pschaa
...gi ...?!
Oto...
...
...
Blick
...
...
Bin hinge-fallen ...
...!
Pfff

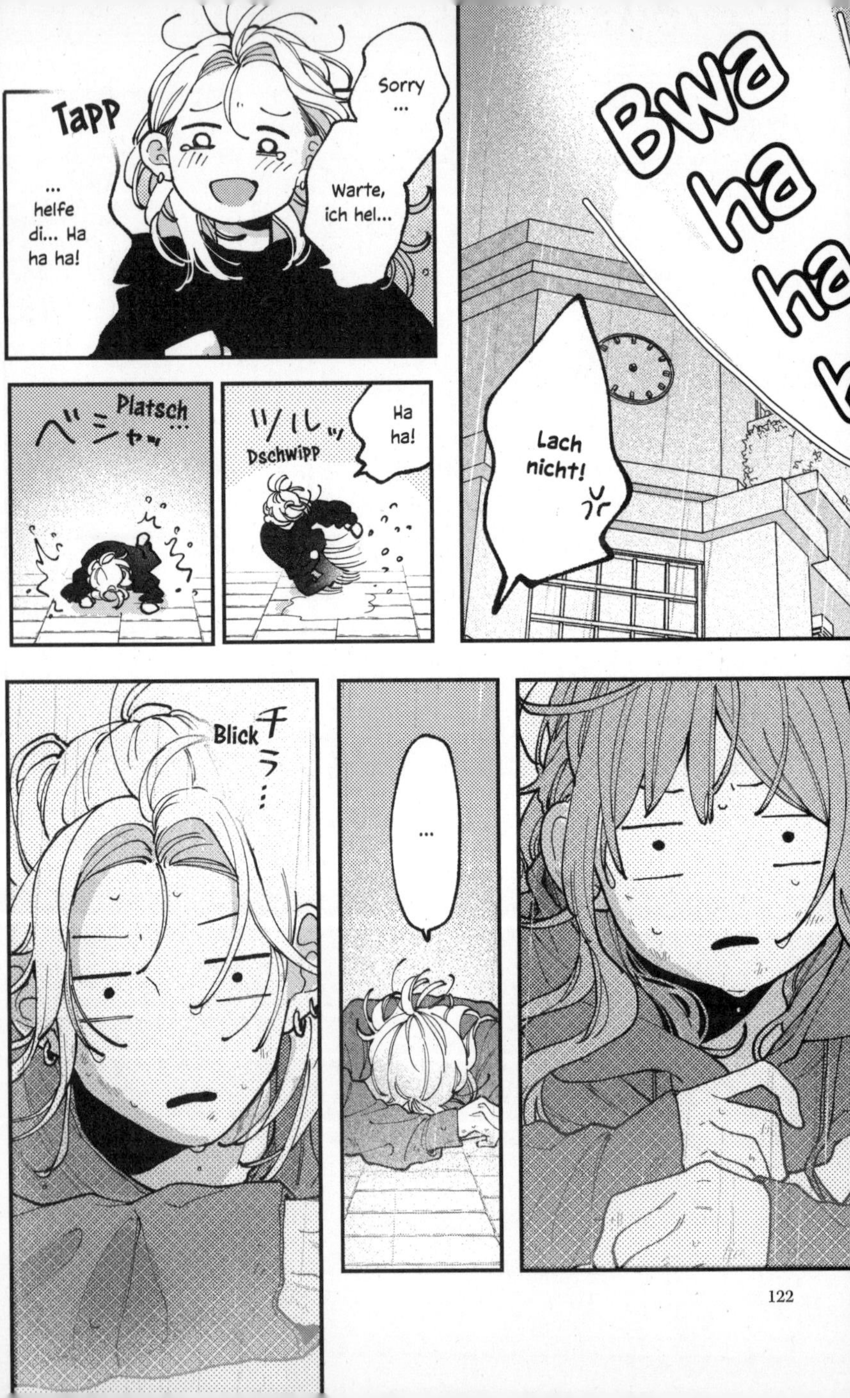
Bwa ha ha
Lach nicht!
Sorry ...
Warte, ich hel...
Tapp
... helfe di... Ha ha ha!
Ha ha!
ツルッ
Dschwipp
ベシャッ
Platsch ...
...
Blick
チラ…

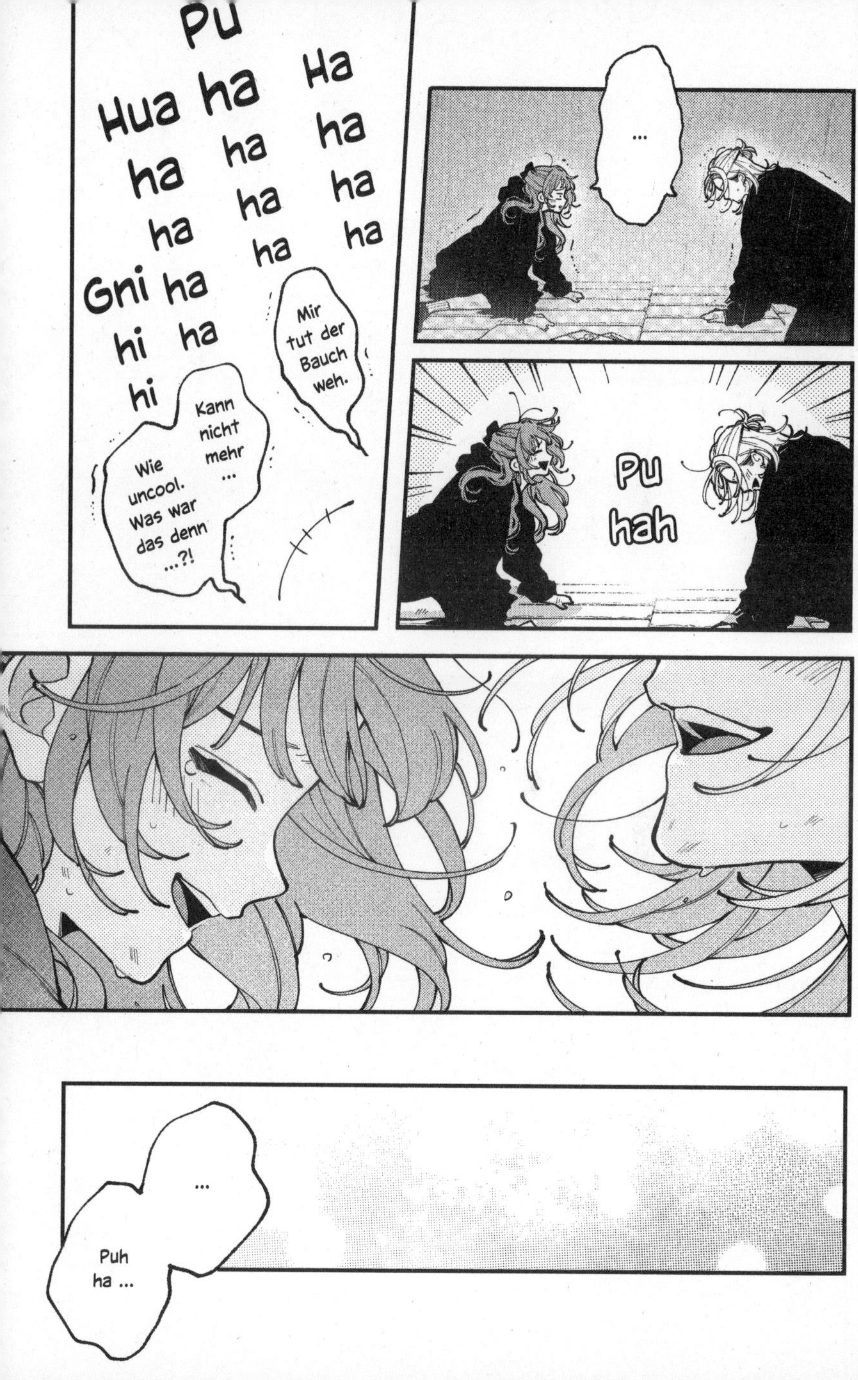
...
Pu hah
Pu Hua ha Ha ha ha ha ha ha ha ha ha ha Gni ha hi ha hi
Mir tut der Bauch weh.
Kann nicht mehr ...
Wie uncool. Was war das denn ...?!
...
Puh ha ...

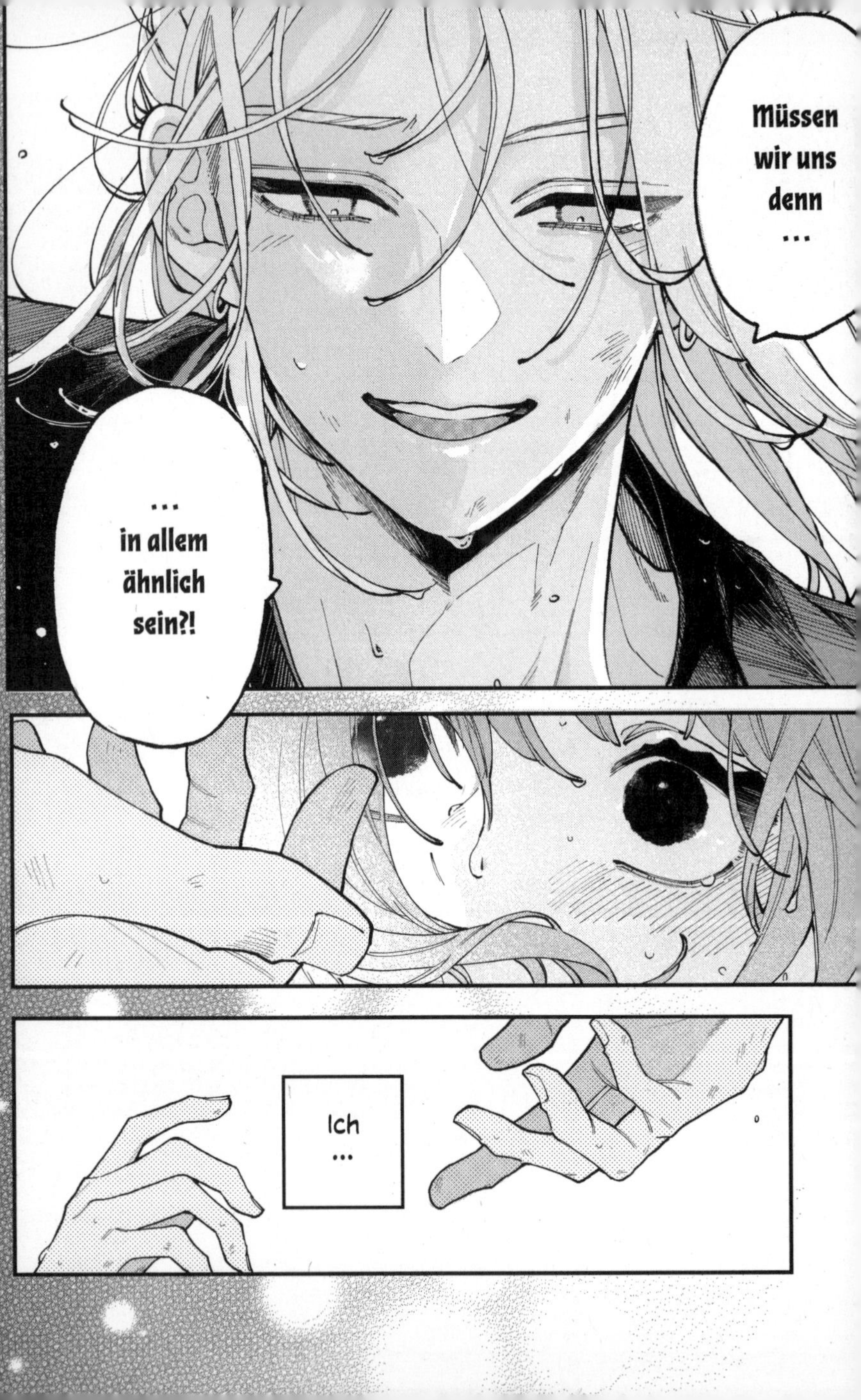
Müssen wir uns denn …
… in allem ähnlich sein?!
Ich …

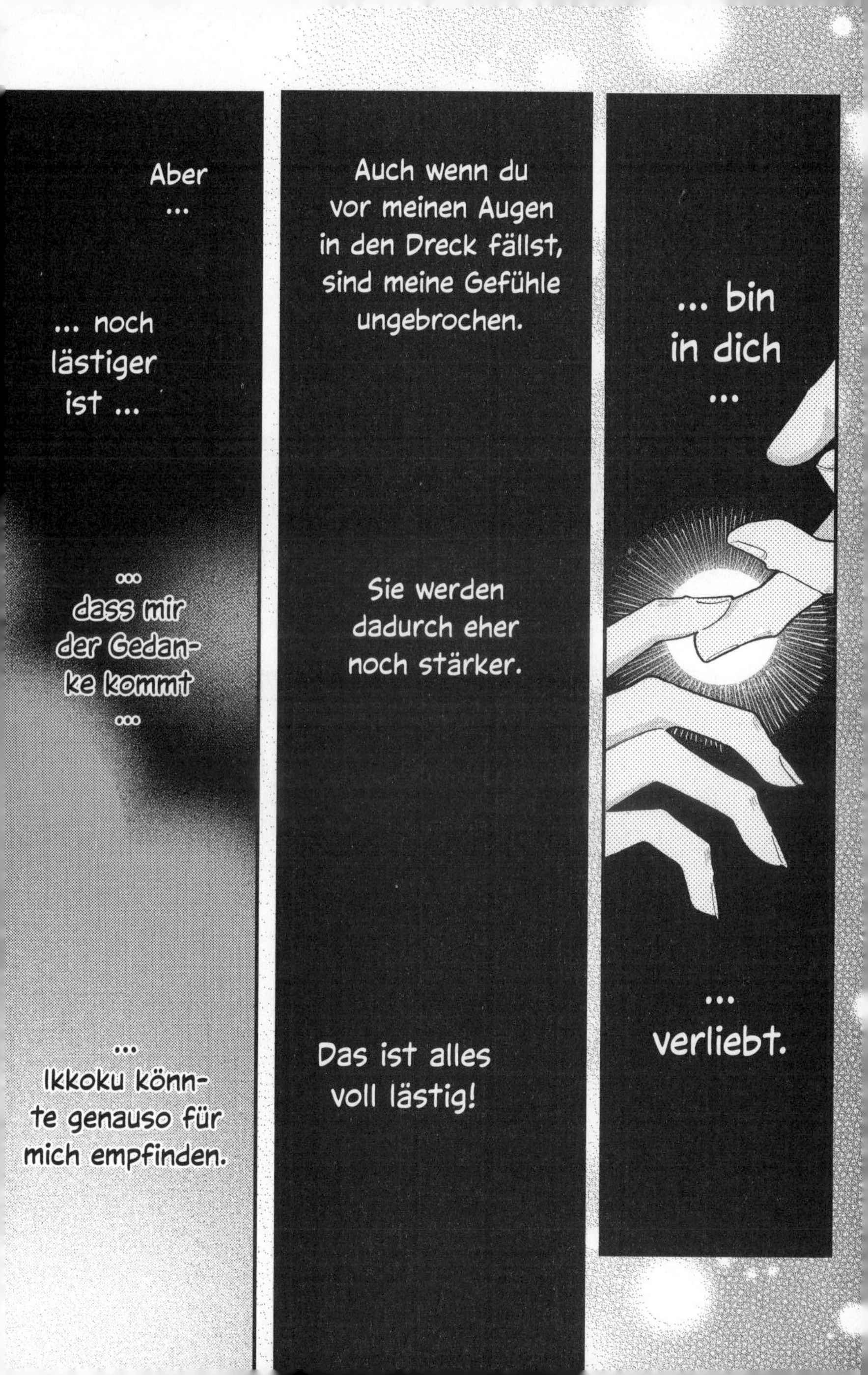
... bin in dich ...
... verliebt.
Auch wenn du vor meinen Augen in den Dreck fällst, sind meine Gefühle ungebrochen.
Sie werden dadurch eher noch stärker.
Das ist alles voll lästig!
Aber ...
... noch lästiger ist ...
... dass mir der Gedanke kommt ...
... Ikkoku könnte genauso für mich empfinden.

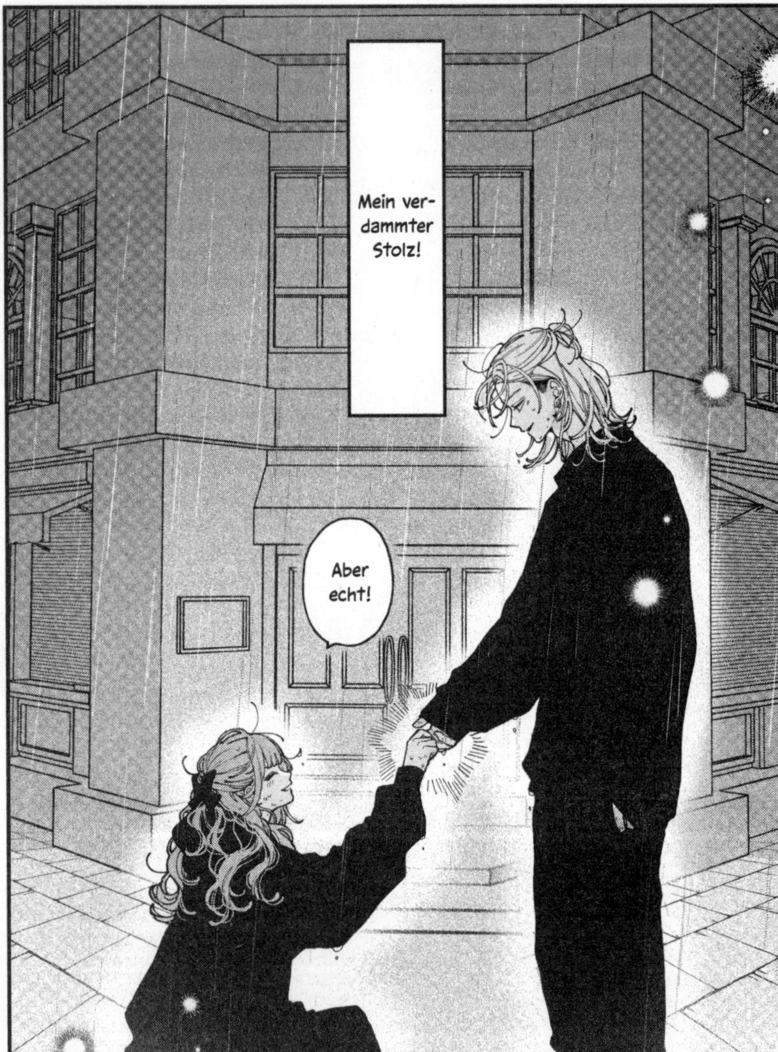
Mein ver-
dammter
Stolz!
Aber
echt!

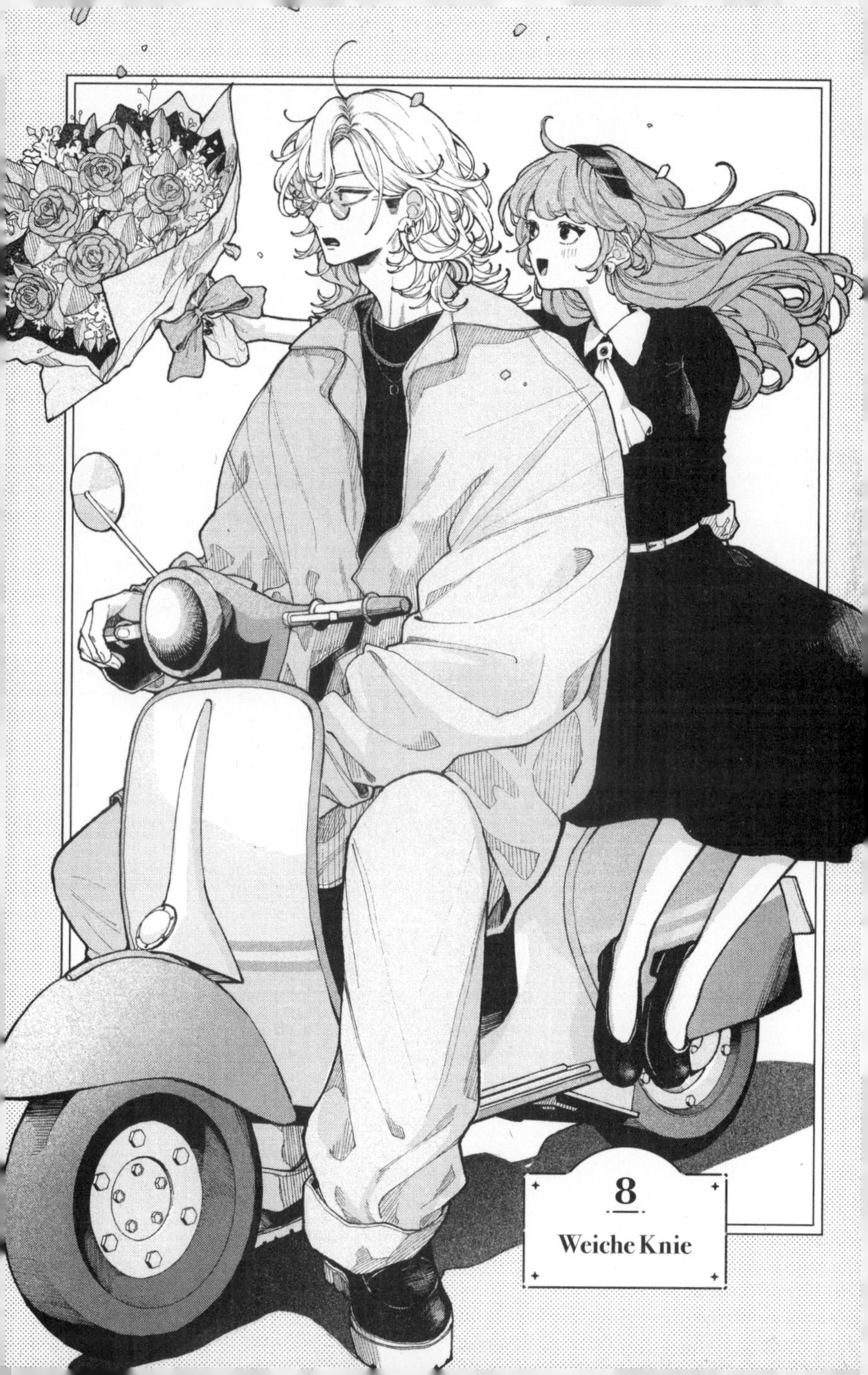
8
Weiche Knie

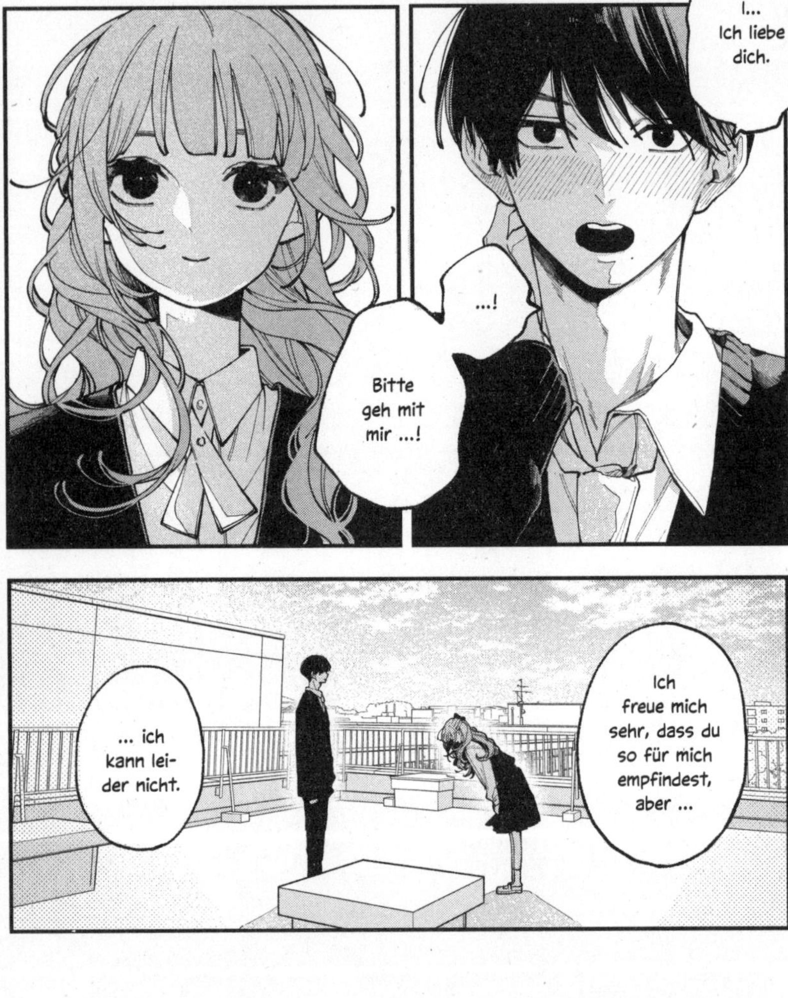

Falsche Engel, wahre Liebe?

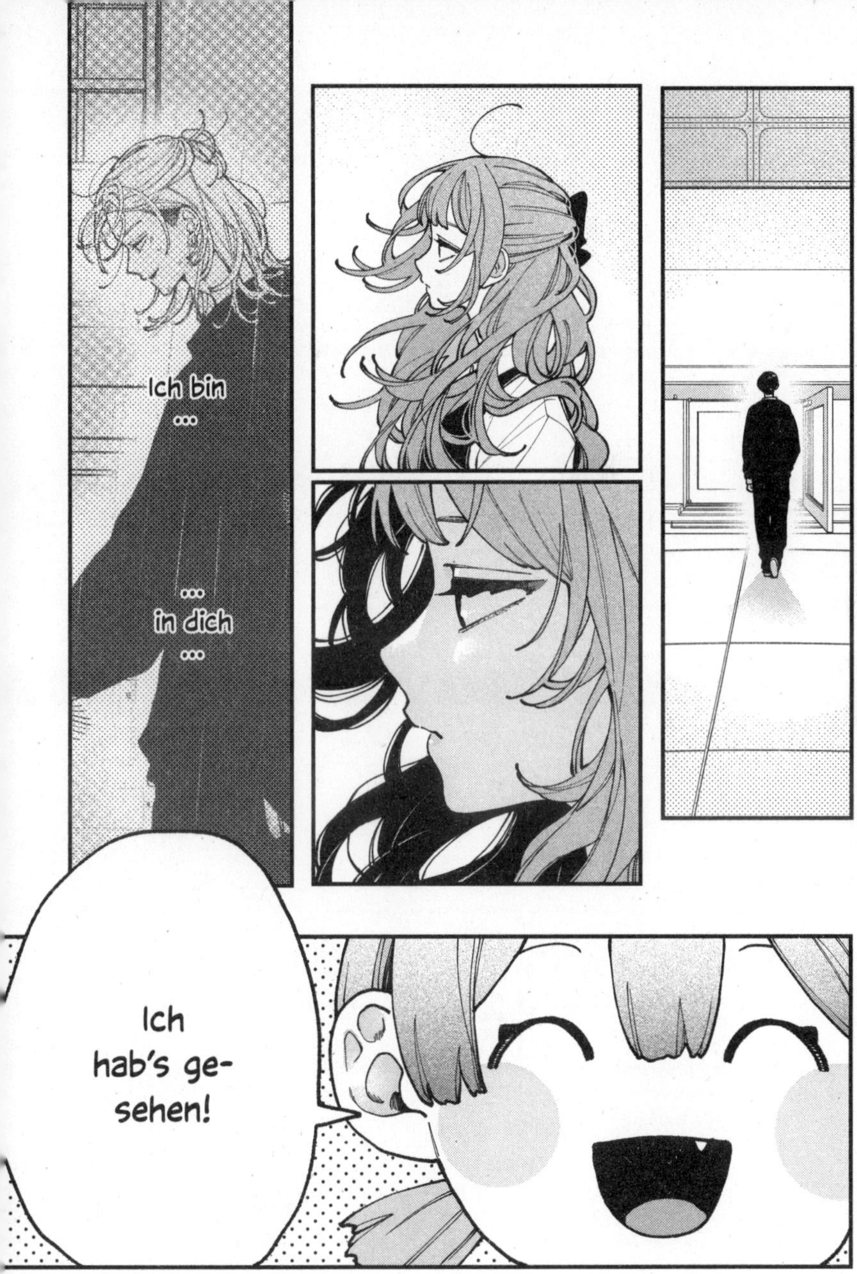
Ich bin
...
...
in dich
...
Ich hab's ge-sehen!

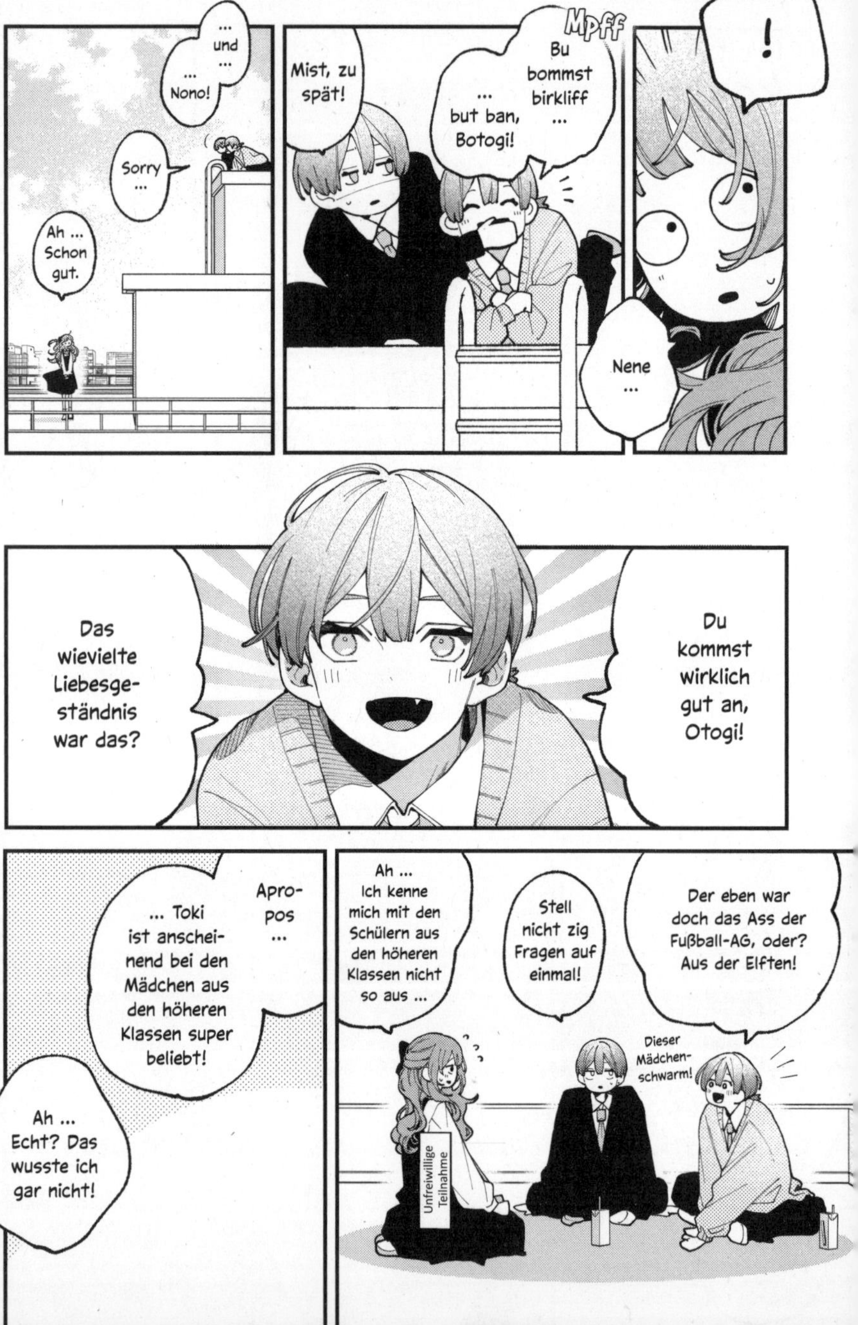
!
Nene ...
Mpff
Bu bommst birkliff ...
... but ban, Botogi!
Mist, zu spät!
... und ...
... Nono!
Sorry ...
Ah ... Schon gut.
Du kommst wirklich gut an, Otogi!
Das wievielte Liebesgeständnis war das?
Der eben war doch das Ass der Fußball-AG, oder? Aus der Elften!
Stell nicht zig Fragen auf einmal!
Ah ... Ich kenne mich mit den Schülern aus den höheren Klassen nicht so aus ...
Dieser Mädchenschwarm!
Unfreiwillige Teilnahme
Apropos ...
... Toki ist anscheinend bei den Mädchen aus den höheren Klassen super beliebt!
Ah ... Echt? Das wusste ich gar nicht!

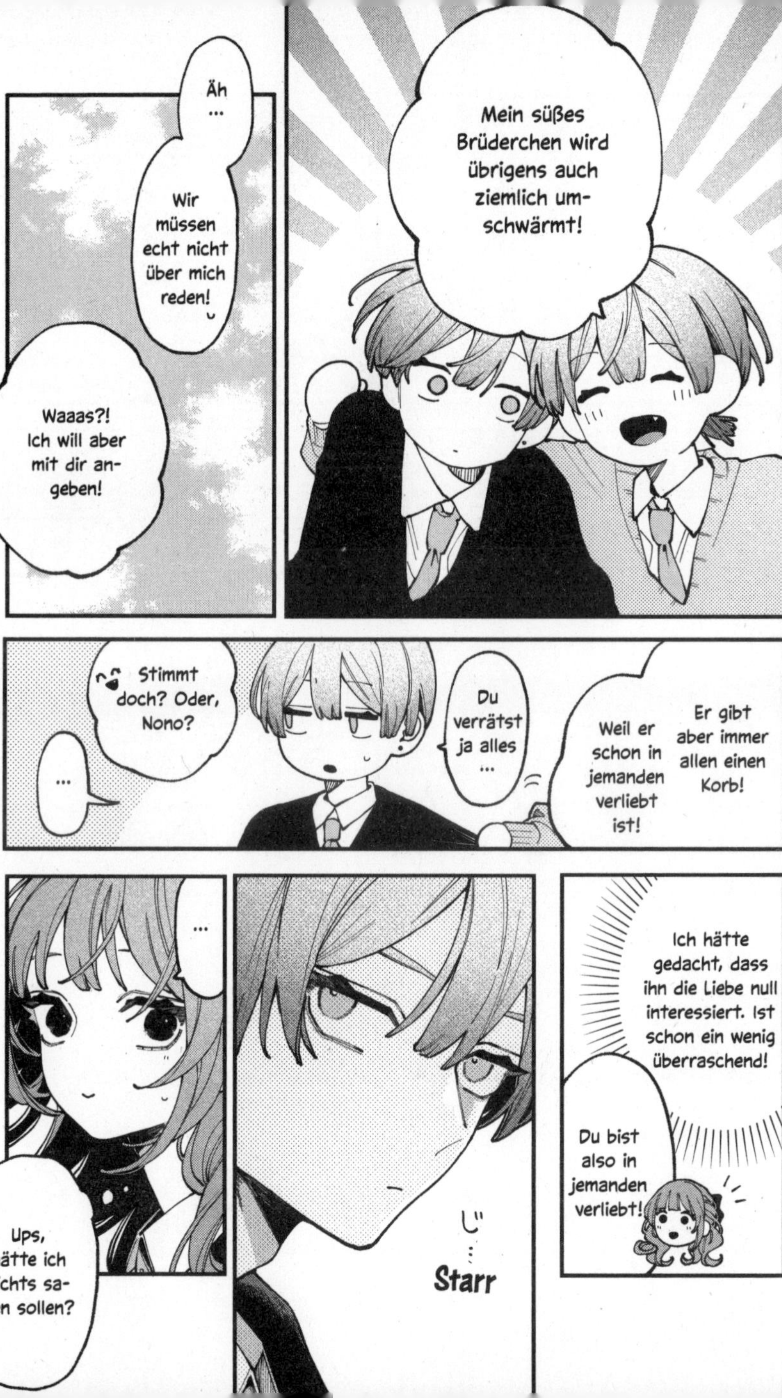
Mein süßes Brüderchen wird übrigens auch ziemlich umschwärmt!
Äh ...
Wir müssen echt nicht über mich reden!
Waaas?! Ich will aber mit dir angeben!
Er gibt aber immer allen einen Korb!
Weil er schon in jemanden verliebt ist!
Du verrätst ja alles ...
Stimmt doch? Oder, Nono?
...
Ich hätte gedacht, dass ihn die Liebe null interessiert. Ist schon ein wenig überraschend!
Du bist also in jemanden verliebt!
じ…
Starr
...
Ups, hätte ich nichts sagen sollen?

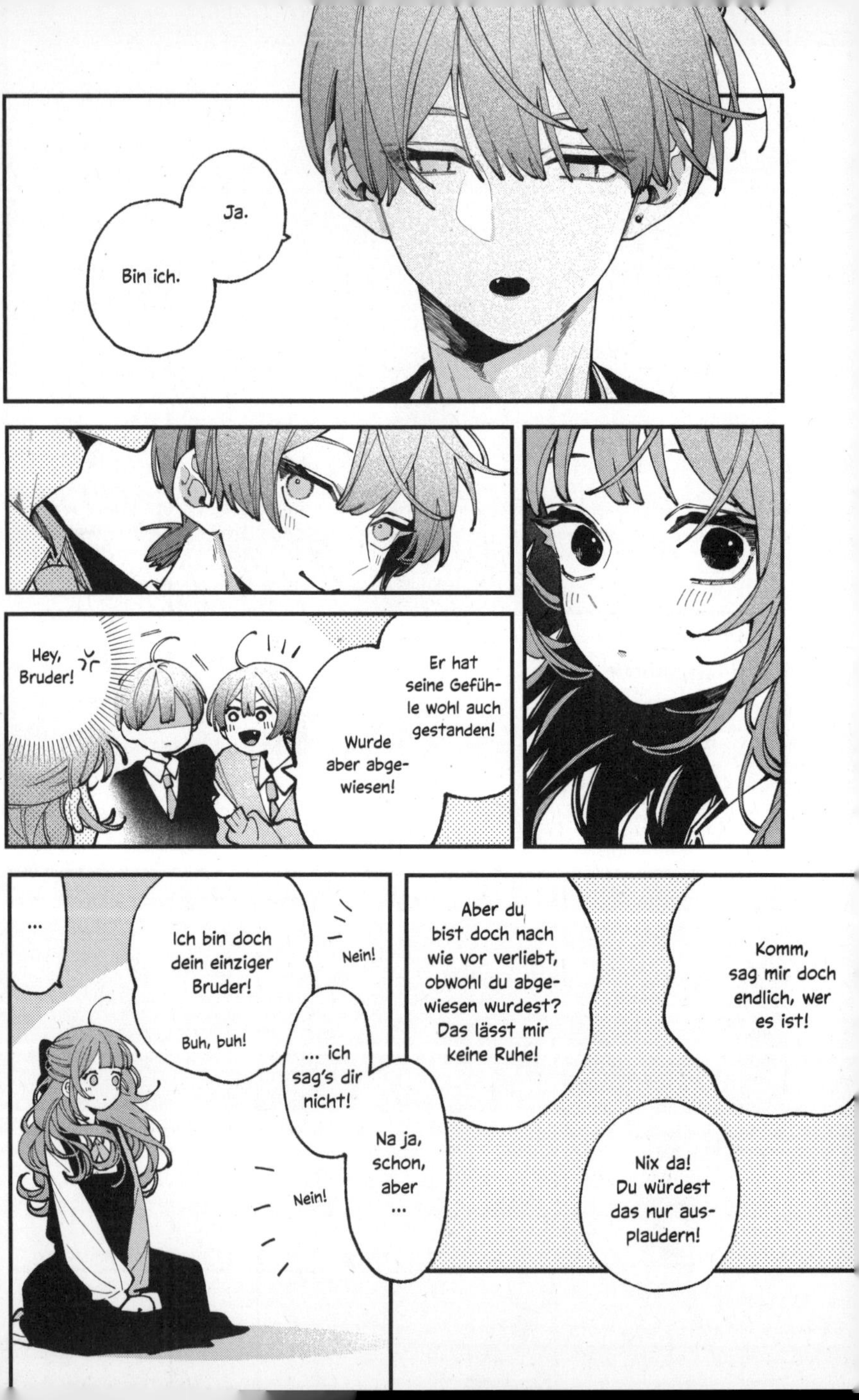
Ja.
Bin ich.
Er hat seine Gefühle wohl auch gestanden!
Wurde aber abgewiesen!
Hey, Bruder!
Komm, sag mir doch endlich, wer es ist!
Aber du bist doch nach wie vor verliebt, obwohl du abgewiesen wurdest? Das lässt mir keine Ruhe!
Nix da! Du würdest das nur ausplaudern!
Ich bin doch dein einziger Bruder!
Nein!
... ich sag's dir nicht!
Buh, buh!
Na ja, schon, aber ...
Nein!
...

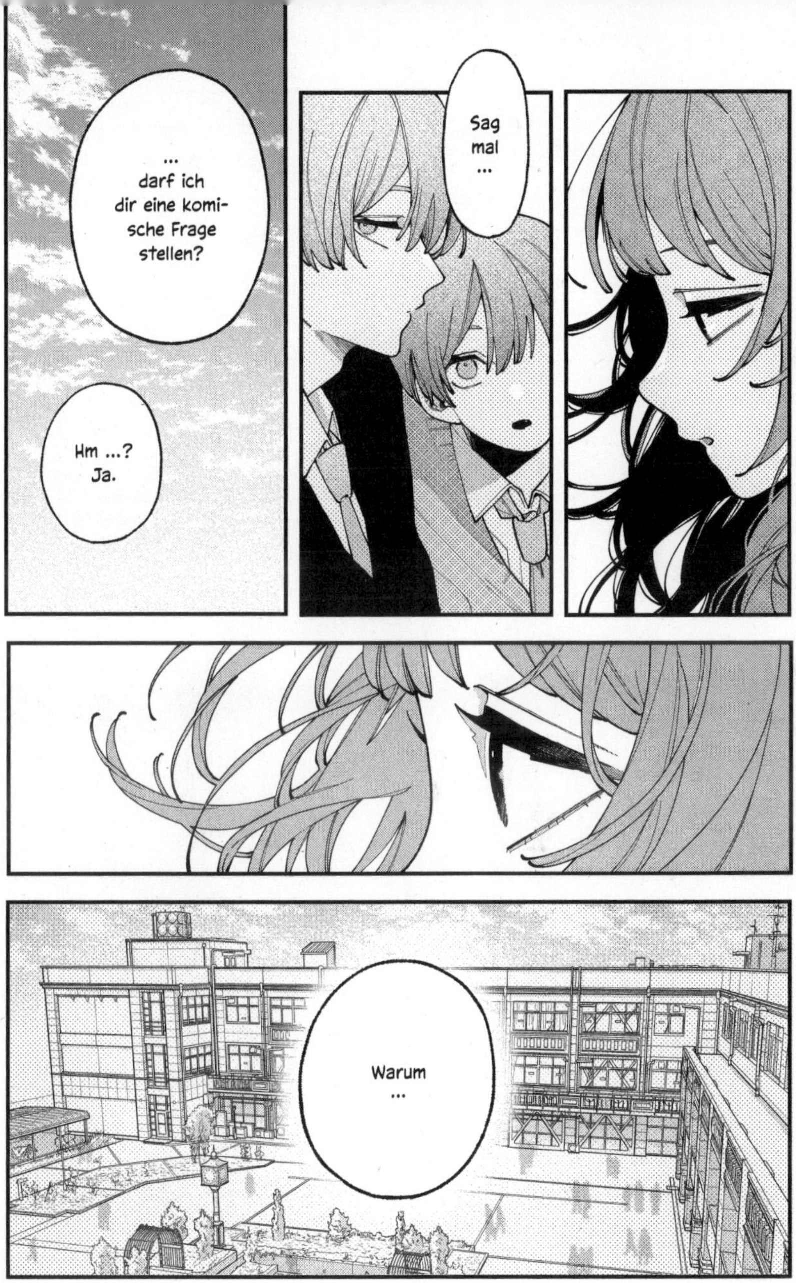
Sag mal ...
... darf ich dir eine komische Frage stellen?
Hm ...? Ja.
Warum ...

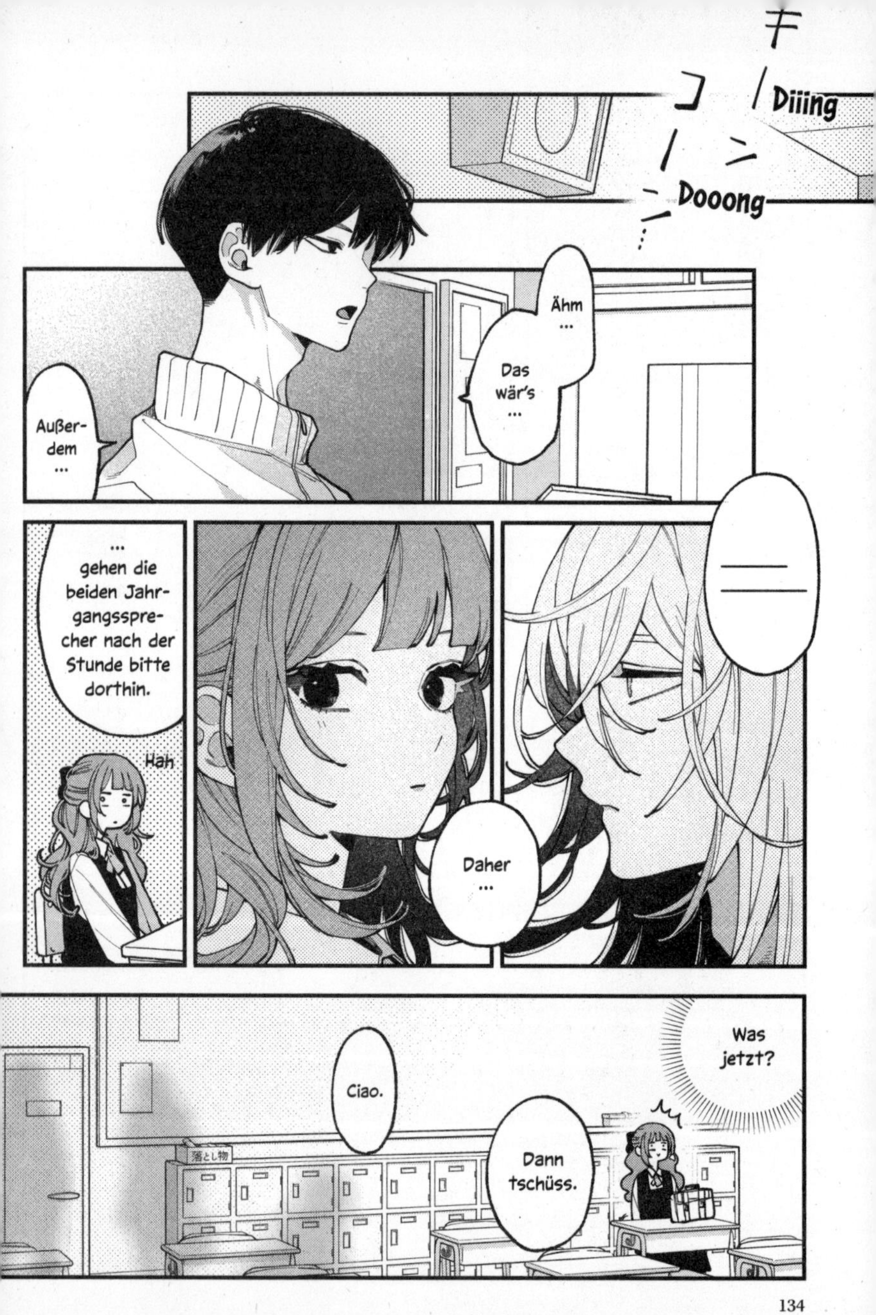
Diiing
Dooong
Ähm … Das wär's …
Außer-dem …
Daher …
… gehen die beiden Jahr-gangsspre-cher nach der Stunde bitte dorthin.
Hah
Was jetzt?
Dann tschüss.
Ciao.
落とし物

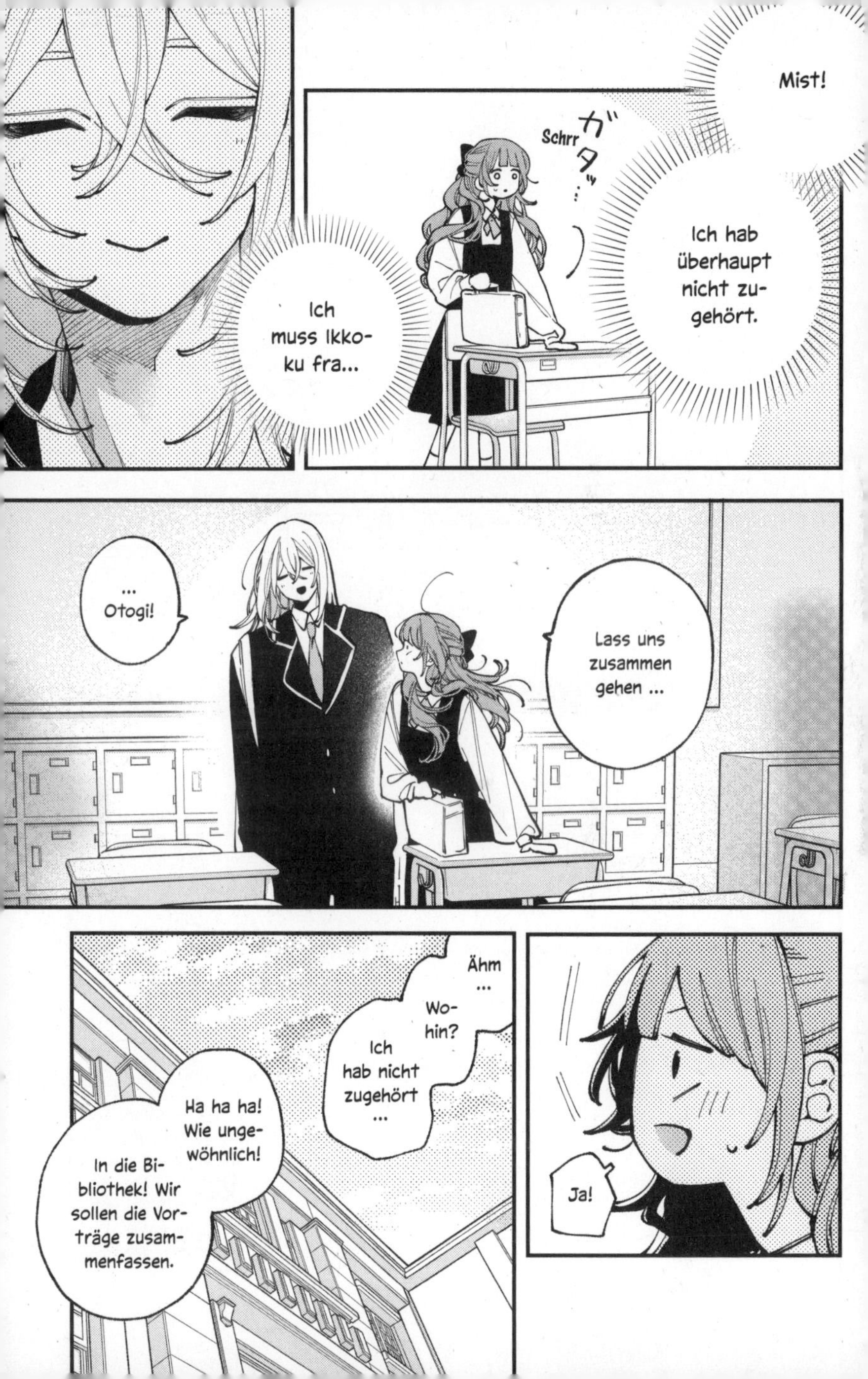
Mist!
Ich hab überhaupt nicht zu-gehört.
Schrr ガタッ
Ich muss Ikko-ku fra...
Lass uns zusammen gehen ...
... Otogi!
Ja!
Ähm ...
Wo-hin?
Ich hab nicht zugehört ...
Ha ha ha! Wie unge-wöhnlich!
In die Bi-bliothek! Wir sollen die Vor-träge zusam-menfassen.

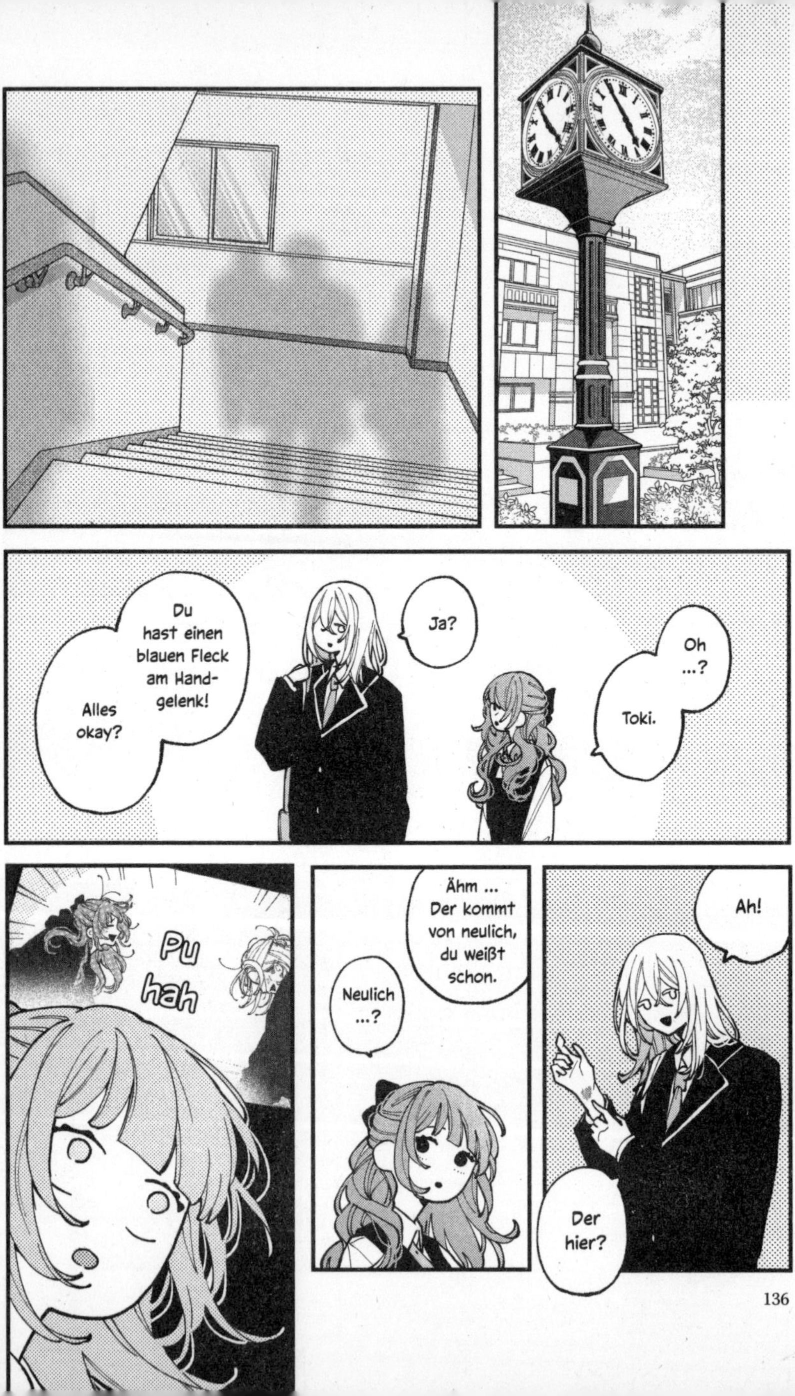
Oh ...?
Toki.
Ja?
Du hast einen blauen Fleck am Handgelenk!
Alles okay?
Ah!
Der hier?
Ähm ... Der kommt von neulich, du weißt schon.
Neulich ...?
Pu hah

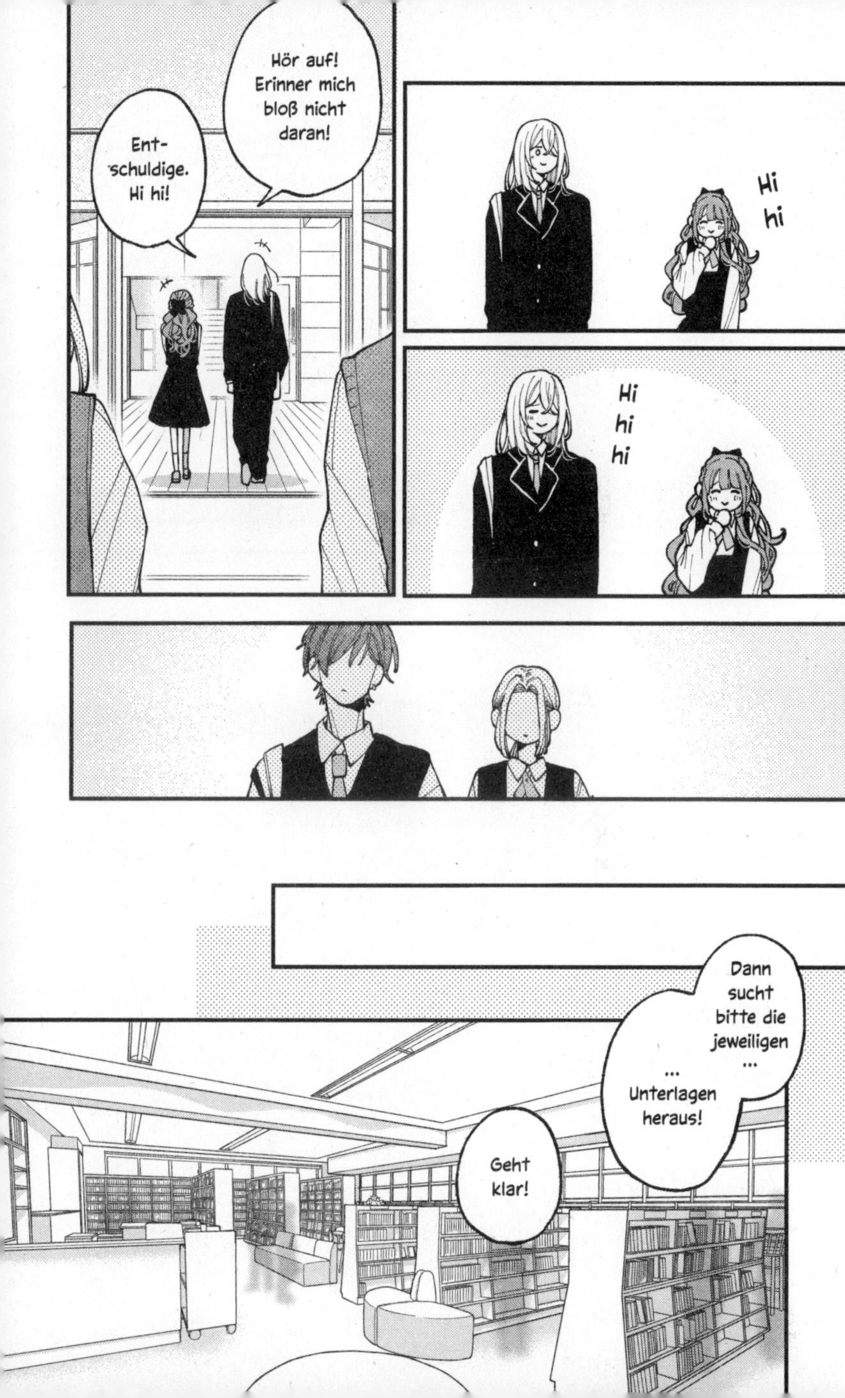
Hi hi
Hi hi hi
Hör auf! Erinner mich bloß nicht daran!
Ent-schuldige. Hi hi!
Dann sucht bitte die jeweiligen … … Unterlagen heraus!
Geht klar!

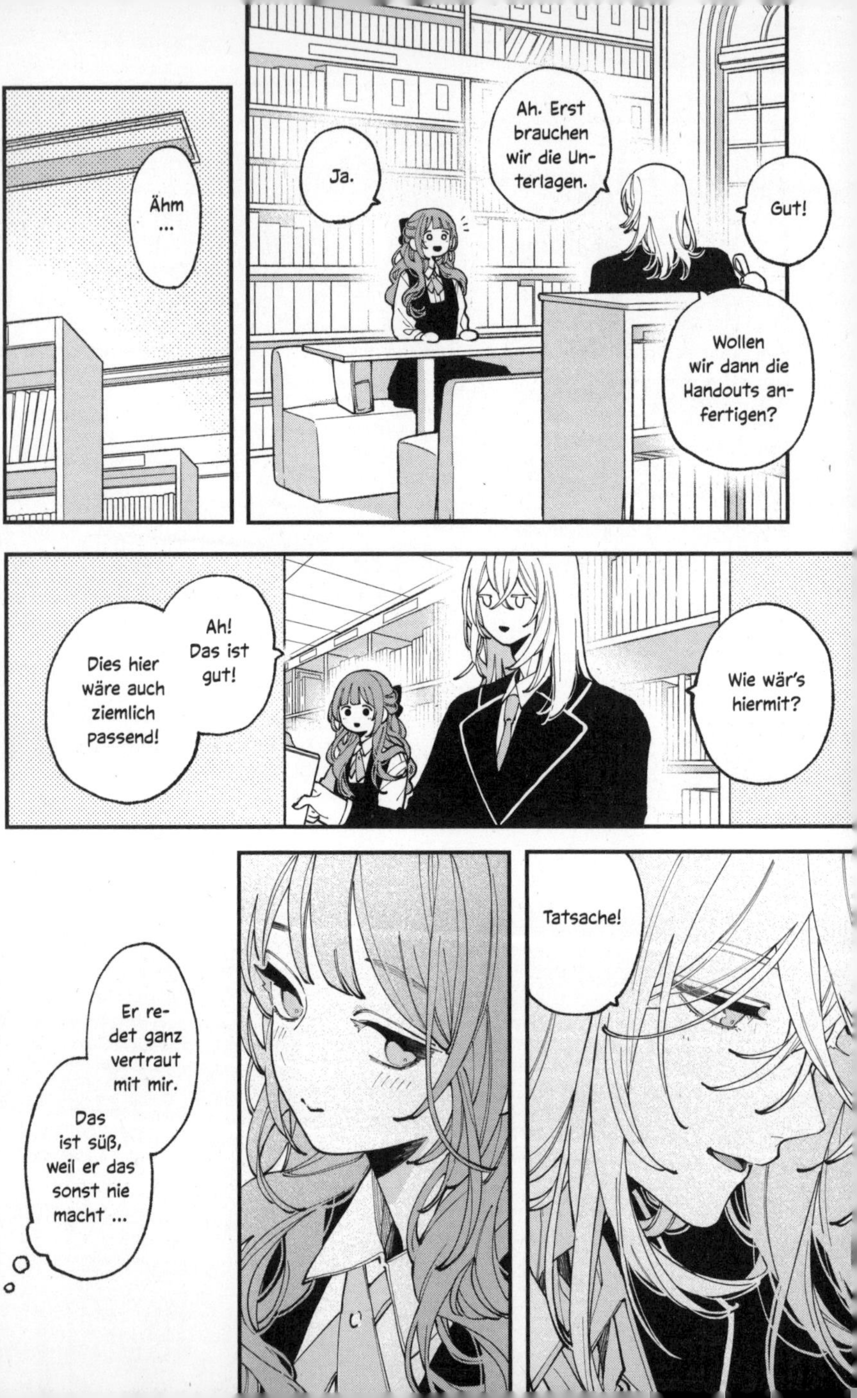
Gut!
Ah. Erst brauchen wir die Unterlagen.
Ja.
Wollen wir dann die Handouts anfertigen?
Ähm ...
Wie wär's hiermit?
Ah! Das ist gut!
Dies hier wäre auch ziemlich passend!
Tatsache!
Er redet ganz vertraut mit mir.
Das ist süß, weil er das sonst nie macht ...

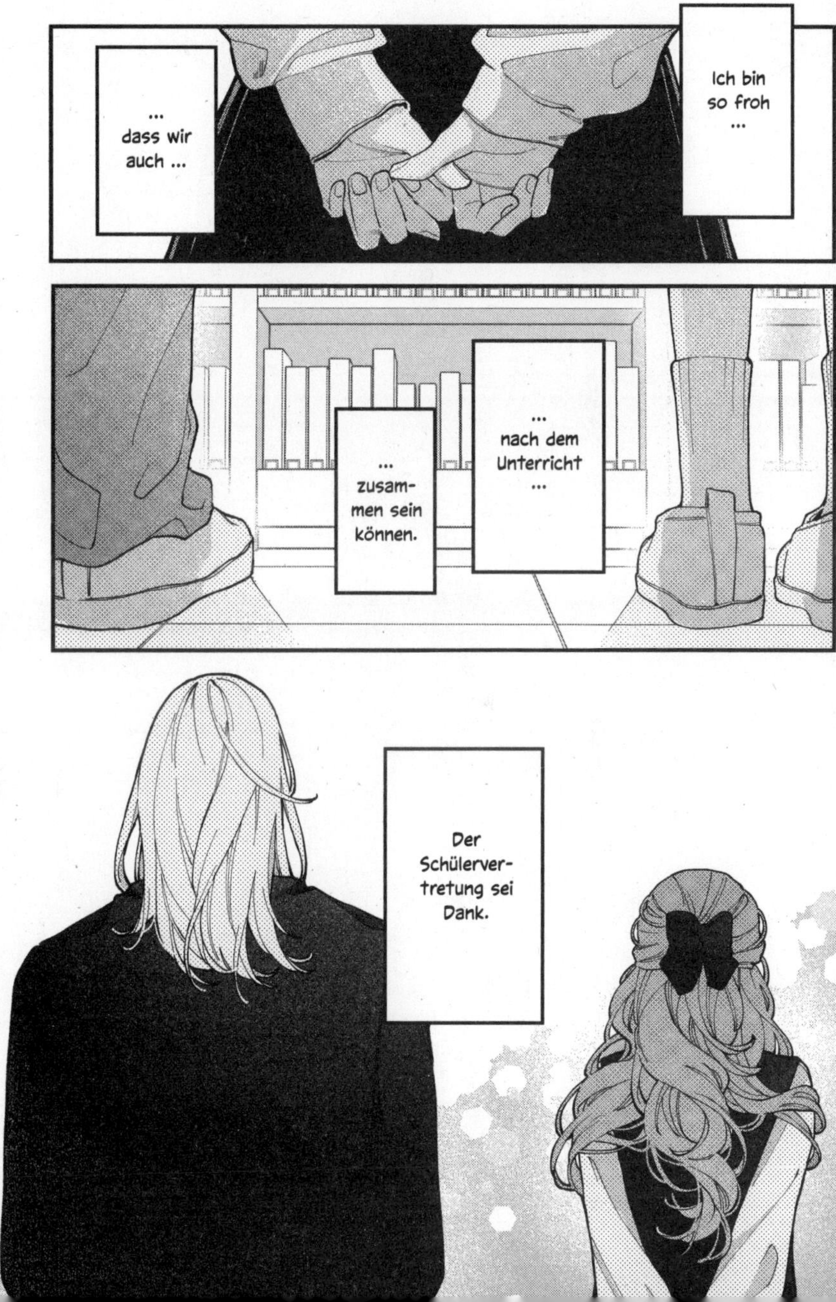
Ich bin so froh …
… dass wir auch …
… nach dem Unterricht …
… zusammen sein können.
Der Schülervertretung sei Dank.

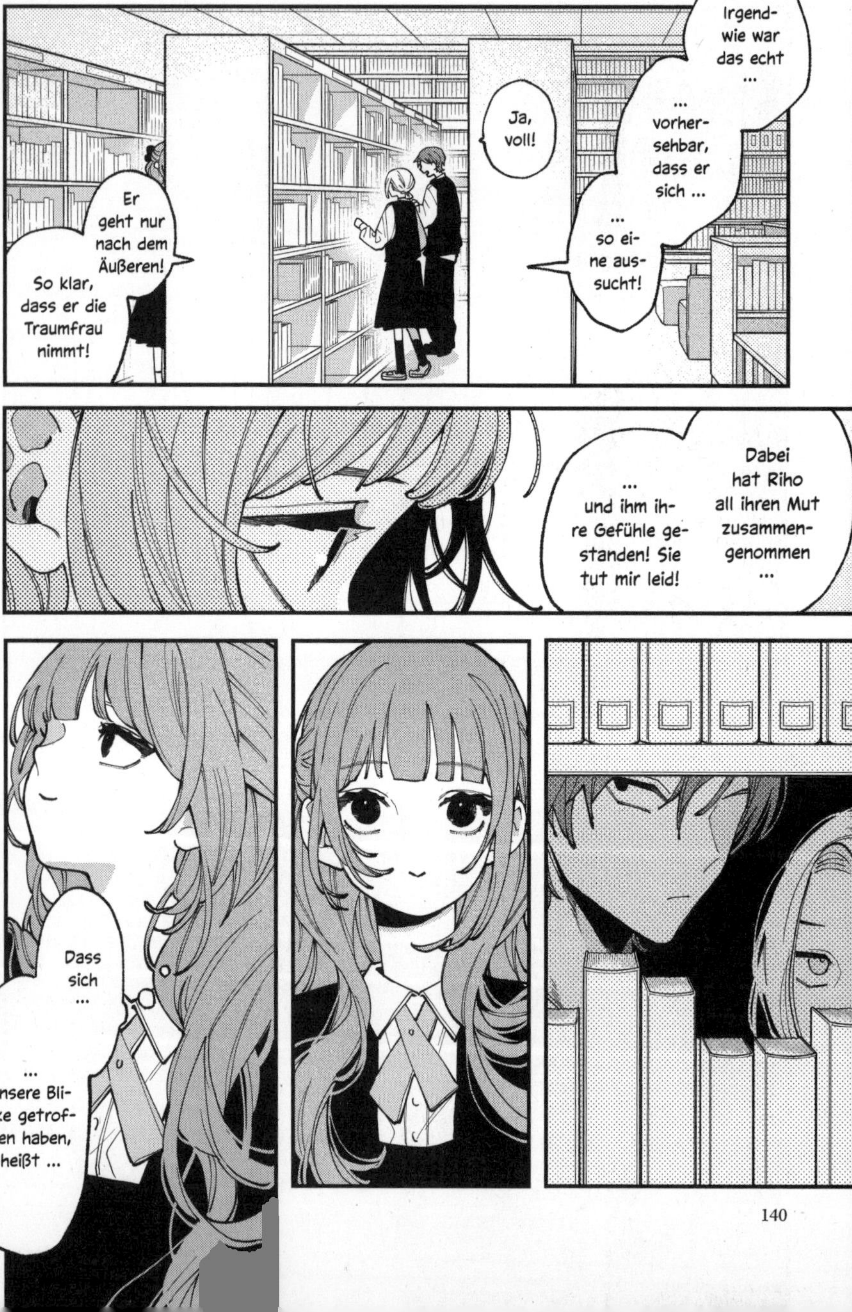

Irgendwie war das echt ...
... vorhersehbar, dass er sich ...
... so eine aussucht!
Ja, voll!
Er geht nur nach dem Äußeren!
So klar, dass er die Traumfrau nimmt!
Dabei hat Riho all ihren Mut zusammengenommen ...
... und ihm ihre Gefühle gestanden! Sie tut mir leid!
Dass sich ...
... unsere Blicke getroffen haben, heißt ...

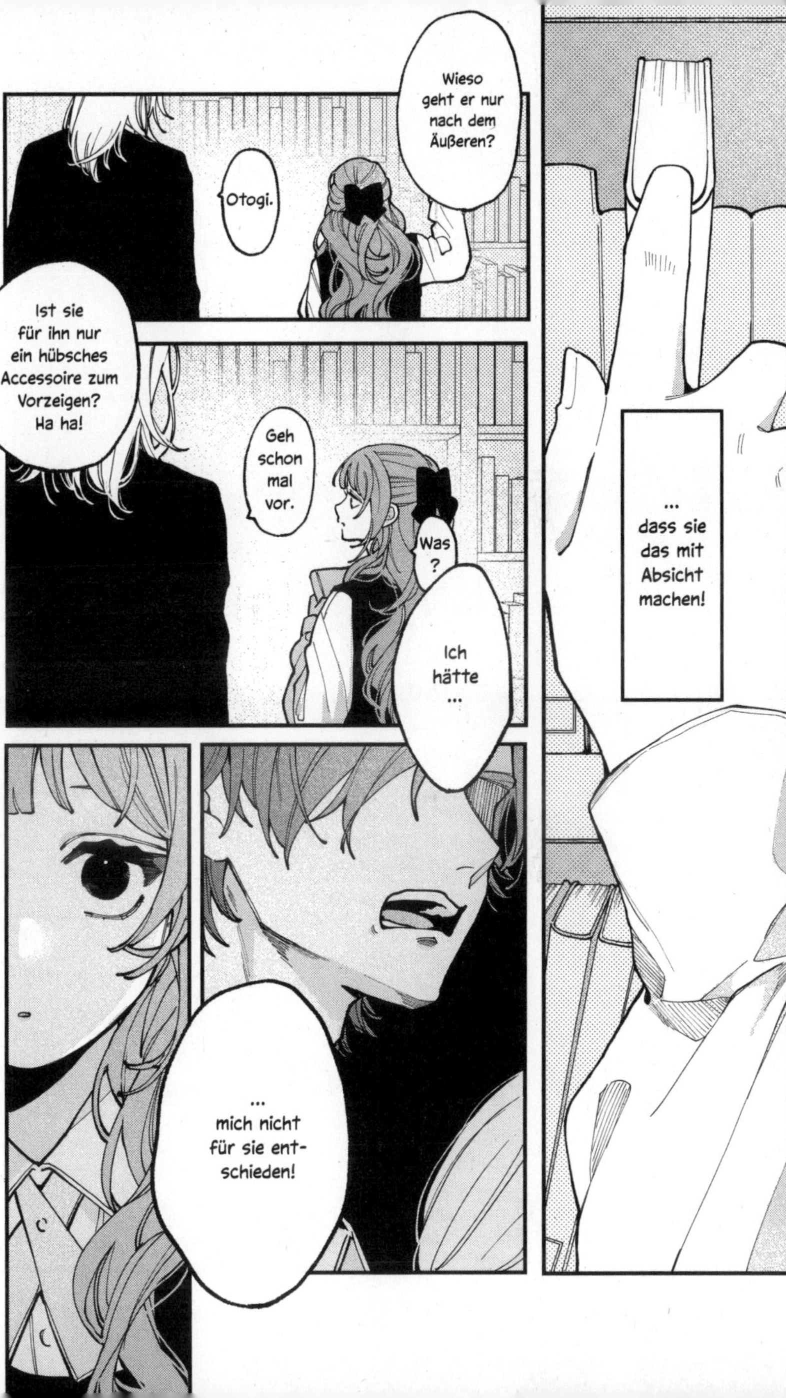
... dass sie das mit Absicht machen!
Wieso geht er nur nach dem Äußeren?
Otogi.
Ist sie für ihn nur ein hübsches Accessoire zum Vorzeigen? Ha ha!
Geh schon mal vor.
Was?
Ich hätte ...
... mich nicht für sie entschieden!

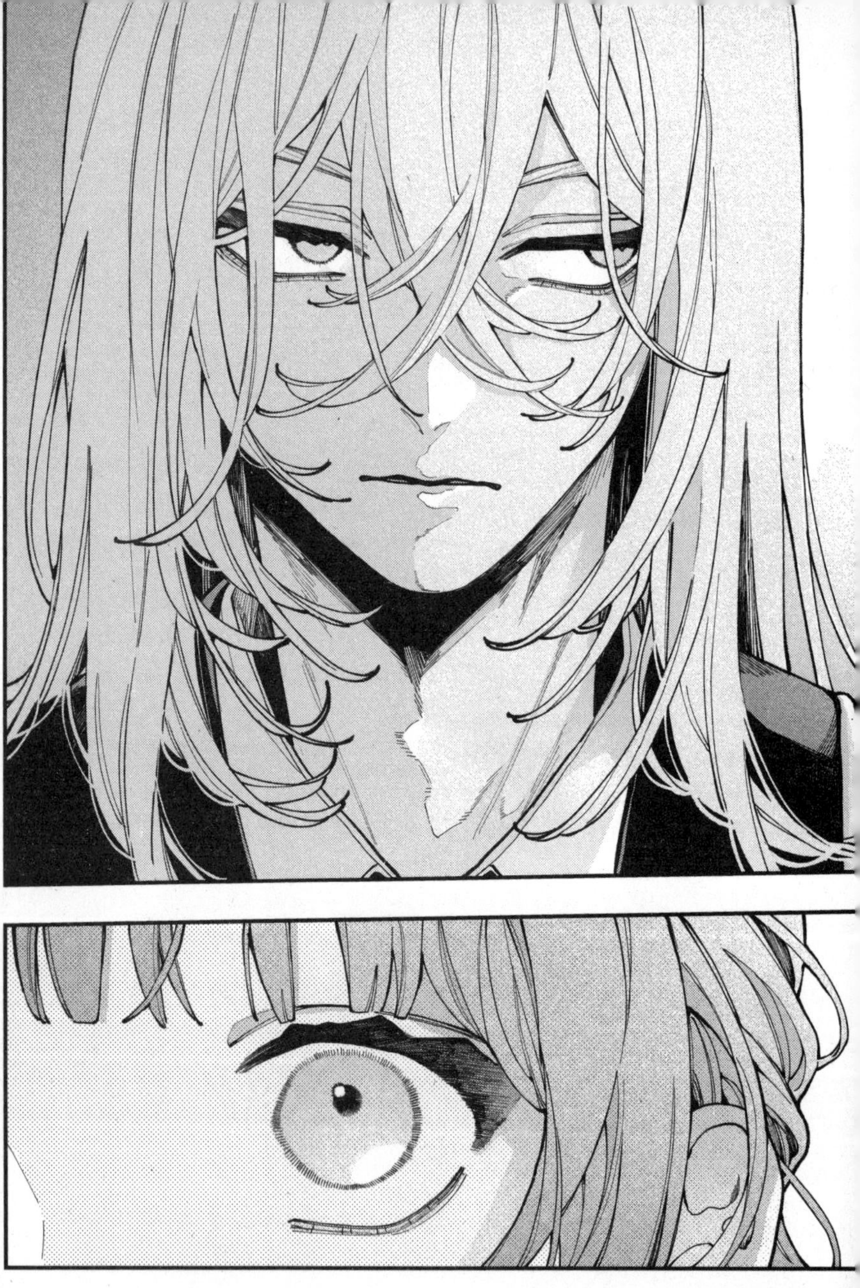

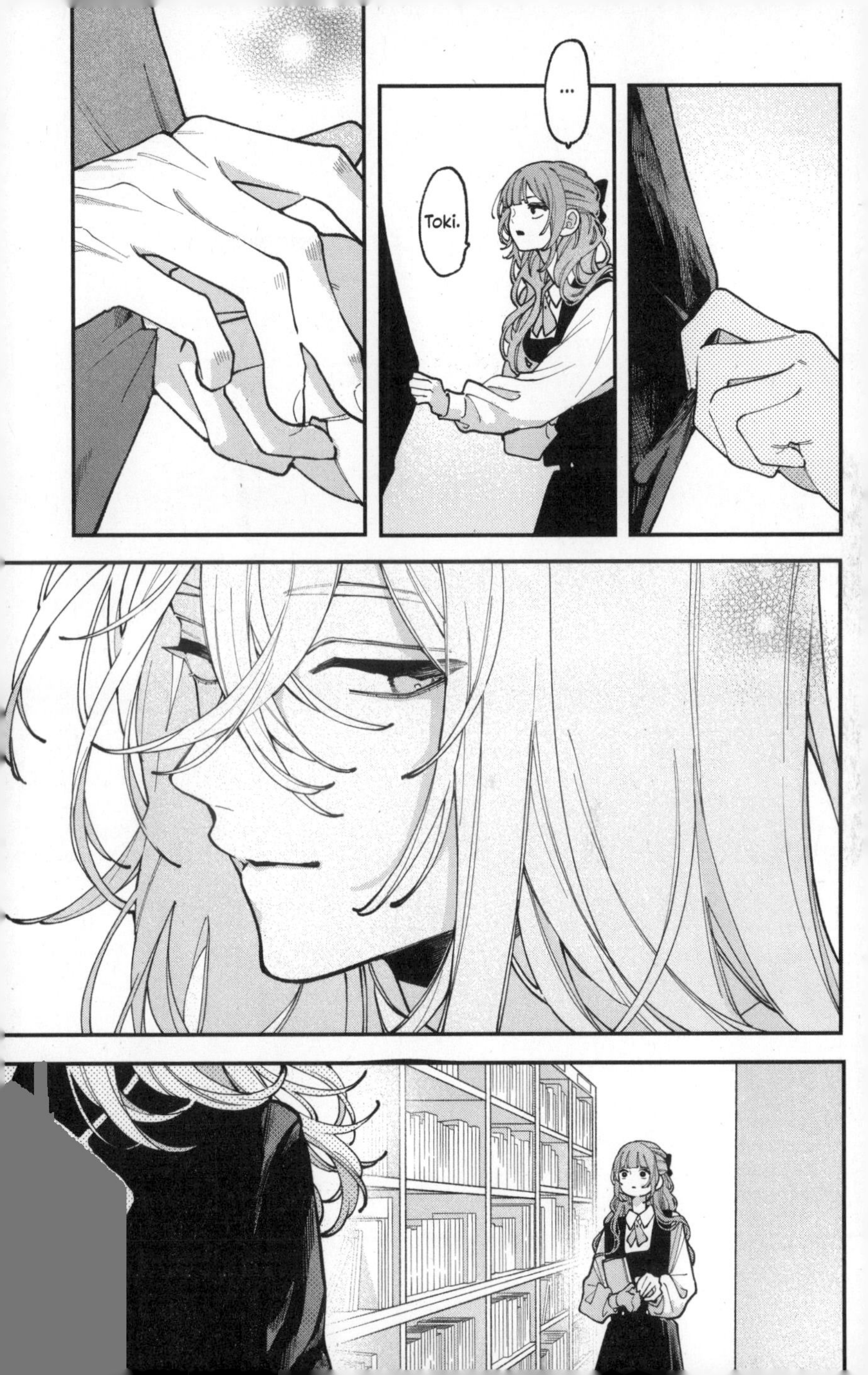
...
Toki.

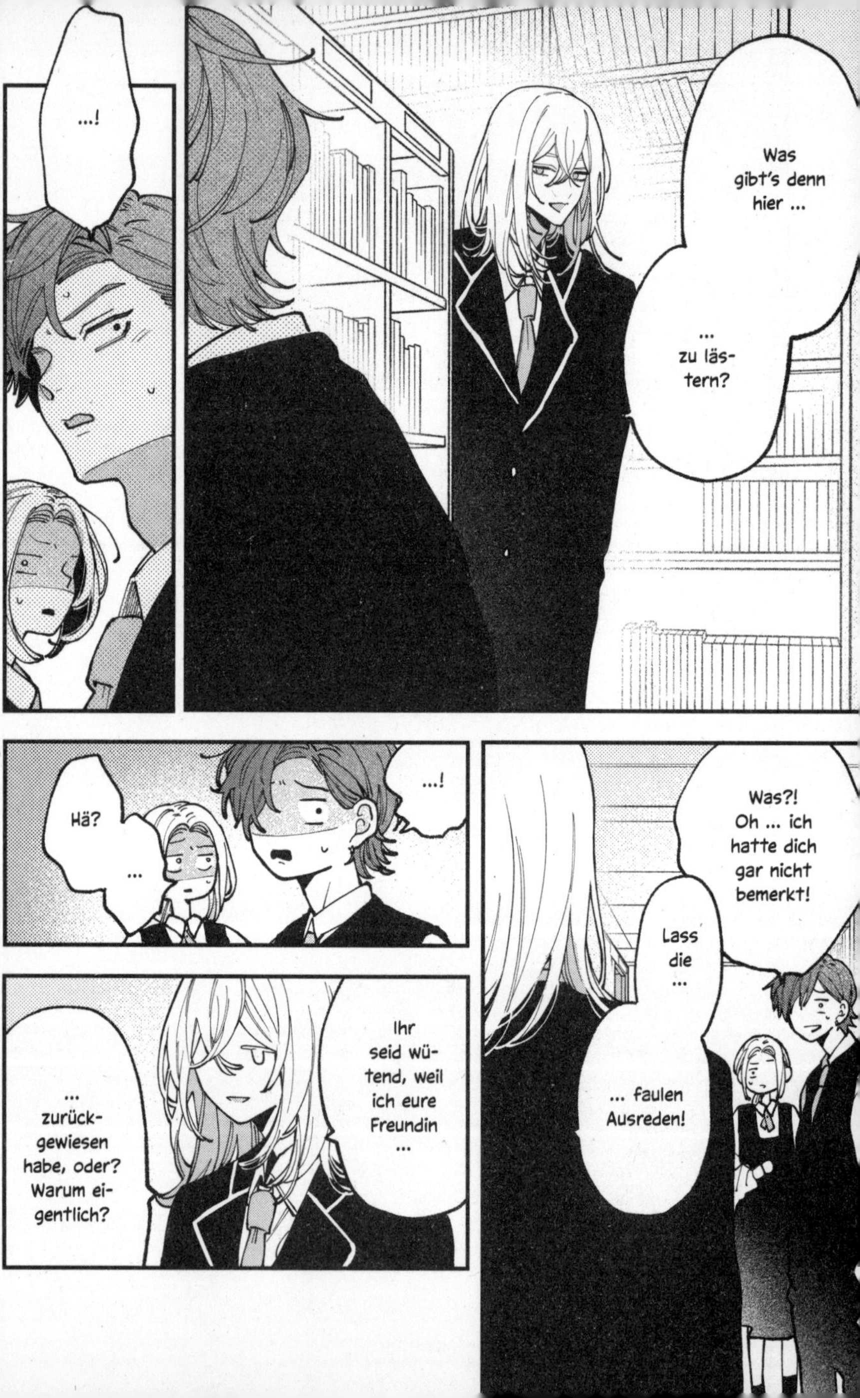
Was gibt's denn hier ...
... zu läs-tern?
...!
Was?! Oh ... ich hatte dich gar nicht bemerkt!
Lass die ...
... faulen Ausreden!
...!
Hä?
...
Ihr seid wü-tend, weil ich eure Freundin ...
... zurück-gewiesen habe, oder? Warum ei-gentlich?

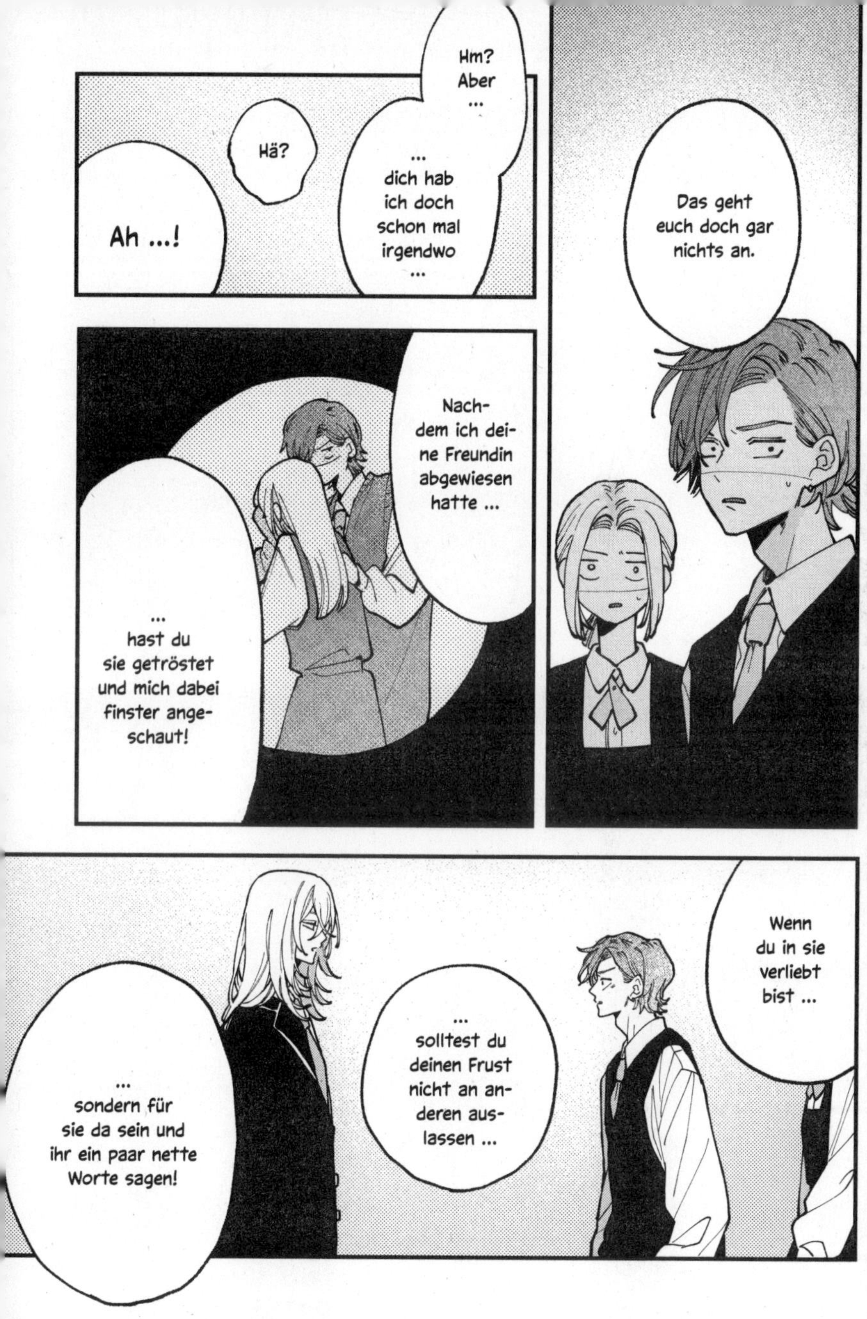

Das geht euch doch gar nichts an.
Hm? Aber ...
... dich hab ich doch schon mal irgendwo ...
Hä?
Ah ...!
Nach-dem ich dei-ne Freundin abgewiesen hatte ...
... hast du sie getröstet und mich dabei finster ange-schaut!
Wenn du in sie verliebt bist ...
... solltest du deinen Frust nicht an an-deren aus-lassen ...
... sondern für sie da sein und ihr ein paar nette Worte sagen!

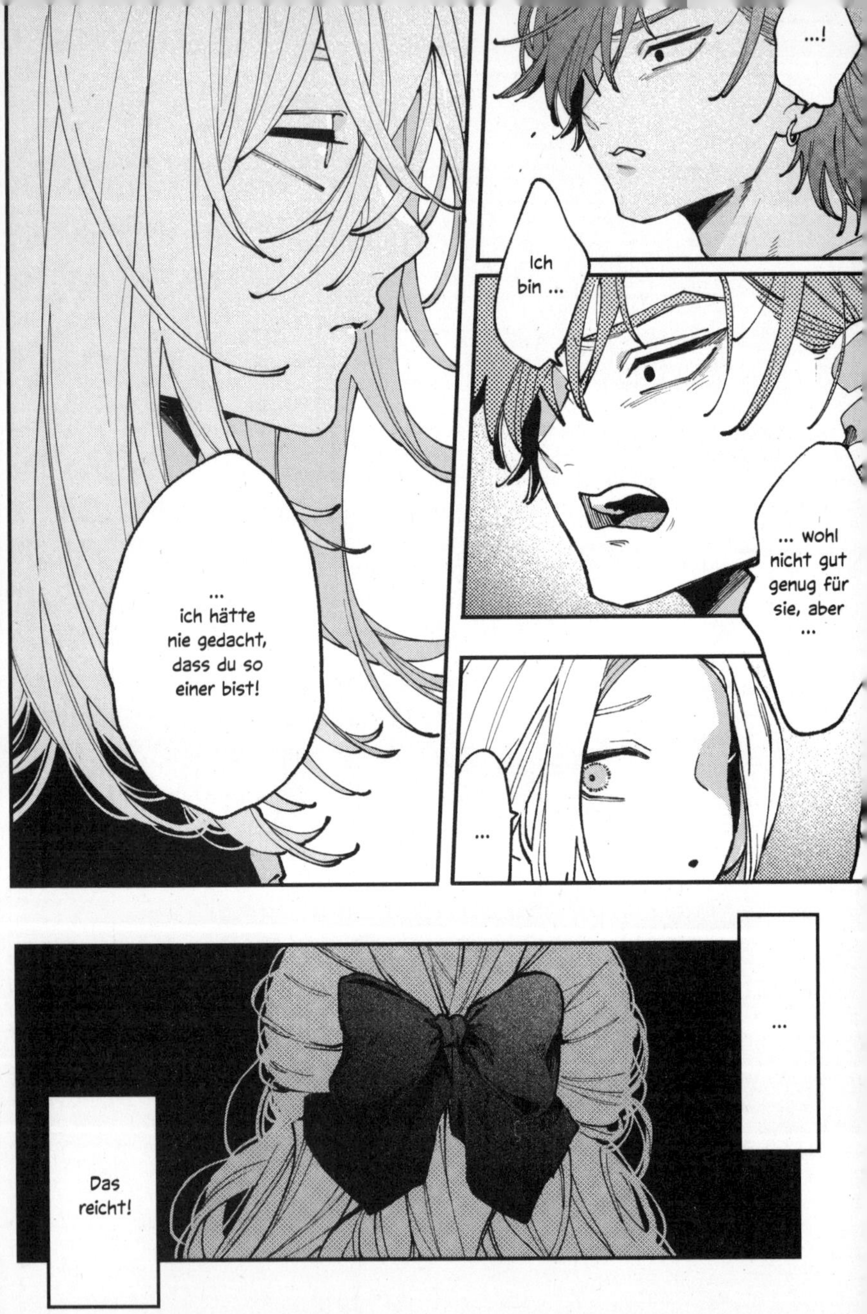
...!
Ich bin ...
... wohl nicht gut genug für sie, aber ...
...
... ich hätte nie gedacht, dass du so einer bist!
...
Das reicht!

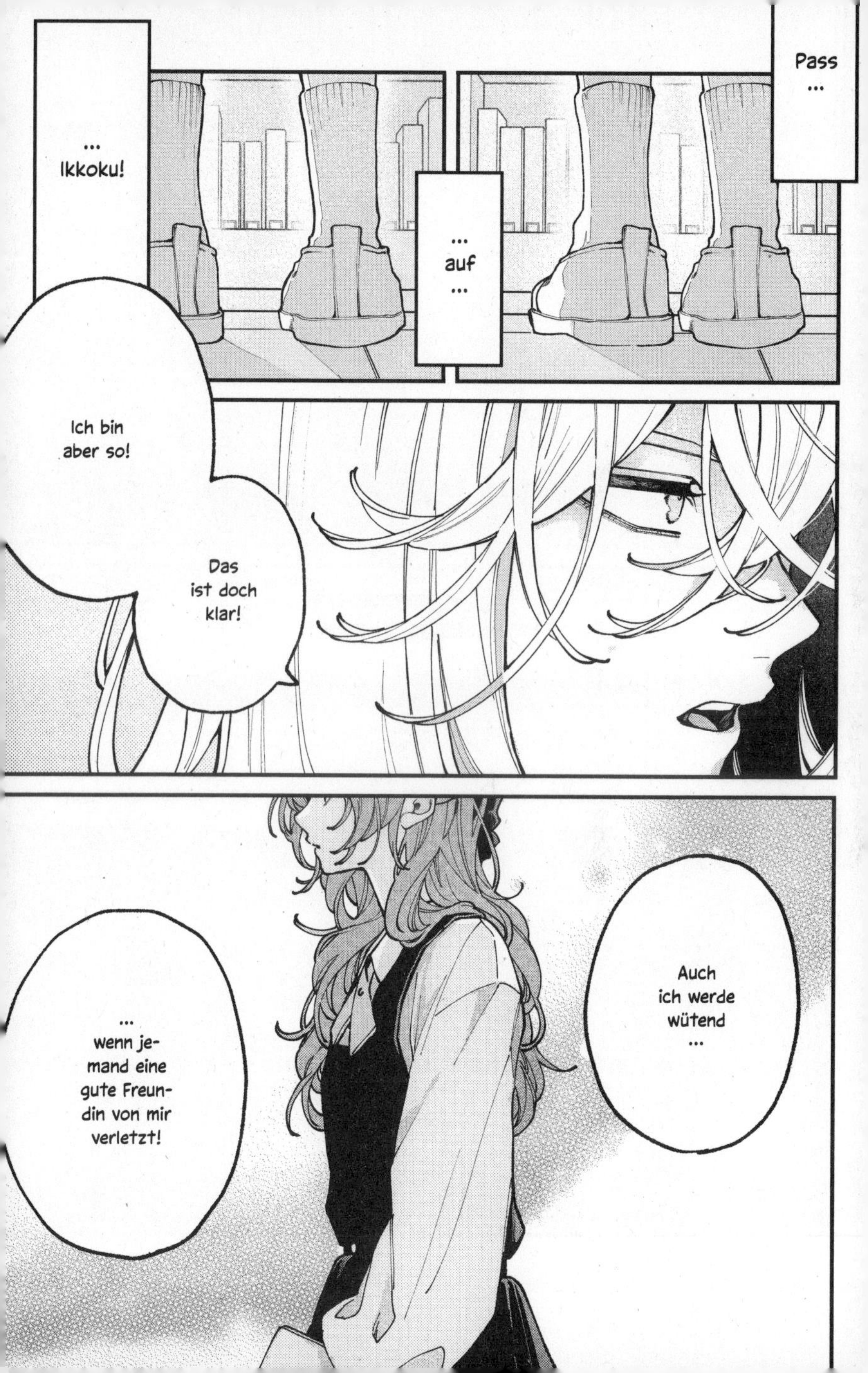
Pass ...
... auf ...
... Ikkoku!
Ich bin aber so!
Das ist doch klar!
Auch ich werde wütend ...
... wenn je-mand eine gute Freun-din von mir verletzt!

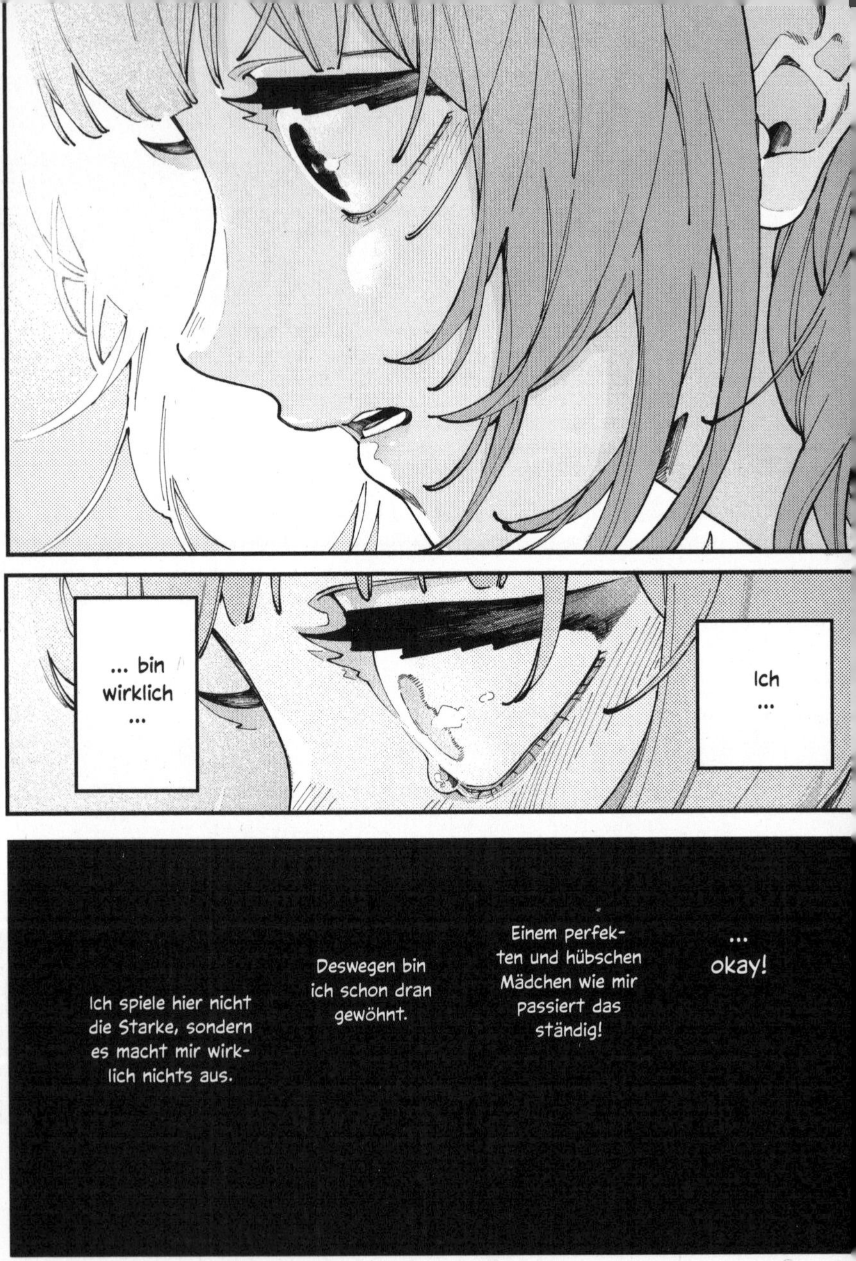
Ich ...
... bin wirklich ...
... okay!
Einem perfekten und hübschen Mädchen wie mir passiert das ständig!
Deswegen bin ich schon dran gewöhnt.
Ich spiele hier nicht die Starke, sondern es macht mir wirklich nichts aus.

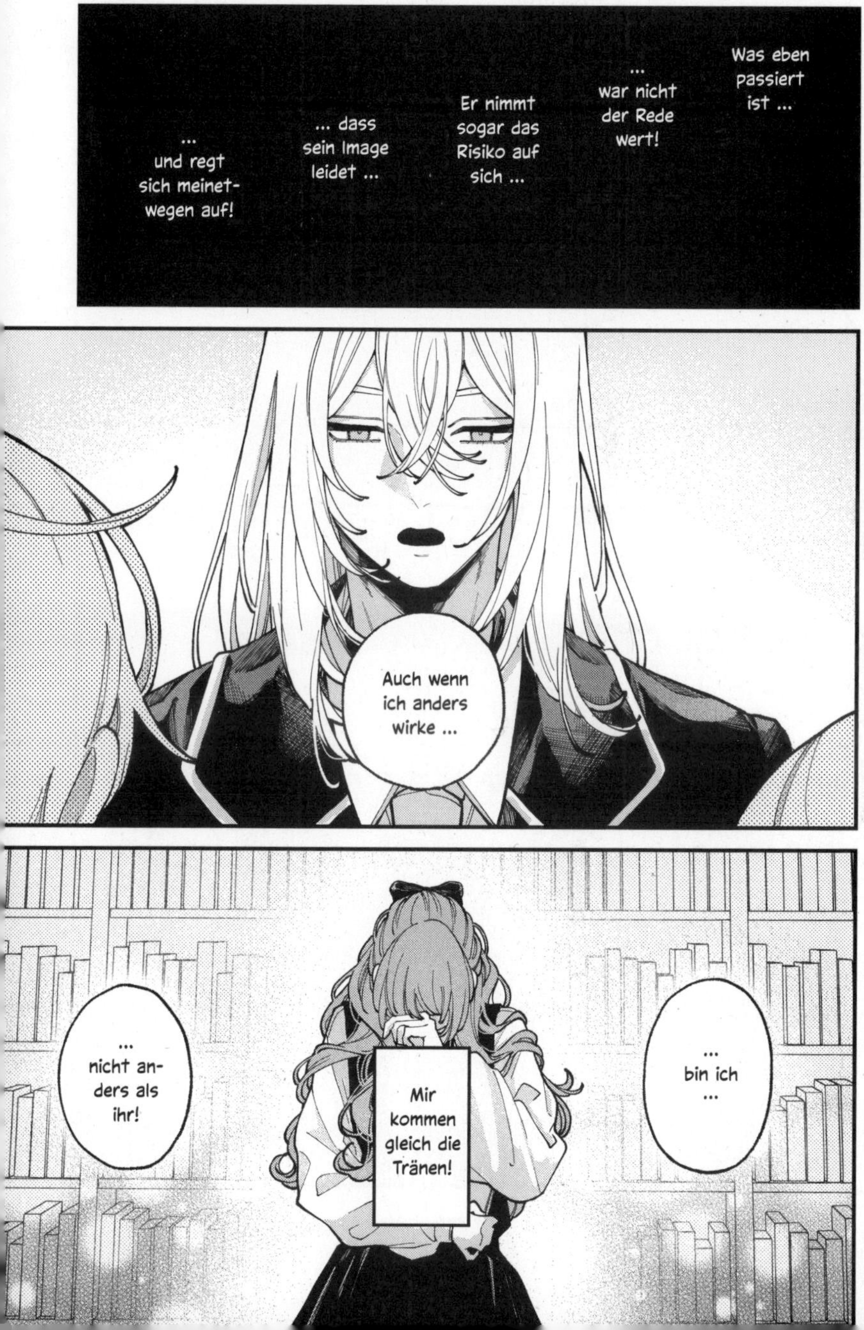
Was eben passiert ist ...
... war nicht der Rede wert!
Er nimmt sogar das Risiko auf sich ...
... dass sein Image leidet ...
... und regt sich meinetwegen auf!
Auch wenn ich anders wirke ...
... bin ich ...
Mir kommen gleich die Tränen!
... nicht anders als ihr!

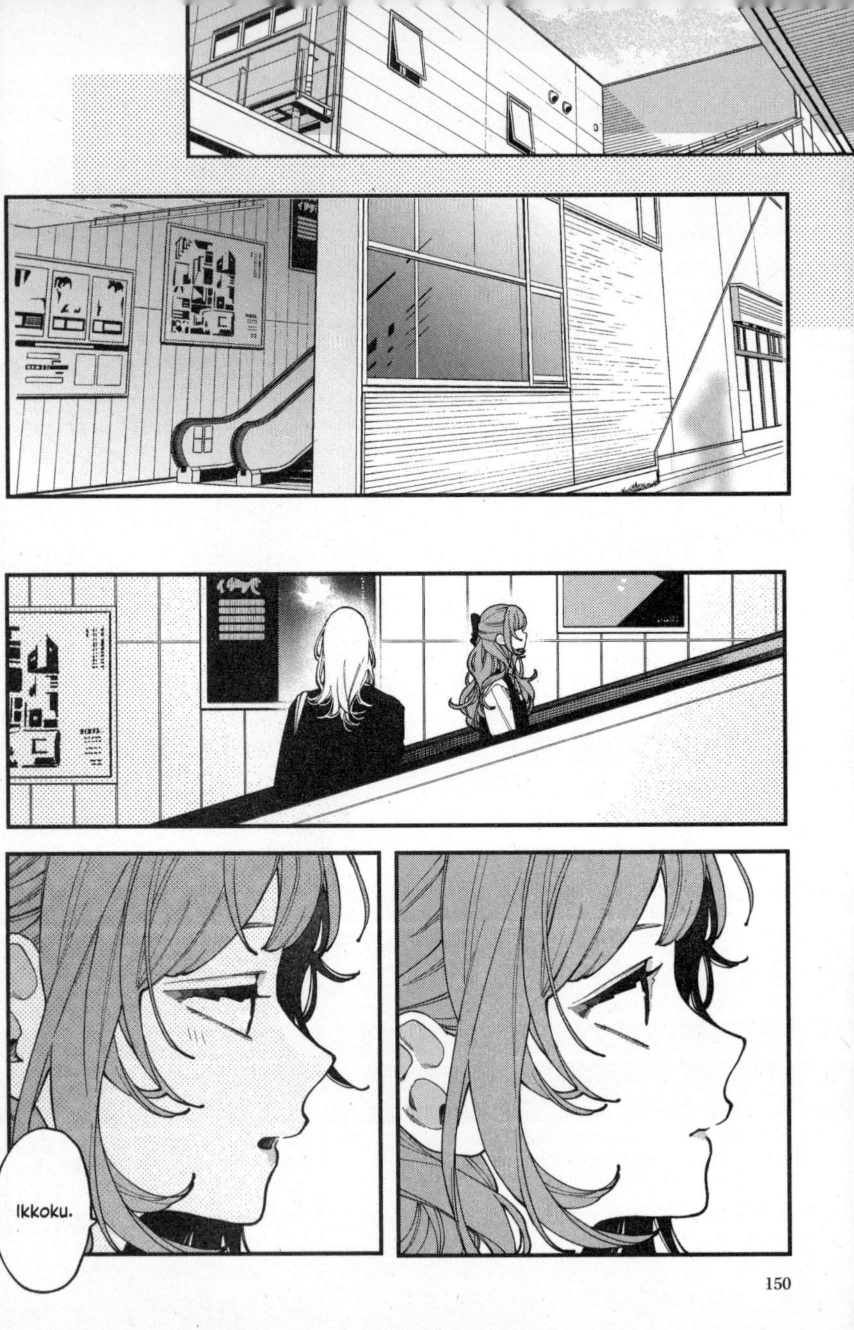
Ikkoku.

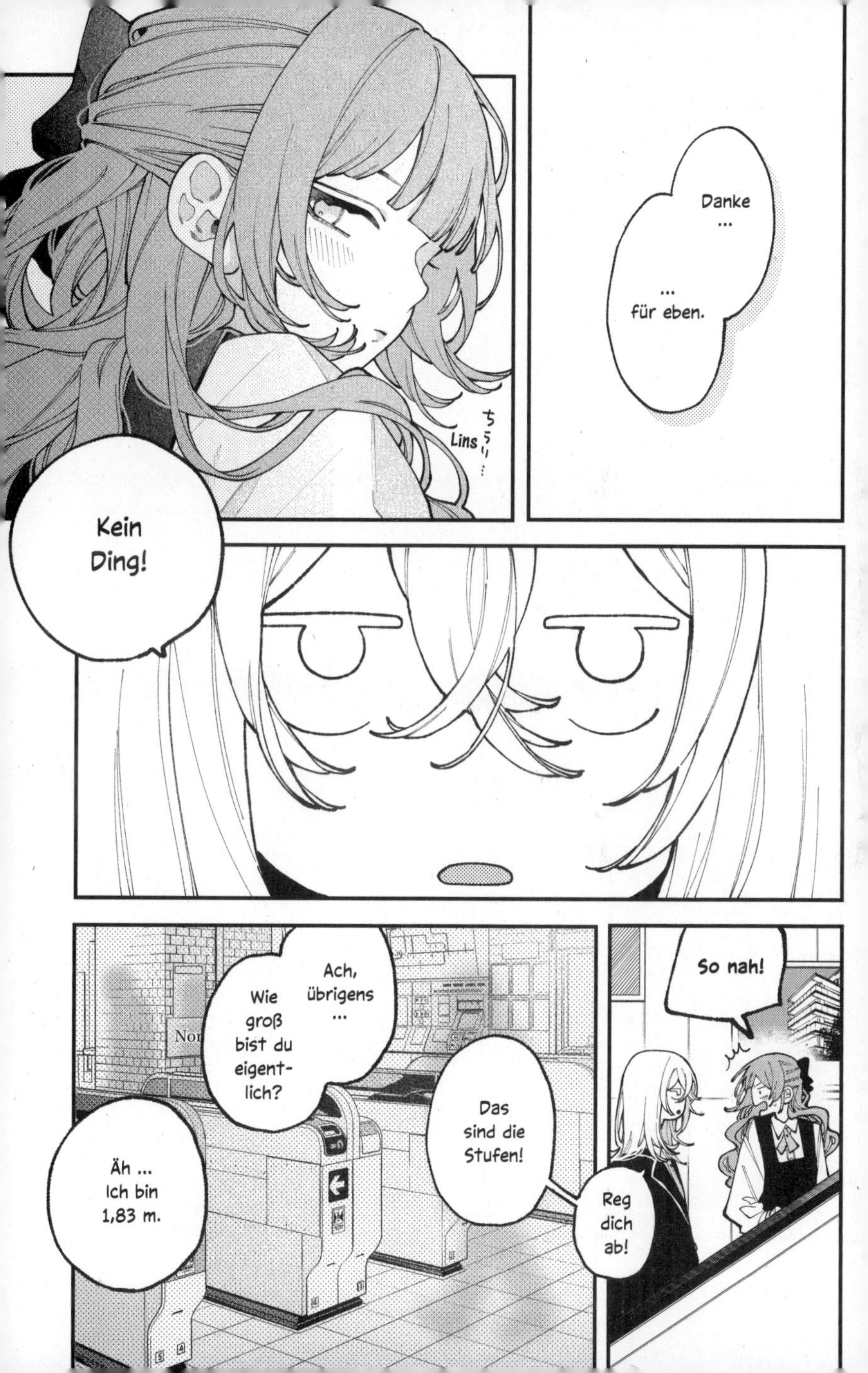
Danke …
… für eben.
Lins
ちらり…
Kein Ding!
Ach, übrigens …
Wie groß bist du eigent-lich?
Äh … Ich bin 1,83 m.
So nah!
Das sind die Stufen!
Reg dich ab!

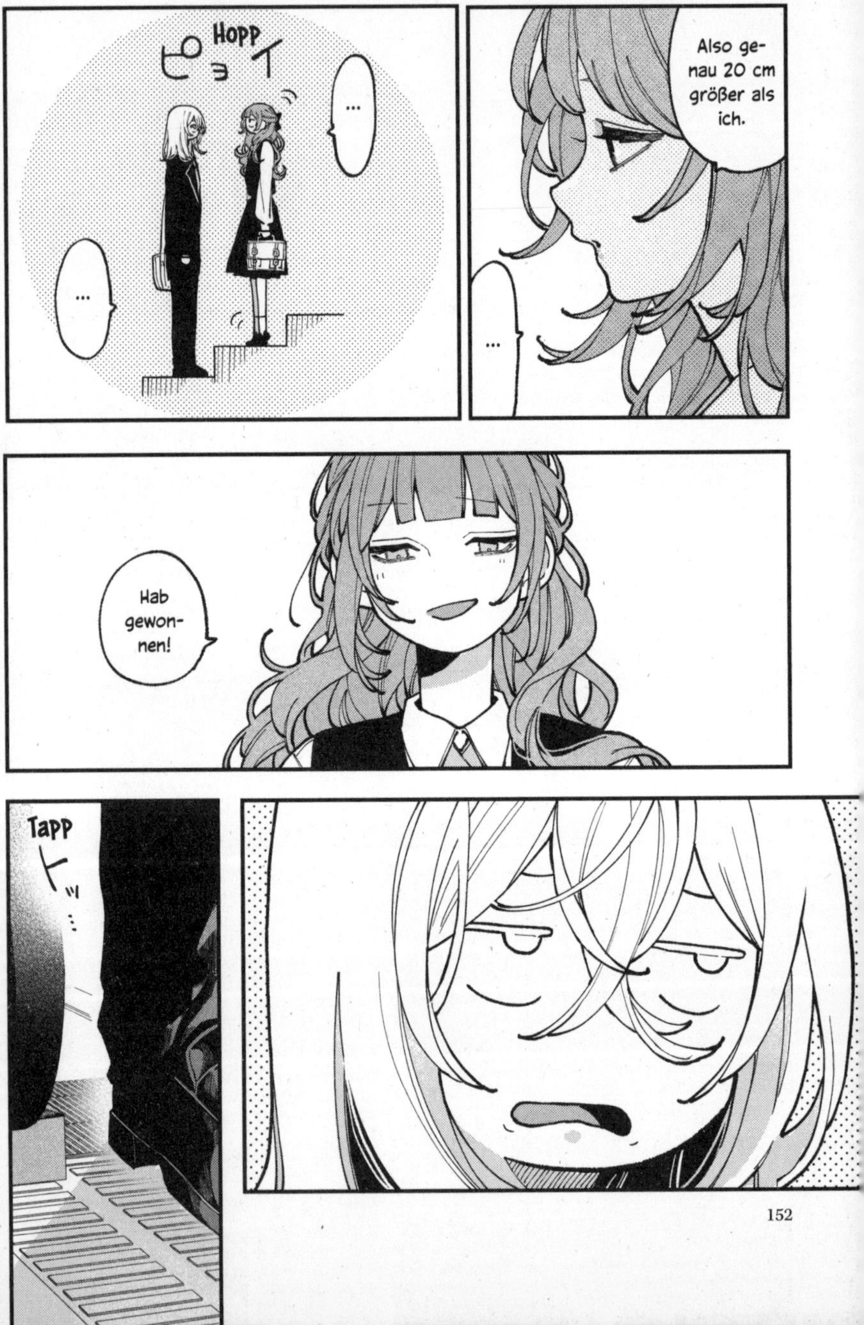
Also ge-
nau 20 cm
größer als
ich.
...
HOPP
ピョイ
...
...
Hab
gewon-
nen!
Tapp
トッ

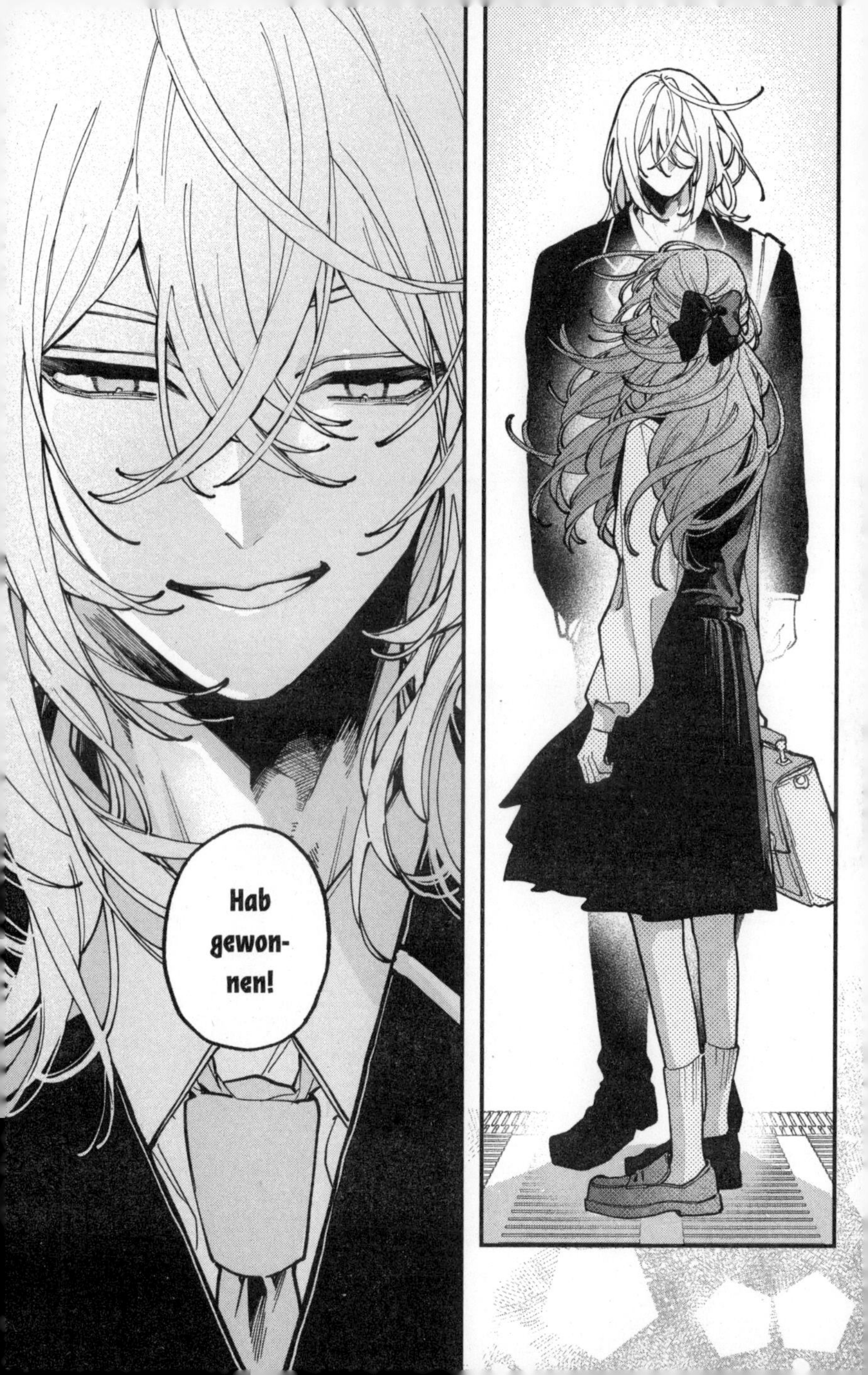
Hab gewon-nen!

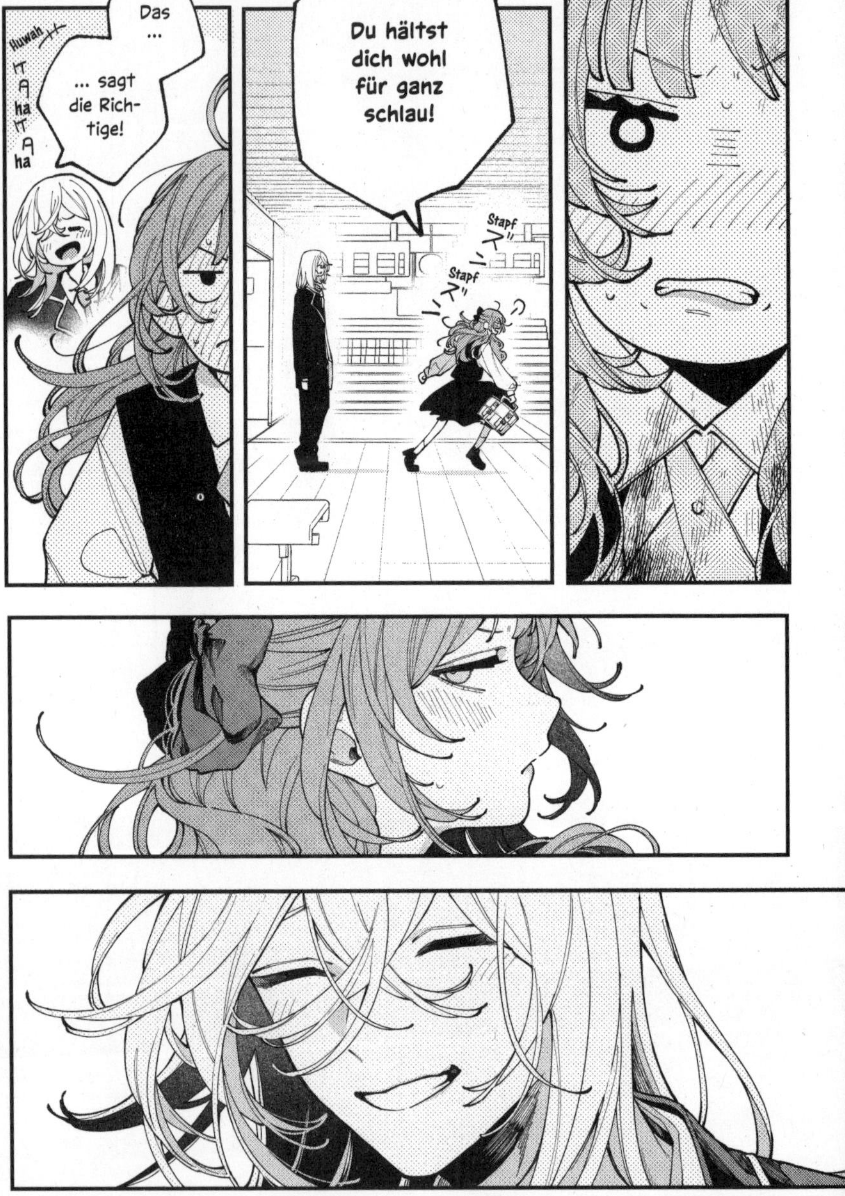
Du hältst dich wohl für ganz schlau!
Stapf
Stapf
Das ...
... sagt die Richtige!
Huwah
ha
ha

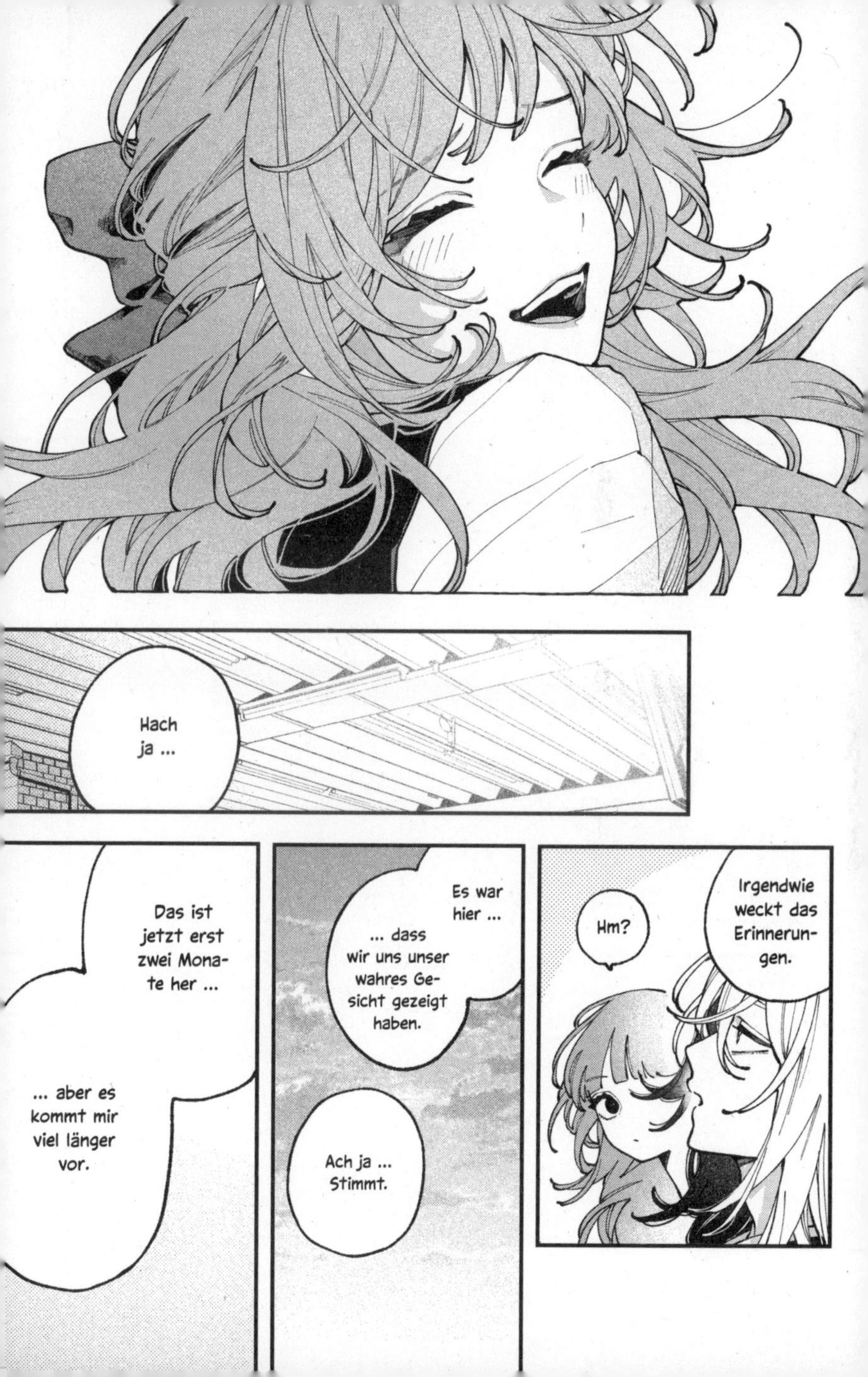
Hach ja ...
Irgendwie weckt das Erinnerungen.
Hm?
Es war hier ...
... dass wir uns unser wahres Gesicht gezeigt haben.
Ach ja ... Stimmt.
Das ist jetzt erst zwei Monate her ...
... aber es kommt mir viel länger vor.

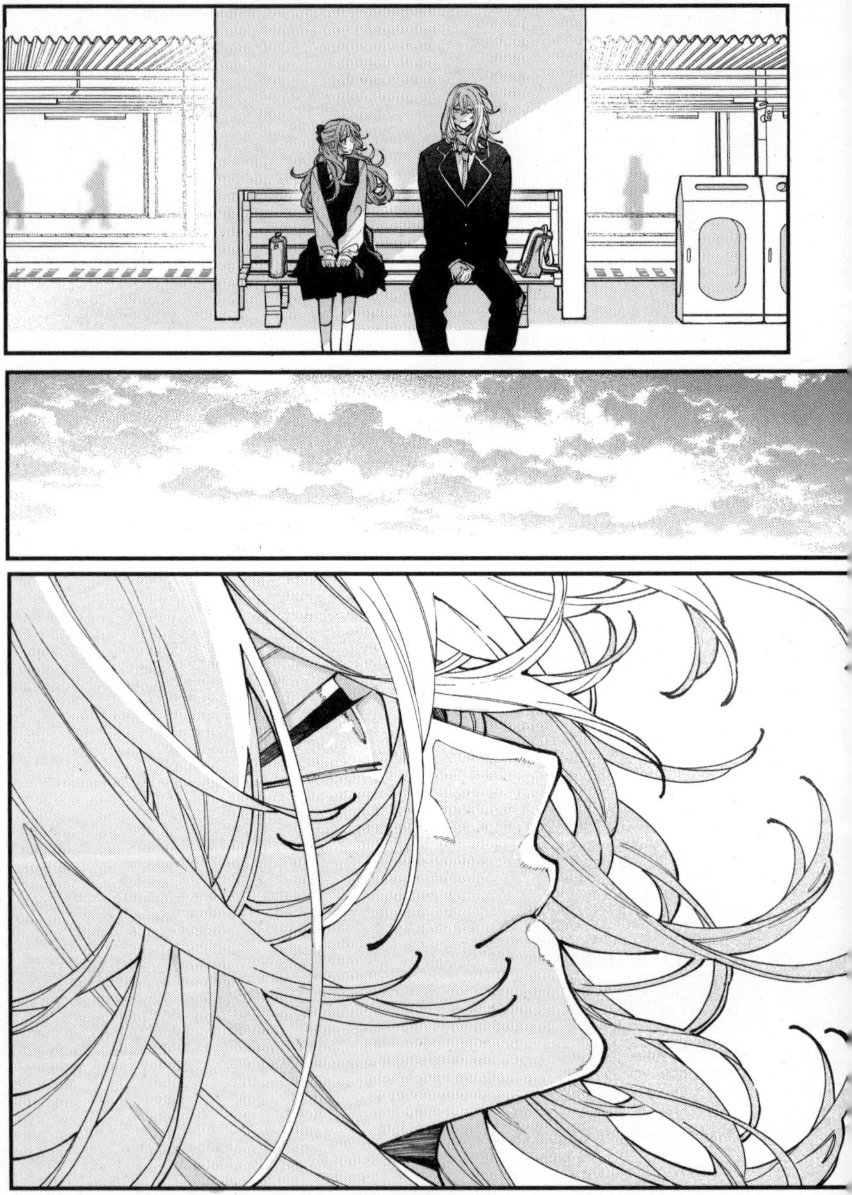

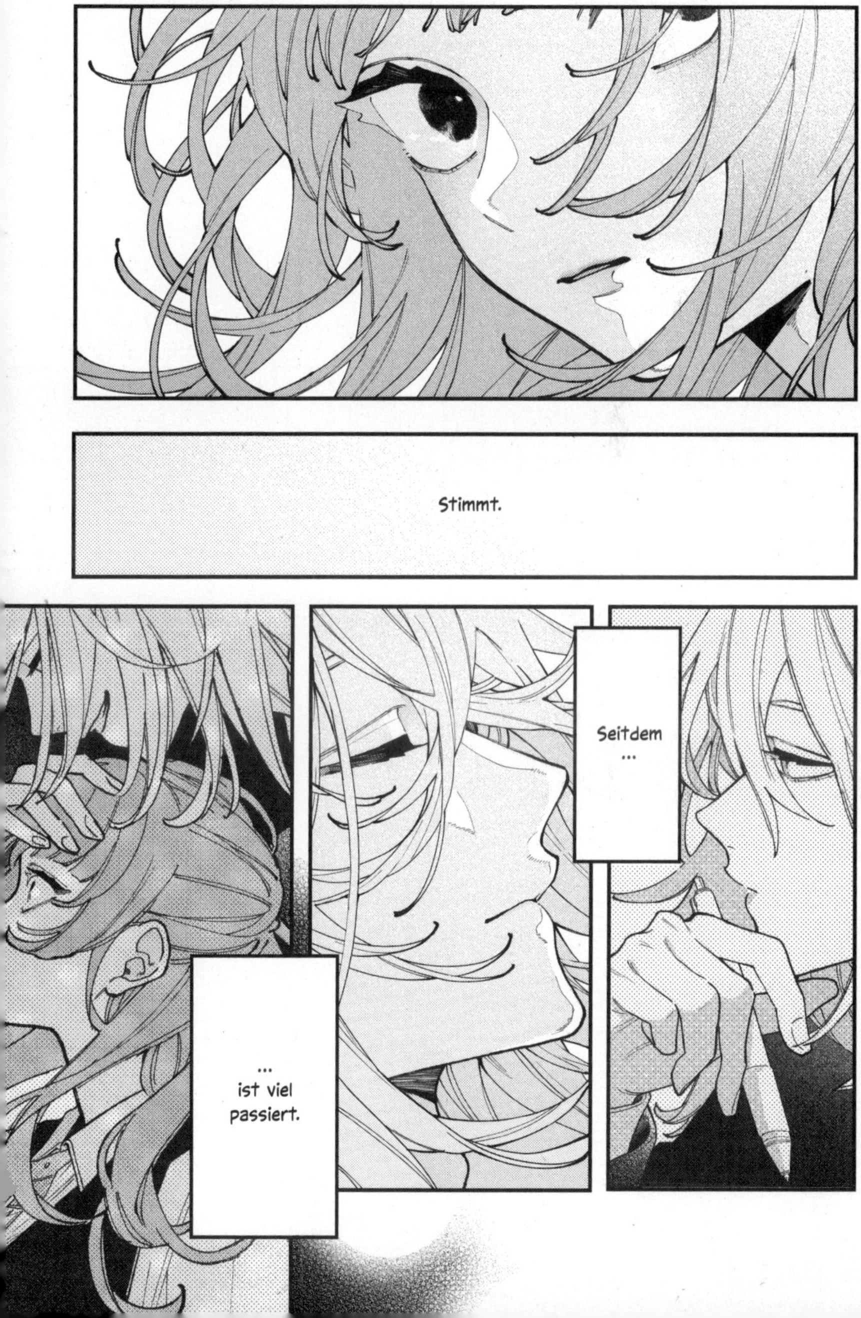
Stimmt.
Seitdem ...
... ist viel passiert.

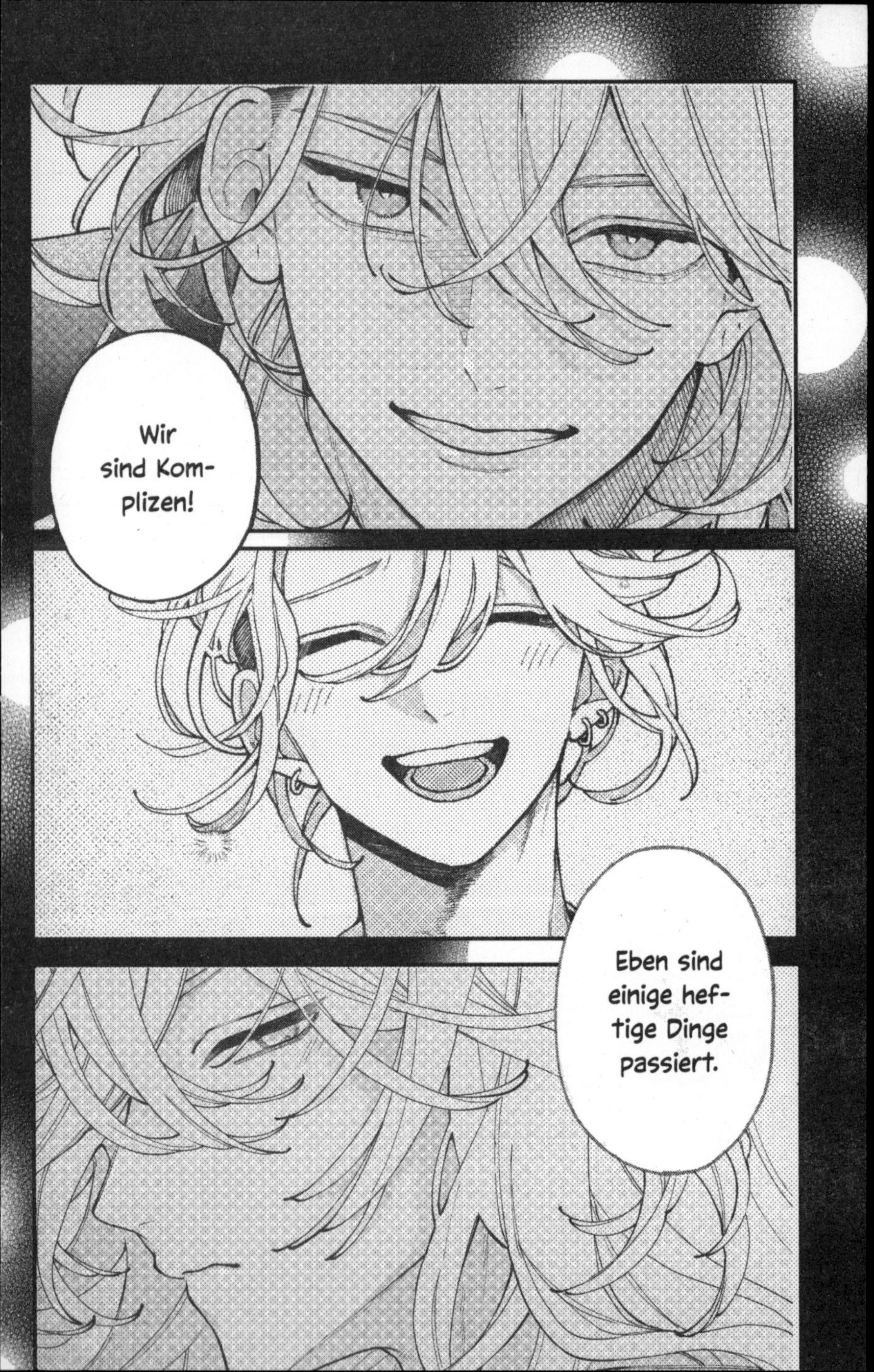
Wir sind Komplizen!
Eben sind einige heftige Dinge passiert.

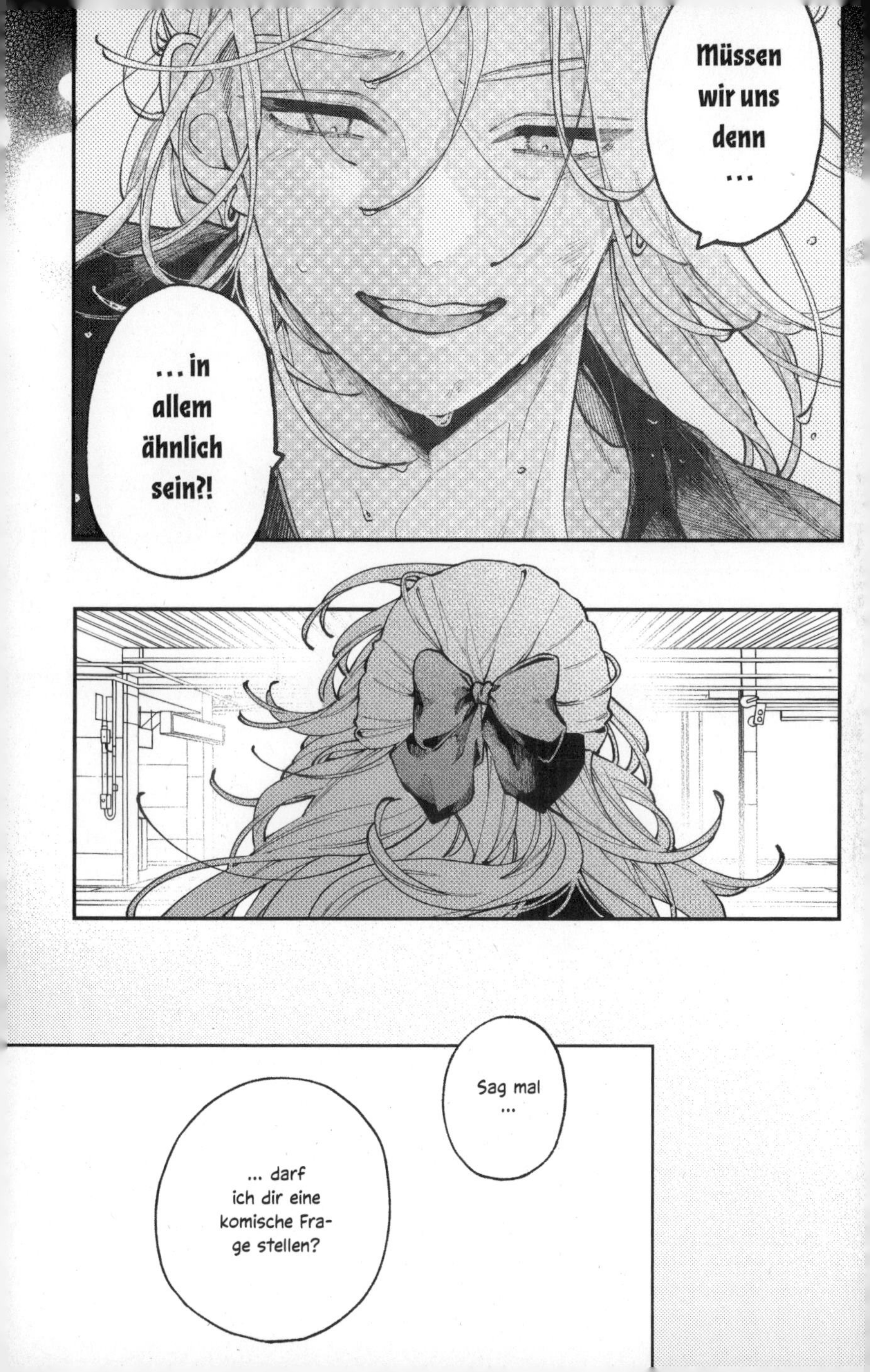
Müssen wir uns denn …
… in allem ähnlich sein?!
Sag mal …
… darf ich dir eine komische Frage stellen?

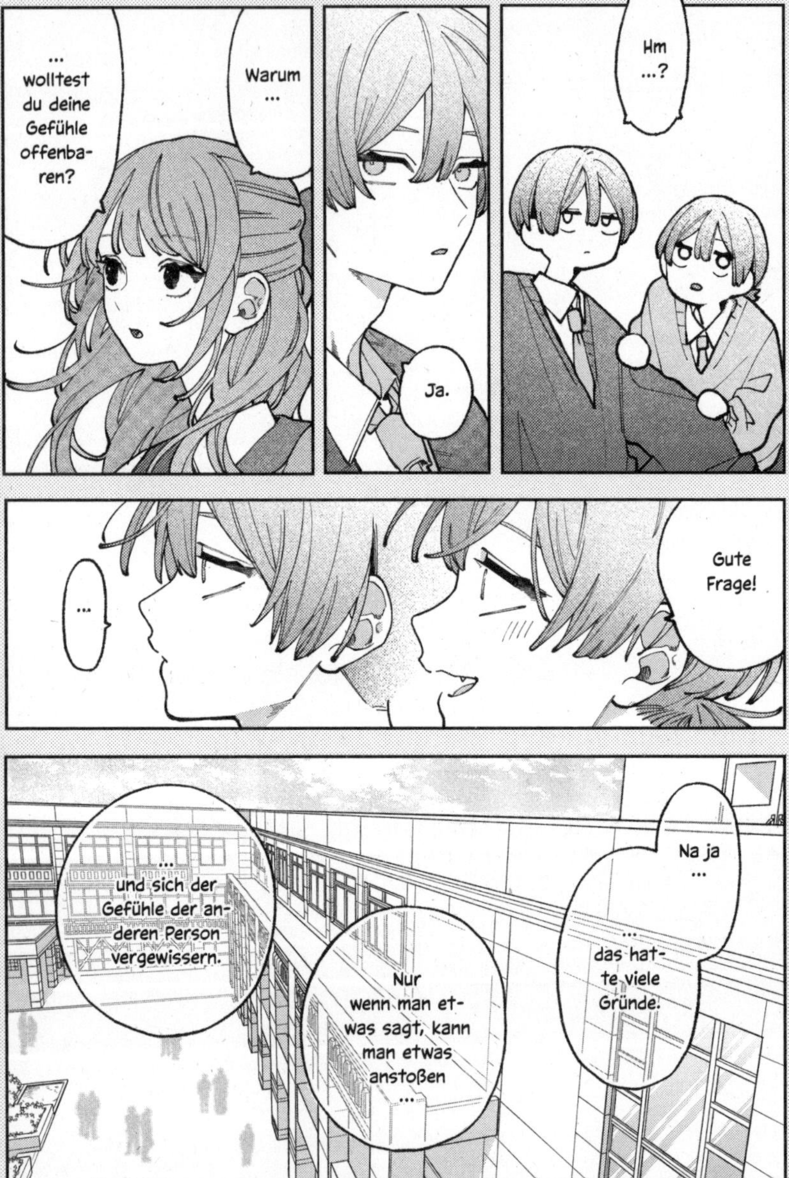
Hm ...?
Ja.
Warum ...
... wolltest du deine Gefühle offenbaren?
Gute Frage!
...
Na ja ...
... das hatte viele Gründe.
Nur wenn man etwas sagt, kann man etwas anstoßen ...
... und sich der Gefühle der anderen Person vergewissern.

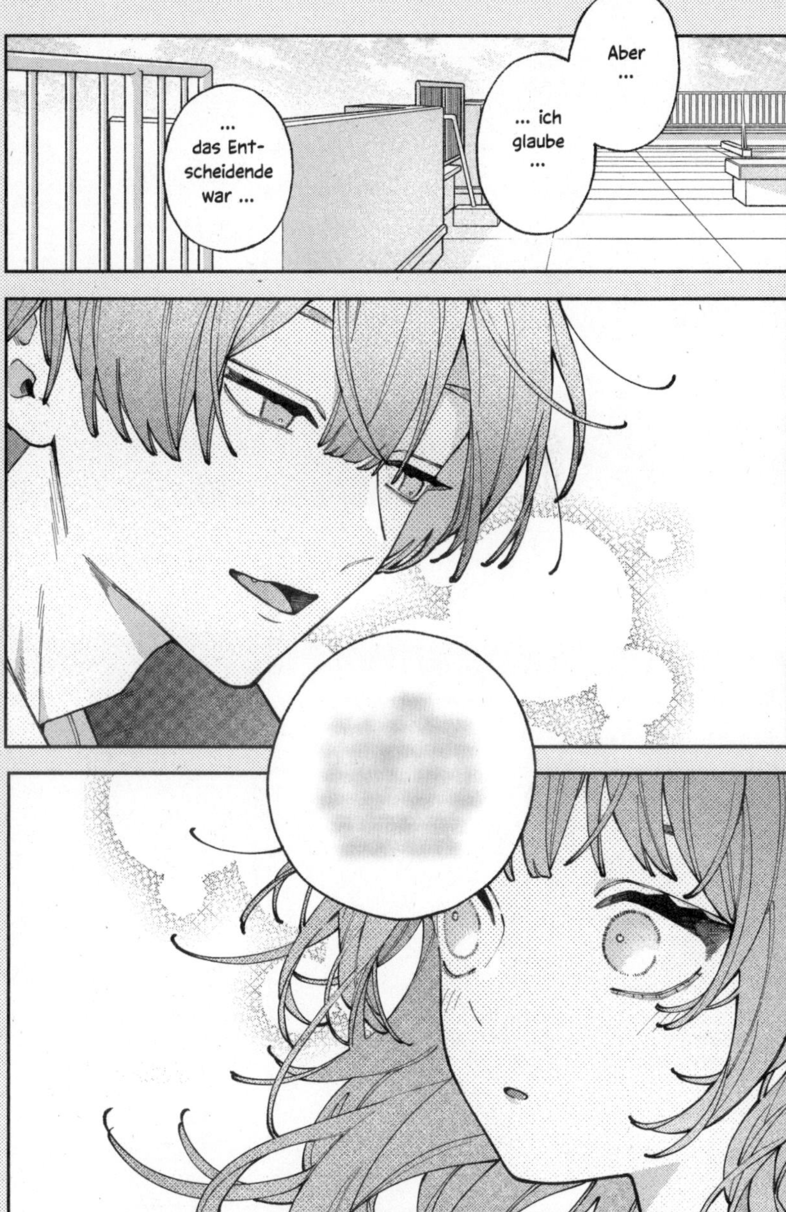
Aber ...
... ich glaube ...
... das Ent-scheidende war ...

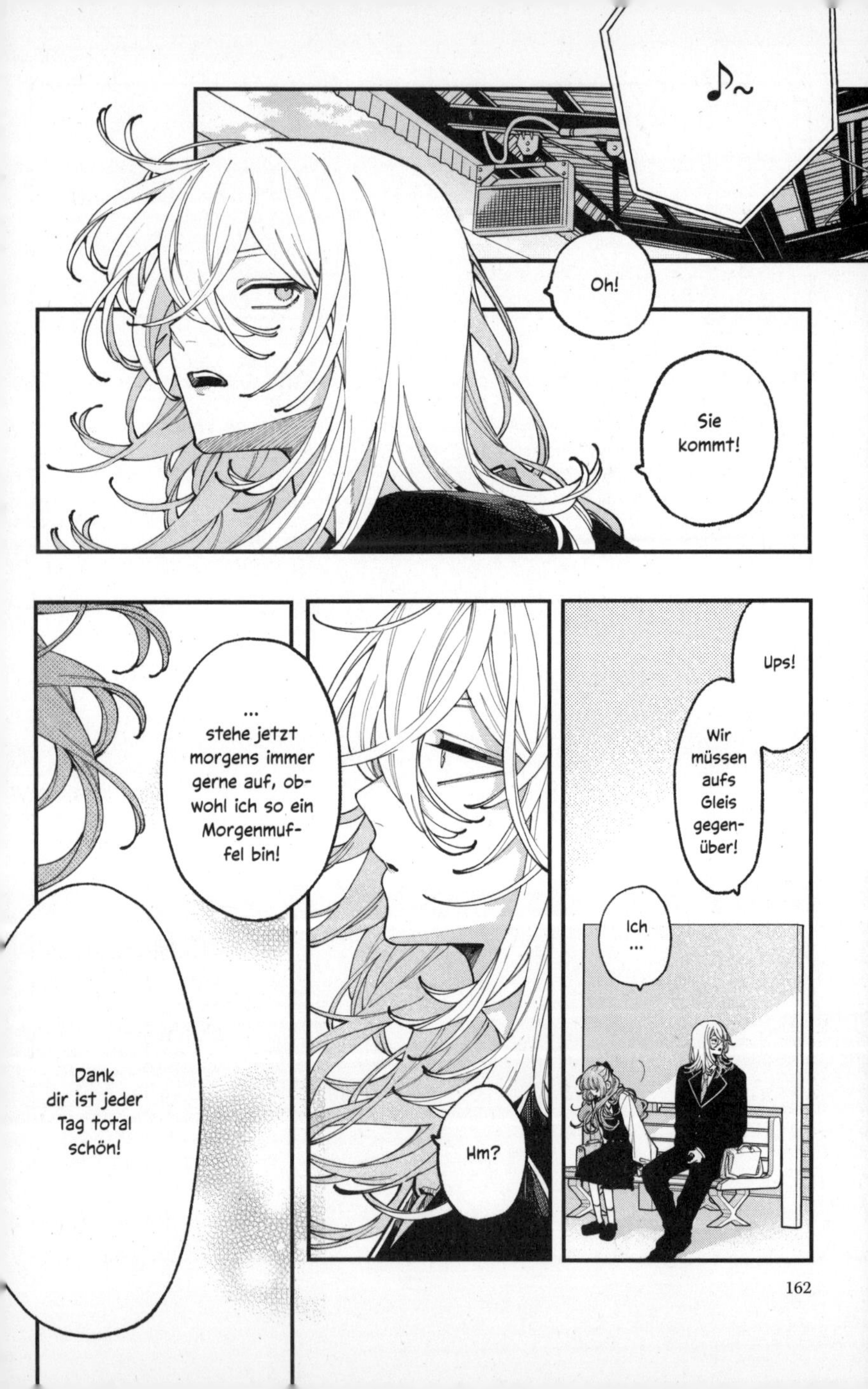

♪~
Oh!
Sie kommt!
Ups!
Wir müssen aufs Gleis gegenüber!
Ich ...
Hm?
... stehe jetzt morgens immer gerne auf, obwohl ich so ein Morgenmuffel bin!
Dank dir ist jeder Tag total schön!

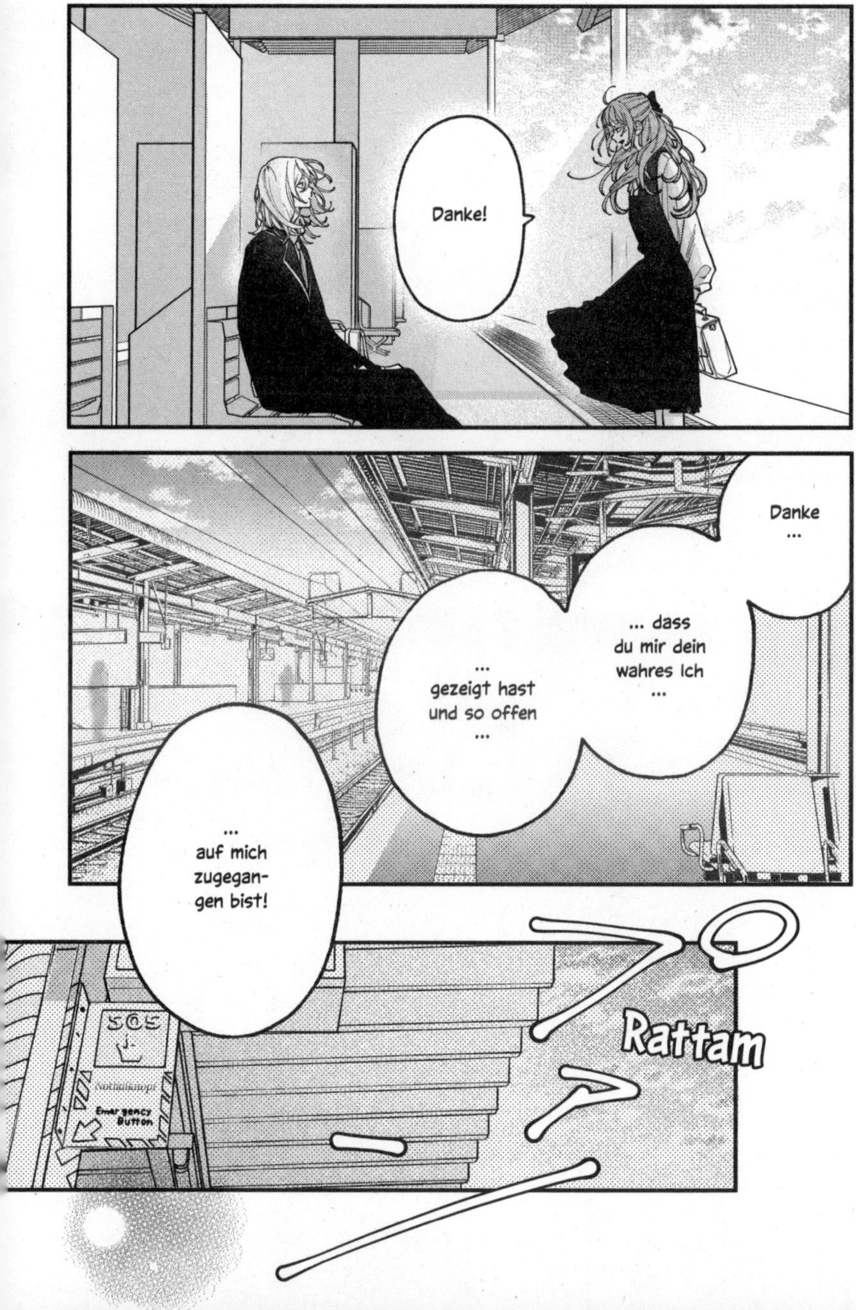
Danke!
Danke ...
... dass du mir dein wahres Ich ...
... gezeigt hast und so offen ...
... auf mich zugegangen bist!
SOS
Emergency Button
Rattam

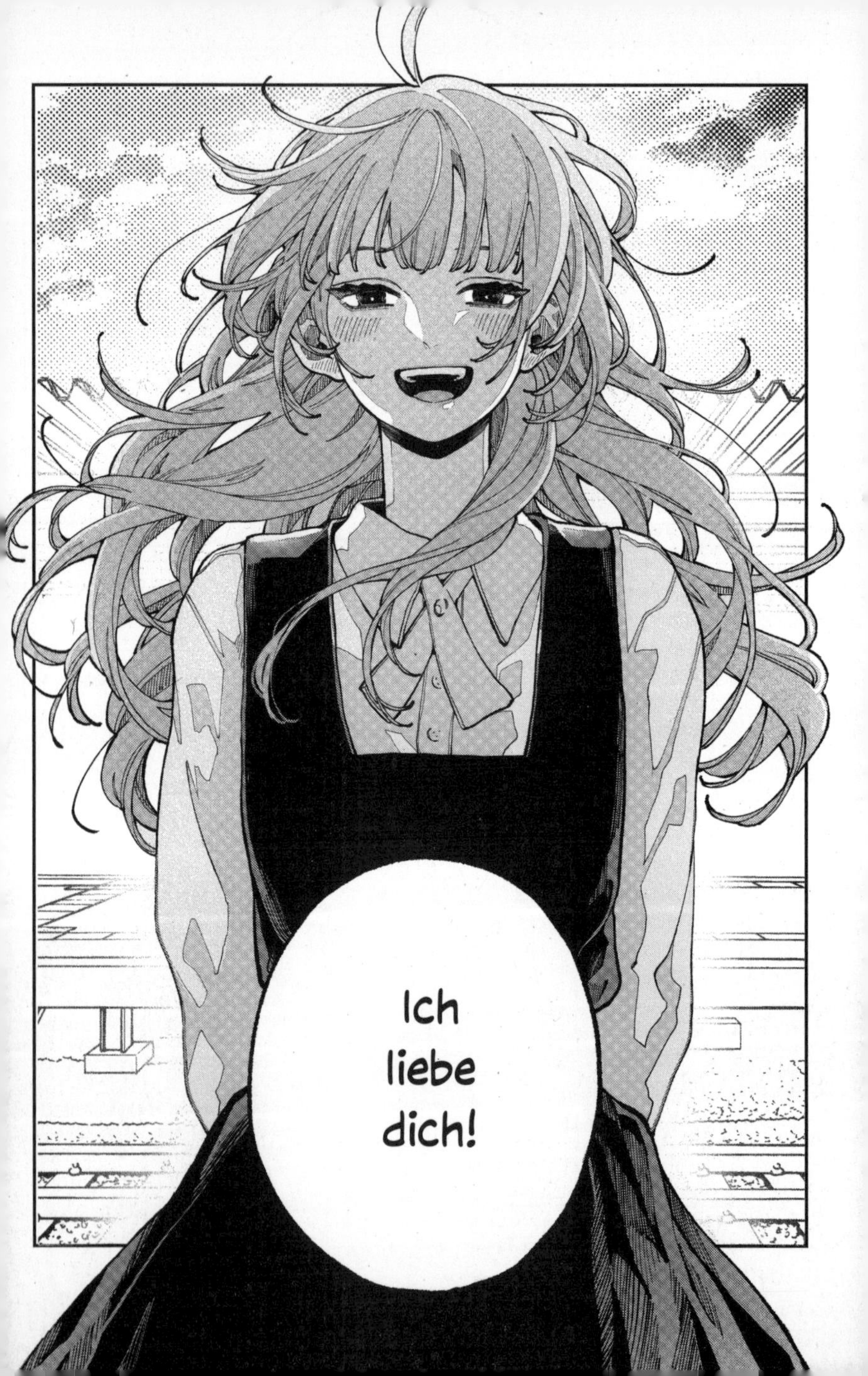
Ich liebe dich!

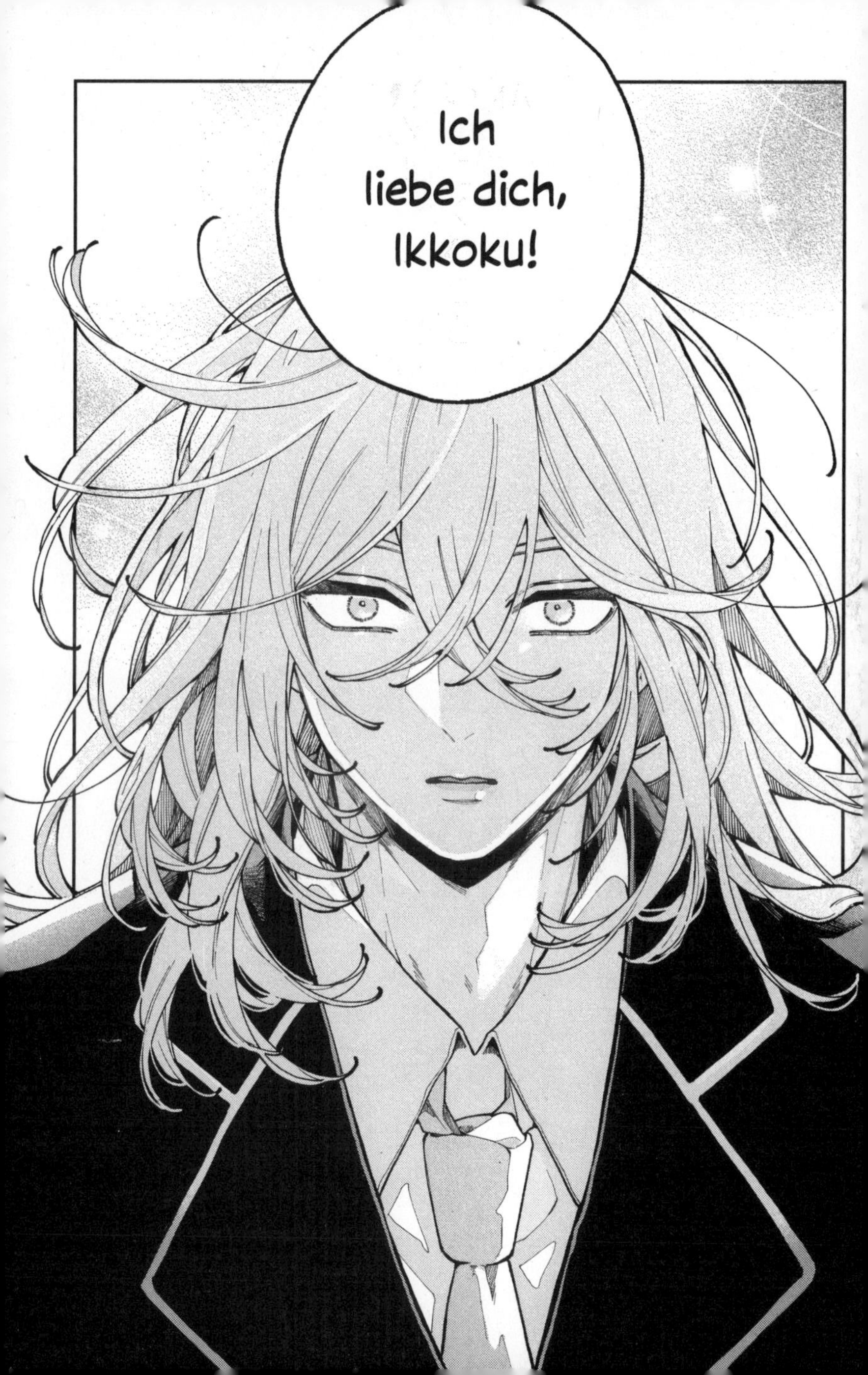
Ich liebe dich, Ikkoku!

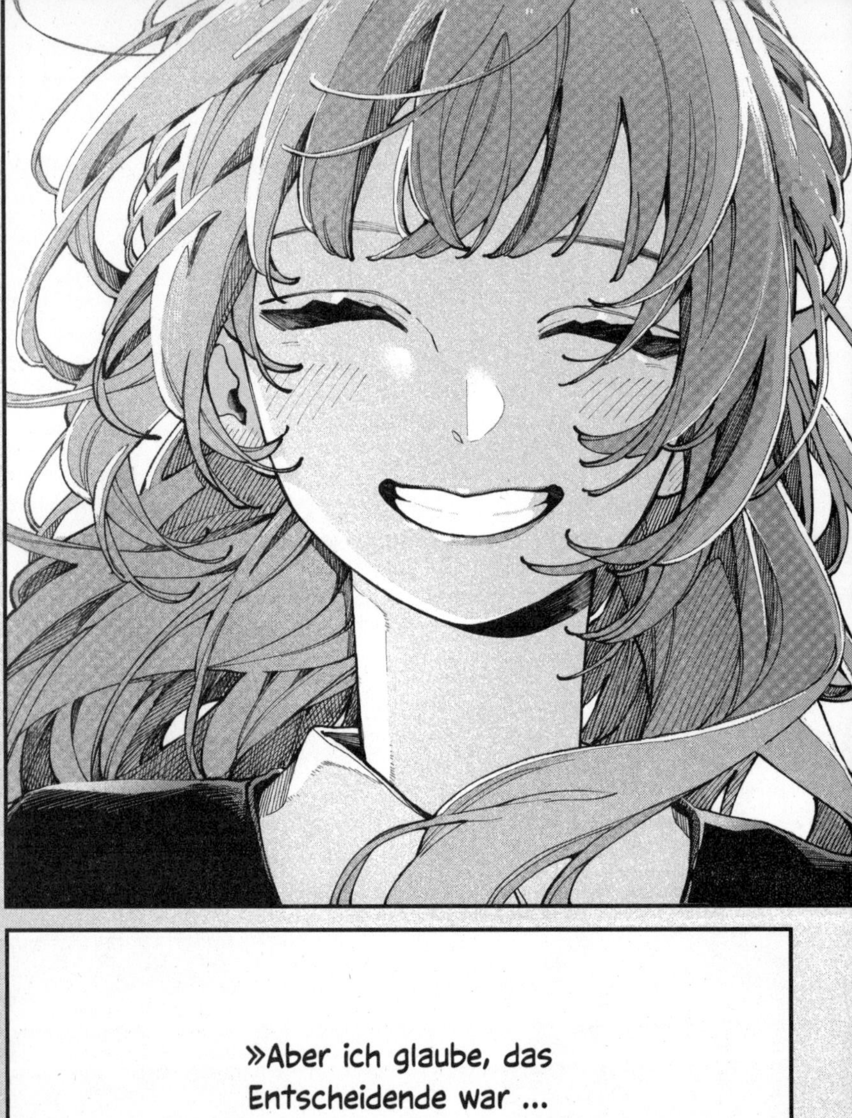
»Aber ich glaube, das Entscheidende war ...

... dass ich es der Person so dringend mitteilen wollte, dass ich gar nicht mehr über die Gründe nachdenken konnte.«

Fortsetzung in Band 3

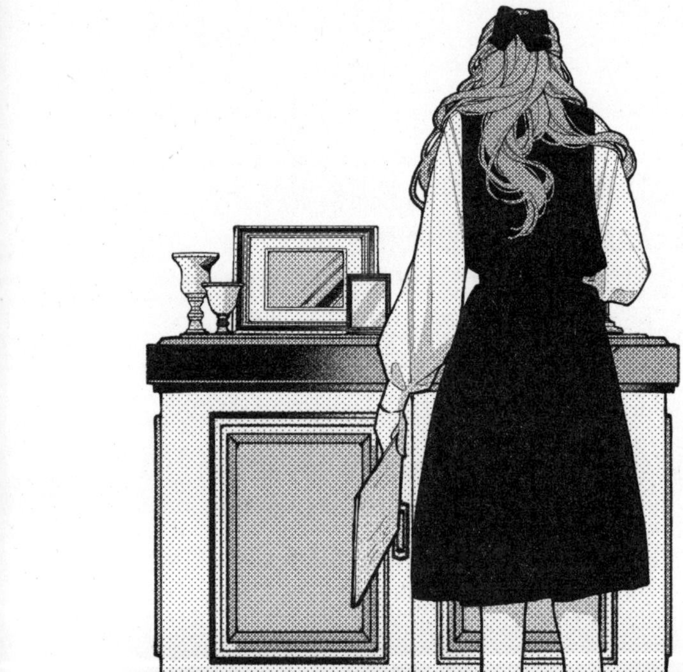

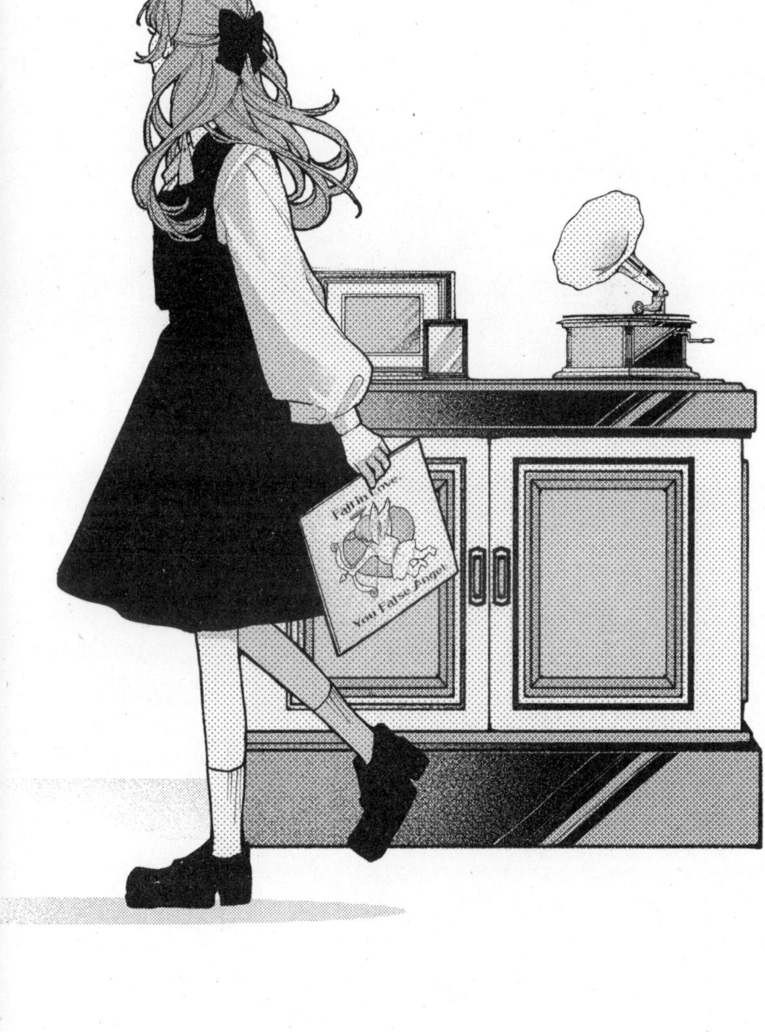
You False Angel

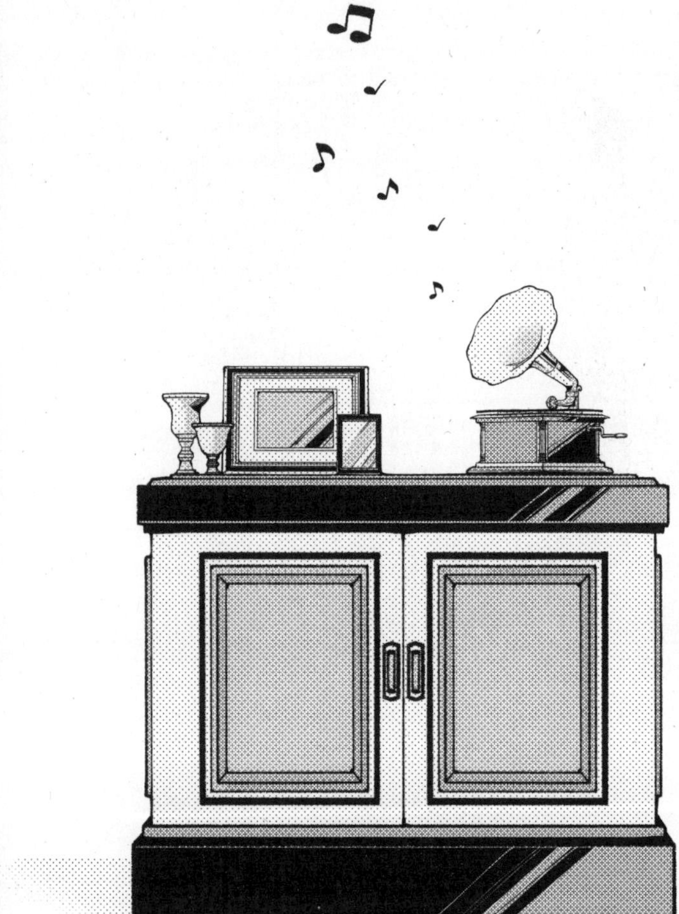

Nachwort

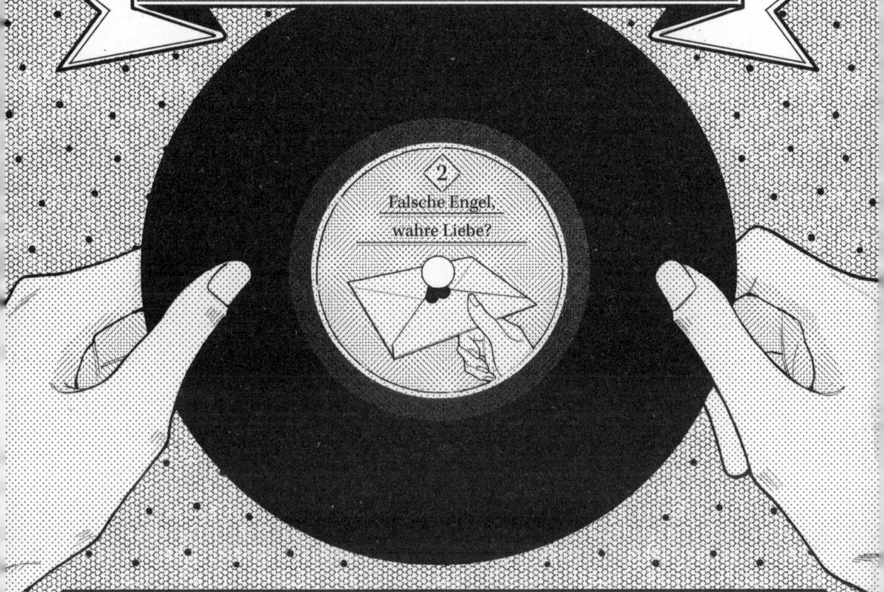

Vielen herzlichen Dank, dass ihr zu Band 2 von *Falsche Engel, wahre Liebe?* gegriffen habt. Mittlerweile bin ich routinierter im Zeichnen von Otogi und Toki geworden, was den Spaß an der Sache noch deutlich gesteigert hat. Ich freu mich so!

Ich hoffe, dass wir uns in Band 3 wiedersehen!

Special Thanks

An meinen Redakteur Shigeru
An das Team von spica works
An das Josei-Manga-Redaktionsteam
An das Team des Kohei Nawata Design Office
An Kao
An Tsuyu Aoi und Chisa Aoyama
An das Sugadaira Swiss Hotel
An die Senshin-Oberschule
An alle meine Leser

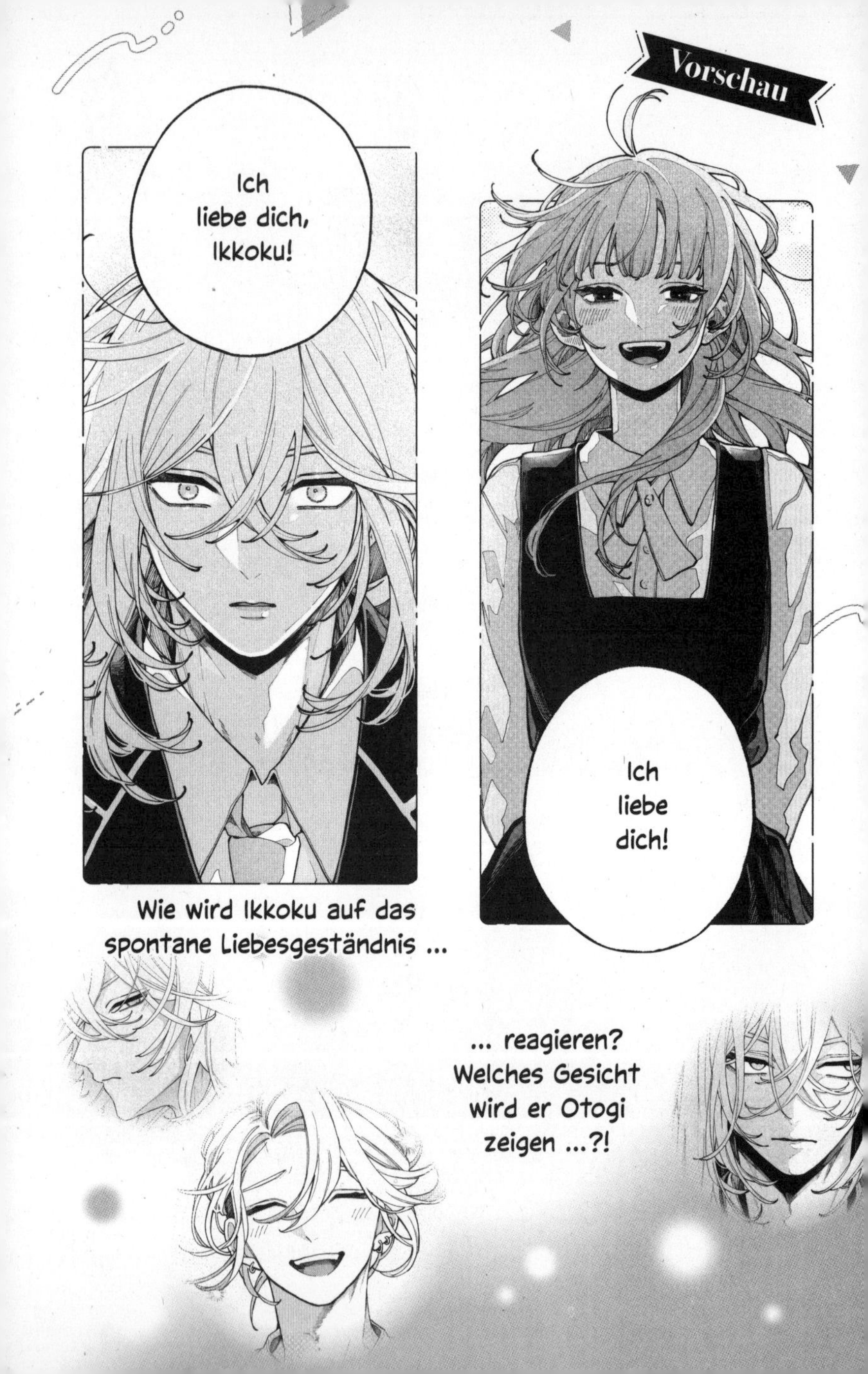
Vorschau
Ich liebe dich!
Ich liebe dich, Ikkoku!
Wie wird Ikkoku auf das spontane Liebesgeständnis ...
... reagieren? Welches Gesicht wird er Otogi zeigen ...?!

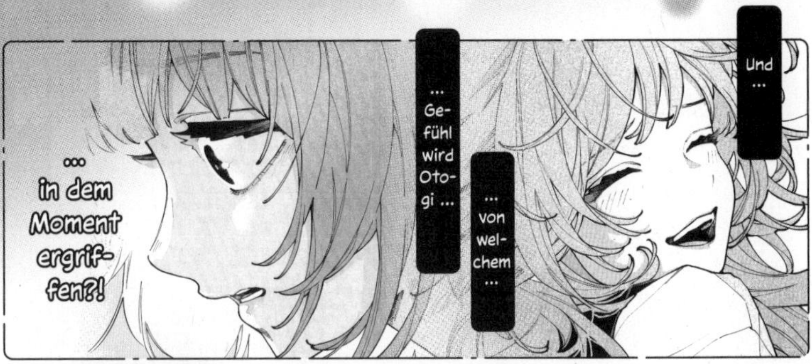

Doch …

… was auch passiert, einigen können sie nicht entrinnen …

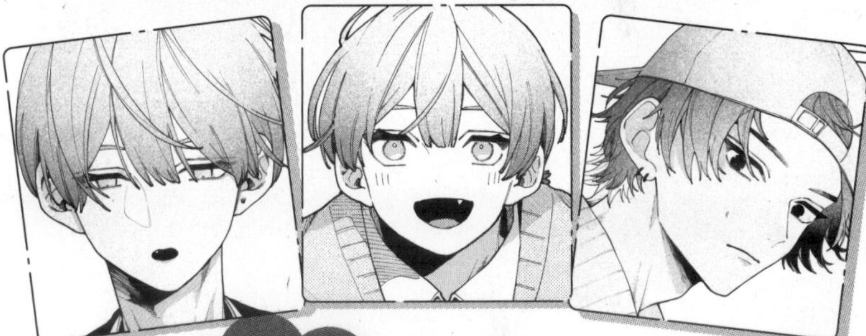

Auch in Band 3 ist noch völlig offen

wie es weitergeht!!!

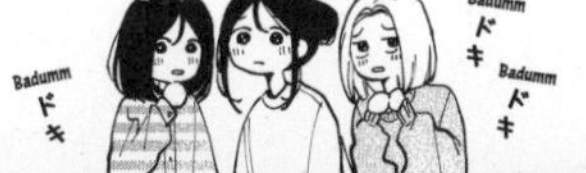

Falsche Engel, wahre Liebe?

3

Im Winter 2024 im Handel!

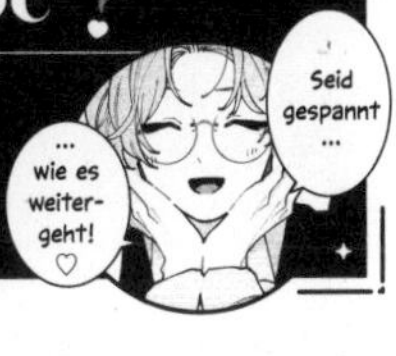

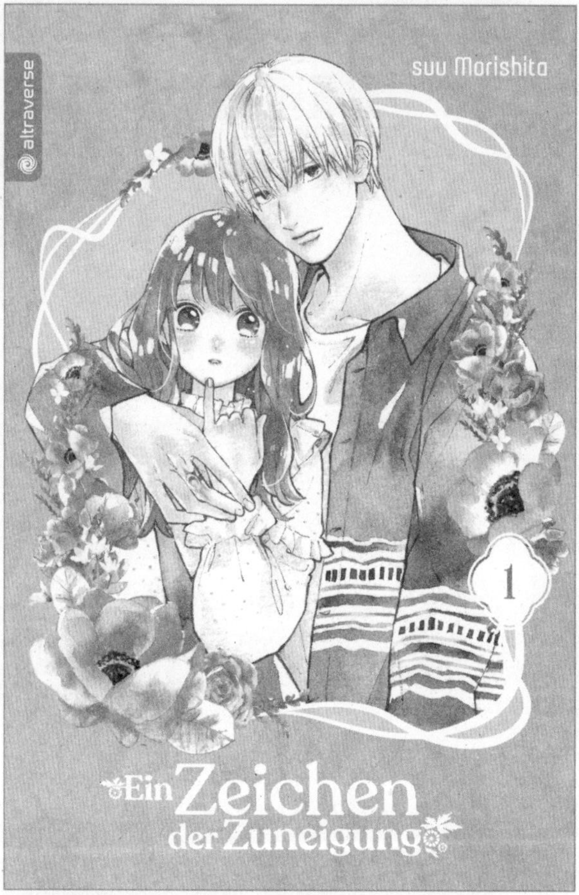

Ein Zeichen der Zuneigung

suu Morishita

Als die gehörlose Studentin Yuki eines Tages in Schwierigkeiten gerät, kommt ihr ihr Kommilitone Itsuomi zu Hilfe. Yuki ist fasziniert von Itsuomi, da er sie trotz ihres Handicaps wie einen ganz normalen Menschen behandelt. Durch ihn beginnt sie nicht nur eine neue Welt zu entdecken, sondern bekommt auch zum ersten Mal Herzklopfen.

Romance 13+

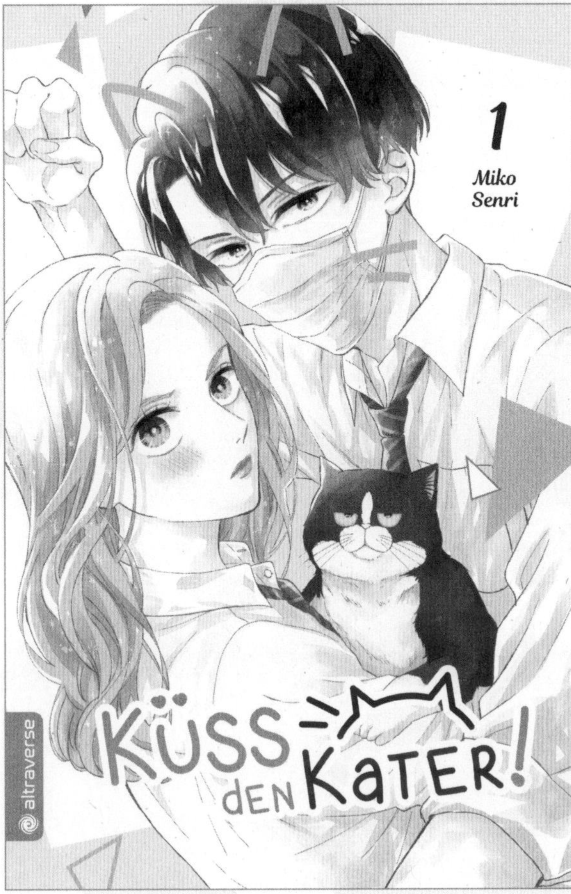

Küss den Kater!

Miko Senri

Erina ist hoffnungslos in Katzen vernarrt und wollte schon immer eine als Haustier haben. Eines Tages wird ihr Traum wahr, doch ganz anders, als sie es sich vorgestellt hatte! Sie rettet eine Katze, schmust mit ihr und schwups … auf einmal steht ihr mürrischer Klassenkamerad Kou vor ihr?!

altraverse

Deutsche Ausgabe / German Edition
Altraverse GmbH – Hamburg 2024
Aus dem Japanischen von Constanze Thede

Koi seyo Mayakashi Tenshi domo

First published in Japan in 2024 by Kodansha Inc., Tokyo.
Publication rights for this German edition arranged
through Kodansha Ltd., Tokyo.

KODANSHA

Redaktion: Denise Cho
Herstellung: Katharina Kaven
Lettering: Vibrant Publishing Studio

Druck: Nørhaven A/S, Viborg
Printed in Denmark

MIX
Papier | Fördert
gute Waldnutzung
FSC® C104608

ISBN 978-3-7539-2720-6
1. Auflage 2024

www.altraverse.de